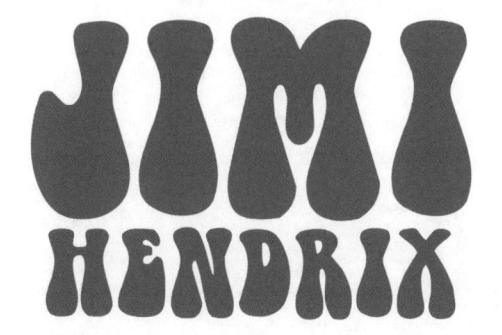

Meu irmão
JIMI HENDRIX

Meu irmão
JIMI HENDRIX

Leon Hendrix
com **Adam Mitchell**

Tradução
Maria Elizabeth Hallak Neilson

PRUMO
retratos

Título original: *Jimi Hendrix: A Brother's Story*
Copyright © 2012 Leon Hendrix com Adam Mitchell.

Originalmente publicado em 2012 por Thomas Dunne Books, um selo da St. Martin's Press, 175 Fifth Avenue, New York, NY 10010 Estados Unidos

Todos os direitos reservados. Nenhuma parte desta obra pode ser reproduzida ou transmitida por qualquer forma ou meio eletrônico ou mecânico, inclusive fotocópia, gravação ou sistema de armazenagem e recuperação de informação, sem a permissão escrita do editor.

Direção editorial
Jiro Takahashi

Editora
Luciana Paixão

Editora assistente
Anna Buarque

Assistência editorial
Roberta Bento

Preparação
Diego Rodrigues

Revisão
Hebe Ester Lucas
Leandro Morita

Índice
Leandro Morita e Bruna Lasevicius

Capa, projeto gráfico e diagramação
Mariana Tomadossi e Carochinha Editorial

Produção de arte
Marcos Gubiotti

Imagem de capa: ©Michael Ochs Archives/Corbis

CIP-Brasil. Catalogação na fonte
Sindicato Nacional dos Editores de Livros, RJ

H435m   Hendrix, Leon, 1948-
           Meu irmão Jimi Hendrix / Leon Hendrix com Adam Mitchell; tradução:
           Maria Elizabeth Hallak Neilson. – 1.ed. – São Paulo: Prumo, 2012.
           280p. : 23 cm

           Tradução de: Jimi Hendrix: a brother's story
           Inclui índice
           Caderno de fotos
           ISBN 978-85-7927-222-6

           1. Hendrix, Jimi. 2. Hendrix, Leon, 1948-. 3. Músicos de rock – Estados Unidos
– Biografia. 4. Rock – Estados Unidos – História. I. Mitchell, Adam D., 1975-. II. Título.

12-6998.   CDD: 927.824166
                                                                         CDU: 929:78.067.26

Direitos de edição para o Brasil: Editora Prumo Ltda.
Rua Júlio Diniz, 56 – 5º andar – São Paulo – SP – CEP: 04547-090
Tel.: (11) 3729-0244 – Fax: (11) 3045-4100
E-mail: contato@editoraprumo.com.br
Site: www.editoraprumo.com.br
facebook.com/editoraprumo | @editoraprumo

Para nossa mamãe, Lucille Jeter Hendrix.

Sumário

Introdução	9
1. Conjunto Habitacional Rainier Vista	13
2. Meninos ciganos vagabundos	27
3. Adoção	49
4. Encontrando a música	61
5. As primeiras bandas	77
6. Dos Rocking Kings ao exército	95
7. A vida sem Buster	111
8. Malandro nas ruas de Seattle	129
9. 6 de setembro de 1968	149
10. *California Dreaming*	161
11. Ainda sonhando	179
12. Passagem pelo exército	191
13. Os dias mais sombrios	203
14. O primeiro dia do resto de nossa vida	217
15. Trapaça no rock'n'roll	235
16. A perda de papai	251
Epílogo	259
Agradecimentos	265
Índice	269

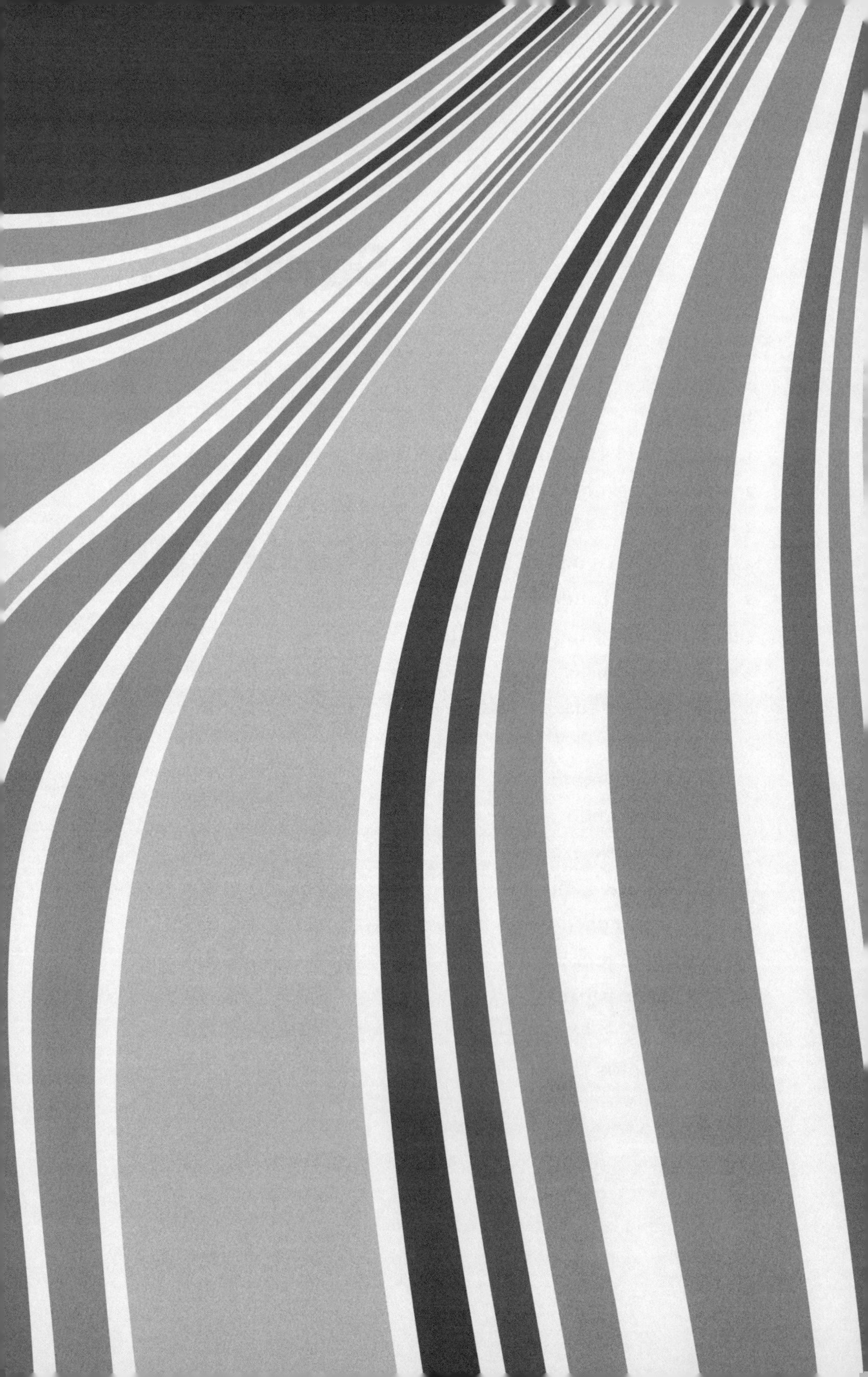

Introdução

Numa manhã no início de setembro de 1970, eu olhava através das barras da minha cela de quatro metros quadrados do Reformatório Monroe, no estado de Washington. Pela fileira de janelas arqueadas, no alto da parede de concreto oposta, os primeiros raios de sol derramavam-se, iluminando o céu azul e límpido. A beleza das cores lá fora fazia o verde-oliva das grades e paredes do meu cubículo parecer ainda mais deprimente. Enquanto arrumava minhas coisas para me apresentar ao trabalho na cozinha, ouvi alguma agitação nas celas de baixo. Ruídos indistintos de um rádio e sussurros.

De repente, o grito de alguém rompeu a quietude matinal:

– Não diga isso, cara!

– Estou te dizendo, Jimi Hendrix morreu! – afirmou outra voz. – Acabou de dar no rádio.

– Cale a boca, cara! – berrou o primeiro sujeito. – Você sabe que o irmão caçula dele está lá em cima.

No começo, tentei não prestar atenção no papo dos dois homens. De vez em quando, circulavam boatos de que meu irmão morrera, e supus que aquilo não passava de mais uma besteira inventada pela imprensa para vender jornais. Havia anos eles informavam que Jimi fazia um monte de coisas que ele jamais fizera e o pintavam como uma pessoa que nunca fora. Em geral, não existia um pingo de verdade nos rumores.

Porém então, pelo sistema de som, num volume alto e distorcido, o comunicado ecoou pelo Bloco C:

– *Detento Leon Hendrix (156724), compareça ao gabinete do capelão.*

Após essa chamada, meu coração se apertou, porque, na cadeia, tal mensagem não raro significava apenas duas coisas. Os funcionários só convocavam prisioneiros à secretaria no dia de sua soltura ou quando algum familiar havia morrido. Eu sabia que não ia ser solto; ainda me faltavam seis meses de cumprimento da pena.

Um silêncio pesado caiu sobre grande parte do pavilhão no momento em que a porta da minha cela se abriu. Os outros presos me observaram durante a longa caminhada, enquanto estranhamente a música "If 6 Was 9", de Jimi, tocava no rádio de um dos cárceres. Quando enfim cheguei ao meu destino, o capelão achava-se de pé atrás de sua mesa, com o fone na mão.

– As notícias não são boas – começou ele, com a expressão mais séria que eu jamais vira nos meus aproximados nove meses de trancafiamento. – Seu pai está ao telefone e quer lhe falar.

Peguei o fone e levei-o cuidadosamente ao ouvido. A voz familiar e grave de meu pai soou do outro lado da linha. Eu costumava ficar feliz de escutá-lo, contudo não naquele dia.

– O que está acontecendo, pai?

– Odeio lhe contar isso, mas Jimi se foi, filho. Disseram-me que ele morreu ontem à noite – sussurrou meu pai, em meio às lágrimas. – Mas não se preocupe. Vai ficar tudo bem.

– O.k. Eu entendo – foi só o que consegui articular.

Depois de desligar, saí da sala em estado de choque. Ao sentir as emoções começarem a mexer com meu estômago, soube que precisava retornar à cela antes de provocar qualquer tipo de cena. Os guardas não eram muito tolerantes a manifestações emotivas.

Eu vira Jimi pela última vez havia mais de um ano, pouco antes de a polícia militar me arrancar das ruas de Seattle e me entregar à polícia civil. Agora, estava claro que nunca tornaria a vê-lo – não nesta vida, pelo menos. Uma das únicas coisas que me sustentava de pé, desde que fora encarcerado, era a perspectiva de nos reunirmos após o cumprimento da minha sentença. Jimi e eu deveríamos retomar as turnês juntos e partir numa nova jornada. Mas isso jamais se realizaria.

De volta ao meu cubículo, passei quase todo o resto do dia sentado num canto da cama, em silêncio, relembrando os anos que meu irmão e eu havíamos partilhado. De acordo com a norma, quando um detento recebia más notícias do mundo exterior, os guardas deveriam mantê-lo confinado à própria cela por um período de 72 horas, para impedi-lo de causar distúrbios que afetassem os outros prisioneiros. Assim, ali permaneci. Pensar nos bons tempos com Jimi me trouxe um sorriso aos lábios, e olhar para trás, para os momentos difíceis, partiu meu coração. Por mais que eu tentasse, segurar as lágrimas revelou-se impossível. Desde que entrara no Reformatório Monroe, sempre estivera convicto de que não encontraria nenhum problema em cumprir minha pena. Agora, entretanto, parecia não haver a menor esperança. E, na prisão, esperança era tudo o que eu tinha.

Mais tarde, naquele dia, levantei-me da cama e andei até as barras da cela. Pressionei o rosto contra o aço frio da grade e novamente fitei as janelas arqueadas no alto da parede de concreto. A tarde ia caindo e, lá fora, a luz esvaía-se. Enquanto os últimos raios de sol atravessavam a vidraça da última janela, descobri-me incapaz de desviar o olhar do céu que aos poucos escurecia. Sentia-me entorpecido, vazio por dentro, e me perguntava onde arranjaria forças para suportar a dor sozinho. Em instantes o sol se foi.

Conjunto Habitacional Rainier Vista

Uma das minhas primeiras lembranças é de meu irmão mais velho e eu correndo no campo próximo ao lugar onde morávamos, no Conjunto Habitacional Rainier Vista, em Seattle, no estado de Washington. Nossos pais, Al Hendrix e Lucille, davam festas todos os dias e costumavam nos mandar sair para brincar quando a casa ficava cheia e nós começávamos a atrapalhar. Eu não teria mais de uns dois anos, e meu irmão, seis ou sete. Enquanto corríamos de lá para cá, ouvíamos os ruídos – o tilintar das pedras de gelo nos copos de coquetel e as risadas estridentes – ecoando na sala de estar. De vez em quando, eu parava e espiava pela enorme janela da frente, e nossos pais pareciam felicíssimos. Entretanto, na maior parte do tempo, nada podia estar mais longe da verdade. Ambos beberrões, gostavam de ser o centro da festa. Porém, esgotado o efeito do álcool, a vida se convertia numa realidade totalmente diferente. E surgiam os gritos e os xingamentos.

Na época, o relacionamento dos dois era conturbado, para dizer o mínimo, mas não foi sempre assim. No princípio, divertiam-se muito. Mamãe, ainda uma menina quando conheceu meu pai, não tinha nem dezessete anos ao aceitar seu convite para um baile no Clube

Washington. Sendo seis anos mais velho, meu pai não estava muito convencido de que aquela relação ia dar certo. O tempo, contudo, contou uma outra história. Como ambos adoravam dançar e farrear, não tardaram a se envolver e depressa tornaram-se inseparáveis. Papai conseguiu emprego no centro da cidade, limpando mesas no Ben Paris, restaurante da rua Pike. Dali, aguentou a chatice de trabalhar como diarista numa fundição de ferro até instalar-se, por fim, no Salão de Sinuca Honeysuckle. Em geral, o casal de namorados desfrutava de uma boa vida.

Então os japoneses atacaram Pearl Harbor e tudo mudou. O governo dos Estados Unidos despachou a convocação para o serviço militar ao meu pai na mesma ocasião em que minha mãe descobriu-se grávida do primeiro filho. Diante dessa situação espinhosa – agravada pela iminente partida de meu pai –, restou-lhes agir da melhor forma possível. Os dois se casaram numa cerimônia curta, em 31 de março de 1942. Menos de uma semana depois de serem oficialmente declarados marido e mulher, papai se apresentou no quartel do Forte Lewis, sendo designado para o depósito de armas. Em seguida o mandaram para o Forte Sill, em Oklahoma, onde faria o treinamento básico.

Papai estava servindo em Camp Rucker, no Alabama, quando recebeu um telegrama da cunhada, nossa tia Delores, avisando-lhe do nascimento do filho. Era, portanto, o orgulhoso pai de um lindo menino, a quem mamãe chamou de John Allen Hendrix. Após papai embarcar para o estrangeiro, no início de janeiro de 1943, tia Delores empenhou-se em enviar-lhe fotos da criança com frequência, para que pudesse acompanhar seu crescimento. Todavia, concentrar-se em qualquer outra coisa senão a guerra revelou-se difícil. Sempre se deslocando, meu pai serviu nas ilhas Fiji, em Guadalcanal e depois na Nova Guiné.

Em Seattle, mamãe enfrentava uma fase complicada. Deixara a casa dos pais para morar com uma amiga e, agora, pelejava para pagar as contas e cuidar de um bebê. Sendo ela mesma pouco mais que uma garota, engatou uma rotina de sair e se divertir, enquanto pulava de um teto para outro, até que a situação se tornou um fardo pesado demais. Incapaz de cuidar do filho pequeno, viu-se forçada a tomar uma atitude drástica. Depois de algum tempo na companhia de vovó Clarice e vovô Jeter, o primogênito de meu pai acabou sob os cuidados de uma tal sra. Walls por um breve período, até que a mulher faleceu de repente. Por sorte, sua irmã, a sra. Champ, entrou em cena e assumiu a responsabilidade de criar o pequeno Johnny. Ao regressar a Berkeley, na Califórnia, onde morava, levando a criança consigo, a sra. Champ escreveu ao meu pai, colocando-o a par dos acontecimentos. A despeito do que passasse por sua cabeça, ele estava do outro lado do mundo e não havia nada que pudesse fazer sobre o que ocorria no próprio lar. Agora seu bebê estava vivendo na Califórnia, e nossa mãe... bem, papai não sabia exatamente por onde ela andava.

Quando enfim conseguiu voltar da guerra, em setembro de 1945, e retornar a Seattle, papai estabeleceu como prioridade viajar para Berkeley, com o objetivo de buscar o filho. Meu irmão não ficou nem um pouco feliz ao ser arrancado da casa onde se acostumara a viver durante seus três primeiros anos. De repente, um estranho a quem nunca vira antes – exceto, talvez, numa foto desfocada da guerra – aparecera à porta, afirmara ser seu pai e anunciara que o levaria para algum lugar distante. Nenhuma criança reagiria de maneira positiva a uma notícia desse tipo. E essa nem sequer foi a pior parte. Mal os dois puseram os pés em Seattle, papai carregou o filho direto para o cartório do condado de King e mudou seu nome, legalmente, de John Allen Hendrix para James Marshall Hendrix. Não apenas meu irmão fora tirado das pessoas que aprendera a identificar como a sua família, como também lhe falavam que seu nome já não era Johnny Allen e sim *Jimmy*.

Bastou papai e meu irmão se instalarem na área central de Seattle – onde passaram a morar na casa de tia Delores, no Conjunto Habitacional Yesler Terrace – para mamãe reaparecer. Tenho certeza de que meu pai não sabia o que pensar sobre tudo o que acontecera enquanto estivera ausente, servindo ao exército. Entretanto, ainda a amava. Não importava o que ela tinha aprontado, ou quantas vezes desaparecesse para fazer sei lá o quê. Creio que papai nunca deixou de amá-la. Os dois se reconciliaram e decidiram tentar de novo. Esse padrão de idas e vindas se repetiu inúmeras vezes ao longo de nossa infância.

Quando nasci – Leon Morris Hendrix –, em 13 de janeiro de 1948, as brigas foram postas de lado durante algum tempo porque meu pai estava eufórico com a chegada de outro garotinho à família. Por causa da guerra, perdera os primeiros anos de meu irmão e, agora, considerava-se presenteado com uma segunda chance de ser pai de um bebê do sexo masculino. Pouco depois do meu nascimento, nós quatro nos mudamos para uma moradia de dois quartos na rua Genesee, 3.022, no Conjunto Habitacional Rainier Vista, que antes havia sido um alojamento militar. Durante a guerra, os militares haviam espalhado alojamentos por toda Seattle para acomodar soldados e marinheiros, pois o governo achava que o Japão ia tentar invadir o país. Terminada a guerra, as instalações se transformaram em habitações para famílias de baixa renda, em sua maioria negras e judias.

Menos de um ano após minha chegada, mamãe deu à luz outro menino, Joseph Allen Hendrix. Por ser bastante novo na época, quase não me lembro de Joe, mas sei que a existência de mais uma boca para alimentar colocou uma pressão adicional no relacionamento de nossos pais. Além disso, Joe nasceu com sérios problemas de saúde, inclusive lábio leporino, uma perna mais curta que a outra e um pé torto. Os tratamentos seriam caríssimos, e nossos pais não tinham condições de arcar com os custos. Em busca de auxílio, papai recorreu à sua mãe, Nora Hendrix, nossa avó, e resolveu mandar seus três filhos passarem o verão de 1949 com ela, no Canadá. Essa curta trégua supostamente permitiria a ele e a mamãe superarem as dificuldades, ainda que apenas por um tempo. Porém tudo continuava tão complicado quanto antes quando nós três regressamos, no fim do verão. A situação financeira permanecia igual. Nossos pais continuavam sem condições de oferecer a Joe os cuidados médicos necessários.

No outono de 1950, não muito depois de meu irmão mais velho começar a frequentar o segundo ano da Escola Primária Horace Mann, mamãe teve uma menina, Kathy Ira, que não apenas nasceu prematura – de cinco meses –, como também cega. Nossos pais viram-se então com quatro filhos para criar, dois dos quais com necessidades especiais. Após se esforçarem, no decorrer do ano, para manter a família unida, não encontraram alternativa senão entregar Kathy para adoção.

Em outubro de 1951, pouco depois de passarem a custódia de Kathy ao Estado, mamãe deu à luz outra menina, Pamela. Embora tirassem leite de pedra para cuidar de mim, de Jimmy e de Joe, nossos pais acabaram forçados mais uma vez a entregar a filha caçula para adoção.

Nessa época, meu irmão estava cursando o terceiro ano da Escola Primária Rainier Vista, e continuávamos morando no pequeno apartamento de dois quartos. Como Joe ainda não recebera a devida atenção médica, seguia lutando com seus problemas de saúde. Para ter alguma chance de vir a andar sem mancar, precisaria de uma cirurgia na perna. Uma operação que mamãe e papai não tinham dinheiro para pagar.

Nossa casa no conjunto habitacional permaneceu como o local de festa permanente, onde as pessoas iam e vinham a qualquer hora. Sempre que retornávamos, sorrateiros, do campo, depois de brincarmos, eu e meu irmão perambulávamos pela sala sorvendo as últimas gotas das garrafas de cerveja largadas no chão ou em cima da mesa. Muita gente achava engraçado me ver bebendo do gargalo, e até cheguei a acreditar que estávamos dando uma de espertos, porém acabei percebendo que nossos pais deixavam uns três ou quatro goles em algumas garrafas de propósito. Como eu era hiperativo, perceberam que um pouco de álcool me mantinha calmo. Após uns tragos, transformava-me num garotinho manso, obediente e, por fim, cansado.

Muitas pessoas não entendem por que, enquanto crescia, meu irmão era chamado de "Buster", e raramente de Jimmy. Apenas bem mais tarde, quando mais velho e à vontade consigo mesmo e com o que o cercava, ele acostumou-se a ser tratado de Jimmy. Durante sua infância, Jimmy fora o nome que nosso pai lhe dera quando voltou do exército. Sempre que papai insistia em chamá-lo assim, ele tinha um chilique. Os dois viviam brigando por causa disso.

– Esse não é meu nome! – meu irmão esgoelava-se. – Meu nome é Johnny!

– Estou lhe dizendo pela última vez, menino, seu nome é James Marshall Hendrix! – papai devolvia aos berros. – Seu nome é Jimmy!

Com o tempo, meu irmão entendeu que papai nunca lhe permitiria usar o nome "Johnny" na sua presença. Assim, procurou arranjar uma alternativa que não o enfurecesse. Quando, não muito depois, assistimos ao primeiro filme da série *Flash Gordon*, meu irmão teve a ideia de adotar o apelido do ator principal, Larry Crabbe – "Buster" (algo como "Parrudo").

Aos sábados, papai às vezes nos dava uns trocados para irmos até o centro comunitário do conjunto habitacional assistir a algum seriado. Não era algo fácil, porque, em geral, meu irmão precisava implorar por dinheiro para comprar os ingressos. Mesmo quando pretendia nos dar umas moedas, papai nos obrigava a esperar um bocado. Sempre que respondia "não", sabíamos ser uma recusa definitiva, porém, quando falava "talvez", tínhamos quase certeza de que já estávamos lá. Mas então havia a espera. Não raro ficávamos em suspense durante mais de uma hora, até ele meter a mão no bolso e tirar os trocados.

Com cinco centavos pagávamos as entradas e com mais cinco comprávamos dois sacos pequenos de pipoca. Elegemos *Flash Gordon* o nosso seriado favorito, por causa das espaçonaves e dos foguetes que voavam "magicamente" pelo espaço. Convenhamos, talvez "magicamente" seja um pouco de exagero. As cordas que sustentavam o foguete de brinquedo eram visíveis e eles usavam fósforos acesos como propulsores quando as naves aceleravam e atravessavam os minúsculos quadros em preto e branco da tela. Meu irmão e eu assistíamos a esses episódios de quinze minutos todo sábado – mal podíamos esperar para voltar na semana seguinte, a fim de ver o próximo. Provavelmente levamos dois meses indo ao centro comunitário até conseguirmos assistir à história inteira. Os seriados eram uma verdadeira fuga e nos permitiram sonhar com mundos longínquos, a milhões de quilômetros de distância da nossa vida dura, crescendo em meio à pobreza.

Daquele momento em diante, meu irmão insistiu em que toda a família o tratasse de Buster. Houve quem atribuísse a escolha do apelido a outras coisas; entretanto, na cabeça do meu irmão, ele deveria ser chamado pelo nome de seu herói, Larry "Buster" Crabbe, e ponto-final. Se alguém não o chamasse assim, ele nem sequer respondia.

Meu pai, cansado de enfrentar as mesmas discussões, resolveu entrar no jogo. Aliás, não lhe restava muita escolha. Como meu irmão, na época, não queria ser Jimmy e não lhe permitiam ser Johnny, então que fosse Buster.

Dia e noite, ele corria para todo canto transvestido do personagem, e chegou a fazer uma capa com um trapo velho. "Sou Buster, salvador do Universo!", gritava, sempre que brincávamos no campo. Meu irmão se acreditava, de fato, possuidor de superpoderes... pelo menos por um tempo. Certa tarde, observei-o subir no telhado de nossa casa, que devia ter uns três metros de altura, e saltar, agitando os braços. Depressa ele se deu conta de que não tinha superpoderes e se estatelou no chão, produzindo um baque surdo. Fiquei feliz de vê-lo pôr-se de pé, contudo seu braço estava sangrando.

Quando papai, de dentro de casa, o ouviu chorar, correu pela porta afora.

– Você está louco, menino? – vociferou. – Que negócio é esse de pular do telhado?

– Mas eu sou Buster Crabbe – respondeu meu irmão, em meio às lágrimas.

Para mim, tão novo na época, ele era uma espécie de super-herói, que me protegia e vigiava diariamente. Quando eu estava com fome, me ajudava a encontrar algo para comer. Sempre que nossos pais brigavam, passava o braço ao redor de meus ombros e me confortava.

Tão logo papai rumava para o trabalho de manhã cedo, mamãe – sozinha em casa – já começava a farrear na companhia de amigos que apareciam por lá a qualquer hora. Tudo ia muito bem até o entardecer, quando papai, depois de sair do emprego, parava num bar ou outro a caminho de casa. Em geral, ele não se mostrava nada satisfeito quando chegava e deparava com um bando de desconhecidos espalhados pelos cômodos. Se estava de mau humor e sem vontade de entrar no embalo, punha o pessoal para fora e acabava com mamãe. Isso não demorou a se tornar uma constante. Os longos dias de bebedeiras de ambos só provocavam brigas ruidosas depois. À noite, as risadas se transformavam em berros. Às vezes as discussões pareciam se arrastar por uma eternidade. Papai não era violento com nossa mãe e jamais lhe encostou um dedo; mas ela, dona de um temperamento esquentado, ficava irascível quando bebia e não hesitava em desferir-lhe garrafadas na cabeça ou atingi-lo com o que tivesse à mão. Meu irmão e eu aprendemos a nos manter quietos quando os dois discutiam. Sendo quase seis anos mais jovem, eu seguia o exemplo de Jimi. Assim que percebíamos que nossos pais iam começar a brigar, fechávamos a porta do quarto dos fundos e aguardávamos. Quando as coisas se tornavam especialmente feias, nos trancafiávamos dentro do armário. Na escuridão, escutávamos a gritaria na esperança de que aquilo chegasse ao fim.

– Vai ficar tudo bem, Leon – dizia meu irmão, pondo um braço em meu ombro e me puxando para junto de si.

Ele sabia que abrir a boca só agravava a situação. Havia ocasiões em que permanecíamos escondidos no armário por uma hora, até que mamãe e papai, esgotados, apagassem.

Nós nunca sabíamos o que esperar. A convivência pacífica de nossos pais durava pouco. Três semanas tranquilas eram anuladas por uma semana difícil, e tudo ia de mal a pior. Papai estava sempre implorando a mamãe para ficar conosco, porém ela não aguentava mais a confusão em casa. Apesar de se amarem apaixonadamente, não conseguiam viver sob o mesmo teto – e, assim, nossa mãe partiu. No final do outono de 1951, papai lhe disse que ia pedir o divórcio, que teria a guarda dos filhos e que não havia nada que alguém pudesse fazer a respeito. Sem condições de nos sustentar sozinha, mamãe calou-se. Além disso, ela já estava enfrentando dificuldades suficientes para lidar com os próprios demônios. Não só o casamento terminou, como cuidar de três meninos provou-se um fardo pesado demais para meu pai carregar. Desejando assegurar a Joe o recebimento dos cuidados médicos necessários, ambos concluíram que deveriam entregá-lo para adoção. Então, de repente, no verão de 1952, Joe já não estava mais conosco. Num dia o vimos em seu berço, no outro, não mais. Muitos anos transcorreriam antes de nossos caminhos voltarem a se cruzar.

A despeito do divórcio e de novamente suportarem a dolorosa experiência de desistir de um filho e entregá-lo à custódia do Estado, nossos pais não permaneciam separados por muito tempo. Ainda que mamãe tivesse saído de casa, com frequência meu irmão e eu acordávamos e a ouvíamos na cozinha, preparando o café da manhã. Bastava sentirmos o cheiro gostoso de panquecas e linguiça para sabermos que ela estava ali. Embora insistissem em que não havia mais nada, o relacionamento dos dois nunca acabou de vez. Se achavam impossível viver juntos, tampouco conseguiam viver completamente afastados. Sempre que mamãe aparecia, as coisas iam bem por cerca de *um minuto*. E aí ela partia quase tão depressa quanto chegara.

Anos mais tarde, descobri que mamãe dera à luz outro menino no início de 1953, poucas semanas depois do meu aniversário de cinco anos. Assim como três de seus filhos anteriores, o bebê, Alfred, nasceu deficiente e foi entregue para adoção. Naquela época, era difícil para meu irmão e eu entendermos o que estava acontecendo com a nossa mãe. Ela sumia durante longos períodos até que, de súbito, aparecia à nossa porta e suplicava a papai para nos ver. Após alguns meses, ela se mudou com a mãe – nossa avó Clarice Jeter – para um apartamento que ficava em cima da Cervejaria Rainier, e enfim pudemos desfrutar mais da sua presença. Como não tínhamos carro, depois do trabalho papai nos levava a pé do Conjunto Habitacional Rainier Vista até o apartamento de mamãe. Vencidos os treze quarteirões, ele rumava para a Escola Técnica Edison, na avenida 23 com a alameda Yesler, onde frequentava um curso noturno de eletricista. Na casa de mamãe, o cheiro forte e doce de lúpulo e cevada que subia da Cervejaria Rainier impregnava todo o prédio, sendo impossível escapar do odor. Até hoje, quando sinto o aroma de lúpulo, penso nela.

Estar na companhia de nossa mãe era o céu. Aos nossos olhos, uma santa, incapaz de cometer qualquer erro. Ainda me lembro de seu perfume maravilhoso e de como se vestia de maneira elegante. Ela cuidava muito bem de nós e fazia uma comida deliciosa. No café da manhã, gostava de nos servir miolos e ovos. Para o jantar, ossos de pescoço, salsichas e chucrute. É provável que a descrição desses pratos soe pior do que o gosto, mas não tínhamos muita escolha na época. Quando a gente ia ao açougue sem muito dinheiro para gastar, levava o que quer que houvesse sobrado da vaca no fim do dia. Os miolos com certeza fediam enquanto estavam cozinhando na panela, porém não creio que o sabor fosse de todo ruim. A grande especialidade de mamãe era o chucrute, que preparava passo a passo. Primeiro picava o repolho e o deixava de molho numa tigela com vinagre durante a noite. De manhã, depois de escoar o líquido, o fervia com salsicha polonesa. Esse sempre foi um dos pratos favoritos de meu irmão.

Terminada a aula na Escola Técnica Edison, papai nos pegava no apartamento de mamãe. Punha-me em seus ombros, segurava a mão de Buster, e assim caminhávamos de volta para o Conjunto Habitacional Rainier Vista. Meu irmão não gostava que eu recebesse tratamento especial, sendo carregado até nossa casa.

– Leon não está dormindo, papai – ele reclamava. – Dê uma olhada. Ele pode andar. Só está fingindo.

Encarapitado nos ombros de papai, eu fazia questão de abrir os olhos e dar uma piscadela para Buster.

Nossa tia Delores, que Deus a tenha, reconheceu na época quão difícil estava a situação para meu pai e tomou para si a tarefa de ajudá-lo. Mesmo casada – com o tio Bob – e mãe de oito filhos, ela se oferecia para cuidar de mim e de Buster com frequência. Não sei como teríamos nos arranjado sem seu esforço para tentar aliviar a pressão sobre nosso pai.

Nunca havendo sido dono de um automóvel, papai enfim conseguiu comprar um Pontiac conversível azul-celeste, ano 1953, com capô de lona branca, por meio de um empréstimo concedido pelo governo graças à ajuda do Departamento de Assuntos dos Veteranos. O carro era o mais bacana do bairro. No verão, ele nos levou para Vancouver, onde passamos os dois meses de férias na casa de seu meio-irmão, o tio Frank, e sua esposa, a tia Pearl. Depois de nos buscar no Canadá e nos instalar novamente em Seattle, papai logo se deu conta de que estava com um problemão: não sabia ao certo o que fazer com a gente. Como andava trabalhando longas horas por dia, não havia ninguém para cuidar de nós. Por sorte, sua irmã, nossa tia Pat, a par de suas dificuldades, convidou-nos para ficar com ela e o marido, Joe, em Vancouver, na rua Drake. Sem outra alternativa, papai arrumou nossas coisas, colocou-nos no carro e pegou a rodovia 99 para o Canadá.

Em Vancouver, tia Pat cercou a mim e ao meu irmão de cuidados. Matriculou Buster na Escola Primária Dawson, onde meu pai estudara quando criança, e eu entrei no maternal. Papai ia nos visitar dois fins de semana por mês, para ver como estávamos. Entretanto, não permanecemos muito tempo em Vancouver. Após a morte súbita do marido, tia Pat fez as malas e nos levou de volta para Seattle, indo morar conosco na rua Genesee. Como passou a ocupar um dos quartos, papai, Buster e eu começamos a dividir a cama no outro. Foi bom tê-la por perto durante o dia para cuidar de mim, enquanto Buster frequentava as aulas na Escola Rainier Vista. E ficamos ainda mais animados com a sua presença por causa da tevê que trouxera consigo. Agora, Buster e eu não só podíamos escutar a parada musical Top 40, como também assistir ao programa.

Bendita tia Pat, que viveu conosco até conhecer seu segundo marido, cujo nome também era Pat. Então os dois compraram uma casa nas proximidades do lago Washington. Mais uma vez, meu pai encontrava-se em aperto, sem ninguém para tomar conta de nós. Em meados de 1953, ele trabalhava durante o dia abastecendo os carros da Seattle City Light – fornecedora de energia elétrica da cidade – e, à noite, continuava frequentando o curso de eletricista.

Apesar do dinheiro curto, papai conseguiu juntar o suficiente para pagar uma faxineira e babá, Edna Murray, por meio período. Num piscar de olhos, converteu-a em sua nova namorada e convidou-a para morar conosco. Nem Buster nem eu ficamos animados com a ideia porque achávamos Edna uma velhusca malvada. Hoje, ao olhar para trás, penso que provavelmente não tenha sido culpa dela. Nós dois não éramos fáceis de lidar. Diante da falta de comida, Edna especializou-se em nos preparar sanduíches de ketchup para o jantar. Caso você nunca tenha comido sanduíche de ketchup, deixe-me ser o primeiro a dizer-lhe: o gosto é tão ruim quanto você possa imaginar. Talvez pior. Mas, quando estávamos com fome, meu irmão e eu comíamos qualquer coisa.

Certa vez, quando papai chegou em casa, Buster lhe contou o que tínhamos jantado.

– Não, vocês não comeram nenhum sanduíche de ketchup, meninos – respondeu ele, ríspido.

– Comemos sim! – exclamei. – Não tem nada na geladeira.

Ao abrir a geladeira e não ver nada além de um frasco velho e pela metade de ketchup, meu pai não pôde mais discutir comigo. Aliás, ele nunca queria escutar nossas queixas e lamúrias quando aparecia em casa no fim do dia, bêbado e exausto. Mesmo quando, terminado seu turno, conseguia estar de volta numa hora decente, a última coisa que desejava era ser confrontado por seus dois filhos carentes. Em geral, nos dava uma única ordem ao cruzar a soleira da porta: "Vão para a cama".

Podíamos ser pobres e desfavorecidos, porém Buster e eu não o sabíamos. Como não tínhamos acesso a caixas de brinquedos para brincar, ou à televisão para assistir à noite, usávamos nosso único recurso – a imaginação. Nós nos virávamos com o que podíamos para nos entreter. Um de nossos passatempos preferidos consistia em nos deitarmos de costas na grama do quintal e olhar para o céu à noite. Buster gostava de me contar histórias sobre as constelações e a razão do nome de cada uma. Sua mente parecia sempre cheia de todo tipo de ideias sobre o Universo e o espaço.

– Muito tempo atrás, Marte e Vênus eram amantes. E, neste exato momento, estamos girando no Universo, num único planeta. Quem sabe quantos outros planetas existem girando lá fora? Isto é, *bem longe daqui*? Lugares e galáxias distantes, cuja existência ninguém conhece.

Fitando os pequenos pontos brilhantes no céu, eu também me perguntava quantas outras civilizações existiriam. Não havia como saber, porém estávamos convencidos de que elas estavam lá, em alguma parte. Mesmo então, deitado na grama, meu irmão já estava desenvolvendo os primeiros esboços dos assuntos sobre os quais comporia mais tarde. Da sua cabeça, jorravam falas sobre eras glaciais, planetas em chamas e a criação do Universo. Ainda hoje, não faço ideia de onde ele tirava todas aquelas teorias e informações. Quando meu irmão me contava uma história, soava bem real. Embora fosse muito novo, eu conseguia enxergar facilmente algo diferente no modo como Buster se relacionava com o mundo. Nunca vi meu irmão ler um livro, e suas notas na escola não eram boas, entretanto ele dava a impressão de possuir um conhecimento inerente sobre tudo. Eu sempre tinha a sensação de que Buster sabia alguma coisa que ninguém mais sabia, portanto jamais achei motivos para me sentir em perigo quando estávamos juntos. Não imagino o que haveria acontecido se ele não estivesse ali, para cuidar de mim e me guiar com o seu jeito peculiar e especial.

Além de assistir ao seriado de ficção científica *Flash Gordon*, Buster lia quaisquer histórias em quadrinhos que lhe caíssem nas mãos. Super-heróis como Batman e o Super-Homem foram alguns de seus preferidos, além de personagens como o Mickey e o Pato Donald. Mas, acima de tudo, o espaço sideral e os mundos distantes o fascinavam.

– Fico me perguntando como seria viajar numa espaçonave para além de todos os outros planetas e estrelas. Aposto que o espaço se estende para sempre – lembro-me de ouvi-lo dizer. – De jeito nenhum a Terra é o único planeta com gente.

Tal maneira de pensar assustou os adultos do nosso bairro, porém assim funcionava sua mente e, por extensão, a minha. As pessoas nos julgavam loucos. Depois de apresentados ao seriado *Flash Gordon*, meu irmão e eu acreditávamos que avistar naves espaciais se tornaria algo corriqueiro para nós. Desse modo, não foi uma grande surpresa para mim quando, numa tarde, no campo, de repente ele apontou para o céu, onde um disco voador gigante pairava ao longe.

– Olhe para aquilo – disse ele suavemente. – Você consegue enxergar?

– Uau! – gritei, apontando para o objeto no céu.

– Fique quieto. Não faça nenhum barulho.

Totalmente imóvel, fitei a espaçonave que flutuava no ar, com luzes brilhando em suas laterais.

– O que é? – indaguei.

– Não sei, mas vou descobrir.

Tão logo Buster deu o primeiro e cuidadoso passo em direção ao disco voador, este se lançou na atmosfera e desapareceu. Vasculhei o céu, tentando localizá-lo outra vez.

– Para onde foi aquilo? – perguntei.

Buster continuou observando o céu atentamente, entretanto não havia sinal do que acabáramos de ver.

– Não se preocupe – ele falou, virando-se para mim. – Tenho certeza de que eles voltarão.

Meninos ciganos vagabundos

Na primavera de 1953, a situação pareceu melhorar depois que papai começou a ganhar mais ao conseguir um emprego no departamento de engenharia de Seattle. Na companhia de outros operários, ele percorria as ruas da cidade dia após dia, cortando os galhos das árvores próximo aos fios elétricos e limpando as calçadas. O dinheiro semanal, somado a um novo empréstimo obtido com ajuda do Departamento de Assuntos dos Veteranos, permitiu-lhe dar entrada na compra de um pequeno imóvel de dois quartos, no número 2.603 da rua Washington, na esquina com a avenida 26. De modo que arrumamos nossos pertences – que não eram muitos – e saímos do Rainier Vista.

O lar na Washington foi um grande avanço em relação à vida no conjunto habitacional. Pela primeira vez, tínhamos uma casa de verdade, com piso de madeira, cozinha (ainda que pequena), um pátio todo cercado, garagem e porão. Também contávamos com um aquecedor a óleo, o qual papai nos encarregou de abastecer de vez em quando. Assim, meu irmão e eu púnhamos um tambor de cinco galões em cima de um velho carrinho de bebê e o puxávamos até o posto de gasolina Richland, a um quarteirão de distância, onde o enchíamos. Cada galão custava dezenove centavos, o que não era barato na época.

Não só Buster e eu dividíamos um quarto e tínhamos a nossa própria cama agora, como havia um gramado na frente da casa nova, onde podíamos jogar futebol americano ou beisebol, de dia e de noite. Embora não possuíssemos muitos artigos esportivos, dávamos um jeito. Nossas luvas de beisebol, antigas e ressecadas, viviam literalmente caindo aos pedaços. Os cadarços viviam partidos, e os rasgos no couro estavam sempre cobertos por camadas de fita adesiva. Sentíamos vergonha demais para ir ao parque jogar com as outras crianças, com medo de que rissem da gente. Então costumávamos chamar nossos amigos mais íntimos para se juntarem a nós no quintal.

Infelizmente, não muito tempo depois de nos instalarmos ali, as coisas mudaram. Apesar de trabalhar duro e se esforçar para proporcionar a mim e ao meu irmão uma vida melhor, nosso pai ainda pegava pesado na bebida. O dinheiro suado, ganho trabalhando diariamente até a exaustão, acabava sendo torrado à noite com bebida e jogatina. Algumas noites ele nem sequer voltava para casa – em vez disso, ficava se divertindo nos bares, tentando afogar as mágoas no álcool. Papai era infeliz por não ser capaz de se entender com mamãe e pela luta travada para cuidar dos filhos sozinho. Quando embriagado, não precisava correr muito atrás da diversão. Naquela época, o jogo estava em toda parte. Não faltavam apostas em salões de bilhar, ou um pessoal jogando dados em becos, ou sentado em mesas de carteado. Se começava a perder, papai passava o resto da noite pelejando para recuperar seu dinheiro, o que todo mundo sabe que raramente, ou nunca, acontece.

Às vezes conseguia ganhar e nos oferecia um agrado, levando-nos para assistir a algum filme no Cine Atlas. Costumávamos parar no caminho do cinema para comprar doces. Buster sempre escolhia uma barra de chocolate, e eu, um pirulito de caramelo. Um dos primeiros filmes que vimos no Atlas foi *Príncipe valente*, logo após seu lançamento, em 1954.

Certo dia, quando cheguei da escola, escutei o que se assemelhava a alguém choramingando do lado de fora do portão da frente de nossa casa. Resolvi ver o que era e deparei com um cachorro, que me olhava, ofegante, da calçada. Chamei Buster na mesma hora e pusemos o cão perdido para dentro. Como não vimos nenhuma coleira ou identificação, nos determinamos a ficar com ele. Felizmente papai estava de bom humor naquela noite e não se opôs à ideia.

Decidimos lhe dar o nome de Prince e o levávamos sempre que íamos brincar, não importando quão longe fôssemos de casa. Inteligente, Prince não raro percorria quilômetros para nos encontrar. Se por acaso se separava de nós, rondava todos os lugares que costumávamos frequentar, inclusive a casa de nossos parentes e amigos, só sossegando quando voltávamos a estar juntos.

Nessa época, mamãe se mudou para um apartamento na avenida 13 com a alameda Yesler, ainda nas proximidades da Cervejaria Rainier. Ela estava se virando bem sozinha e arrumara um emprego de garçonete no Café Far West, localizado a um quarteirão de seu novo lar. O café era, basicamente, um ponto de encontro dos motoristas da empresa de táxi Far West, quando estavam de folga. Às vezes, antes de ir para o trabalho, papai nos deixava lá, sentados numa mesa de canto. Então observávamos mamãe correr de um lado para o outro, anotando pedidos e servindo bebidas aos clientes, até o fim de seu turno. Com sorte, o cozinheiro nos levava um belo jantar: pãezinhos e frango. Como eu era muito pequeno e não alcançava a mesa, mamãe me colocava sentado sobre uma grossa lista telefônica. Assim, eu podia desfrutar daquela deliciosa comida.

Nosso pai nos proibira de andar sozinhos até o apartamento de mamãe, mas isso não nos impedia de nos esgueirarmos. Chegamos a traçar uma rota de fuga tal que ninguém na vizinhança nos via escapar. Bastava ele partir para o trabalho, e já havíamos descido até o porão, saído pela porta dos fundos e disparado calçada abaixo sem atrair qualquer atenção. Papai só retornava à meia-noite e meia, uma hora. Portanto, havia tempo de sobra para ficarmos com nossa mãe até precisarmos correr para casa antes que ele suspeitasse de algo.

Era engraçado porque, não raro, quando nos comportávamos mal, papai ameaçava nos despachar para o apartamento de mamãe, como se fosse um castigo. Pois pensávamos exatamente o contrário. Buster e eu mal podíamos esperar para visitá-la. Nós nos esforçávamos ao máximo para nos meter em apuros a fim de que não restasse a papai outra alternativa senão explodir de raiva e nos entregar à nossa mãe. Meu irmão chegou a quebrar um abajur para atiçar-lhe a raiva, na esperança de que enfiasse as nossas coisas numa sacola – escovas de dentes e talvez uma camisa limpa, se houvesse uma – e nos levasse para mamãe.

– Saco! – ele esbravejava. – Basta, meninos. Vou mandá-los para sua mãe!

A verdadeira punição consistia em sermos forçados a permanecer sozinhos num lugar sem comida e com as luzes apagadas. Ali, com papai, parecia que nós três sofríamos o tempo inteiro. O apartamento de mamãe era uma espécie de recompensa. Tudo o que fazíamos na companhia dela possuía uma espécie de encanto. Sem falar que ela sempre nos preparava café da manhã, almoço e jantar. Nenhum de nós dois poderia desejar nada melhor.

Meu irmão e eu consideramos um milagre quando mamãe voltou para passar o Natal de 1954 conosco. Ela e papai estavam saindo juntos outra vez, e nós dois não podíamos estar mais radiantes. Quando morávamos no conjunto habitacional, as festas natalinas não costumavam ser alegres. Nós dois dormíamos debaixo de nossa minúscula árvore de Natal sonhando acordar e encontrar uma pilha de presentes. Isso jamais aconteceu. Lembro-me de um único momento especial, quando vovó Clarice nos deu seu moedeiro para que dividíssemos os trocados. Porém o Natal na casa nova, na rua Washington, tinha qualquer coisa de diferente. Na véspera, Buster e eu nos mantivemos acordados a noite toda, ouvindo nossos pais embrulharem os presentes no quarto ao lado. De jeito nenhum iríamos pegar no sono, com tamanha excitação no ar. Quase não aguentávamos esperar a manhã do dia seguinte. Aquela foi uma das poucas vezes em que senti que papai, mamãe, Buster e eu éramos realmente uma família feliz e amorosa.

Quando o sol enfim nasceu, pulamos da cama e voamos para a árvore de Natal. Rindo de orelha a orelha, gritando e berrando, abrimos os presentes o mais depressa que conseguimos. Ganhei uma escavadeira de brinquedo, uma miniatura de ônibus e um carrinho vermelho. Buster ganhou uma bicicleta Schwinn vermelha brilhante, novinha em folha. A Schwinn era o Cadillac das *bikes*. Meu irmão não perdeu tempo em estreá-la. Depois de me colocar sentado no guidão, zarpou a toda velocidade. Ele queria mostrar aos amigos seu presente incrível e surpreendente. Até aquele Natal, nós dois nunca havíamos, de fato, ganhado presentes; assim, queríamos nos certificar de que todos vissem o que nossos pais nos haviam dado. Estávamos eufóricos. Ao mesmo tempo, não sabíamos como reagir, porque se tratava de uma experiência nova. Juntos, passamos a tarde em cima da bicicleta, percorrendo as ruas do bairro e parando para mostrá-la às outras crianças. Nós nos esquecemos por completo de dizer aos nossos pais aonde íamos, e quando regressamos, algumas horas depois, papai estava bêbado e furioso.

– Você perderam o jantar de Natal que sua mãe preparou, meninos! – berrou ele. – Diabos, ela trabalhou duro o dia inteiro!

Lembro-me daquele Natal como o melhor que nós quatro jamais tivemos – o único dia festivo que compartilhamos como uma família unida e feliz. Quisera eu que tivesse havido outros como aquele. Quando a cordialidade da data desvaneceu, tudo desandou outra vez. Apesar de Buster e eu já estarmos mais do que acostumados com o ciclo trágico de eventos e com a incessante montanha-russa emocional, nem por isso achávamos mais fácil lidar com a situação. Em poucos meses, a bebida tornou a entrar em cena e as brigas recrudesceram. Então, o outrora impecável Pontiac se transformara num calhambeque arrebentado. Quando estacionado diante de casa, papai tinha o hábito de levantá-lo com o macaco para poupar os pneus. O carro estava cheio de amassados e arranhões, com a capota de lona retalhada e sem um dos faróis. Sempre que saíamos de carro, o passeio parecia descambar para a discussão, e papai acabava batendo em algo. Por ser um conversível, não havia muito espaço para Buster e eu nos sentarmos no banco traseiro.

O último acidente que sofremos no Pontiac foi o pior de todos. As coisas ficaram feias quando nós quatro voltávamos do Café Tai Kung, onde jantáramos. Como de hábito, nossos pais beberam muito durante a refeição e estavam quase pulando um no pescoço do outro já no estacionamento, mesmo antes de entrarmos no carro. A briga esquentou à medida que papai ziguezagueava pela estrada, na tentativa de nos levar para casa.

— Nós temos duas crianças conosco, Al! – gritou mamãe. – O que você está fazendo?

— Pare de berrar! – respondeu papai.

No banco de trás, com um braço ao redor de meus ombros, Buster se esforçava para me segurar firme enquanto os solavancos nos jogavam de lá para cá. Por fim, mamãe estendeu o pé esquerdo, com a intenção de pisar no freio. Ao seu movimento, papai tirou os olhos da estrada tempo suficiente para perder o controle do veículo e bater numa árvore à beira do caminho. A força da colisão me lançou, e ao meu irmão, no banco da frente, ambos de pernas para o ar. Quando o carro finalmente parou, nós dois começamos a chorar incontrolavelmente. Meu corpo inteiro doía.

— Seu bêbado miserável! Você está louco? – mamãe disse aos berros. – Quase matou todos nós!

— Se você tivesse parado de gritar comigo e me deixado dirigir, nada disso teria acontecido.

— Não, a culpa é sua. – Mamãe chegara ao seu limite. – Oh, meu Deus. Não podemos continuar assim. É demais, Al.

E ela partiu. De novo. Porém dessa vez foi para valer. Ela nunca mais voltaria. Meu irmão e eu jamais veríamos nossos pais juntos depois daquela noite.

Como eu era mais jovem, as brigas e a violência não surtiram em mim o mesmo efeito que produziram em Buster. Ele absorveu todo o impacto da turbulência entre os nossos pais. Engoliu a negatividade dia após dia e, sem ter ninguém a quem recorrer, aprendeu a bloquear os sentimentos dentro de si. E nunca permitiu que sua raiva em relação à situação se manifestasse quando estávamos na companhia de nossos pais.

Após anos de idas e vindas, provavelmente foi melhor para nossos pais colocar um ponto-final no casamento. Mesmo assim, meu pai ainda enfrentava cada separação com dificuldade, independentemente de quantas vezes passasse por esse processo. Ele lutava para encontrar uma maneira de lidar com a dor e a culpa de não ser capaz de fazer a relação dar certo. Todas as noites, antes de dormir, papai, Buster e eu nos ajoelhávamos para rezar por nós e por nossos parentes. Papai sempre começava com esta oração: "Agora que me deito para descansar, peço ao Senhor para minha alma guardar. Se eu morrer antes de acordar, peço ao Senhor para minha alma levar". Então encerrávamos com um pai-nosso. Naquela idade, eu não entendia bem quem era Deus, mas com certeza acreditava nele. Depois que meu irmão e eu terminávamos, geralmente papai continuava rezando por mais uns quinze minutos, enquanto o observávamos da cama. De vez em quando, ele adormecia no meio das orações e, como tínhamos medo de acordá-lo, apagávamos a luz e íamos dormir. Ele despertava de supetão e se deitava ao nosso lado.

Apesar de nossa pouca idade, Buster e eu percebíamos que papai estava empenhado em resolver alguns de seus problemas e pôr a cabeça no lugar. Com a ausência de mamãe, a pressão sobre ele aumentara. Sozinho, tinha que cuidar de dois meninos pequenos, manter um teto e pagar as contas – um fardo pesado para carregar todos os dias. Sempre que o álcool entrava no meio, a tarefa revelava-se impossível.

Quando fui matriculado no primeiro ano do ensino fundamental do Colégio Leschi, Buster iniciava o sexto. Diariamente, assim que as aulas acabavam, ele passava na minha sala para me buscar, e íamos embora sozinhos. Como saíamos do colégio às três da tarde e o turno de papai na Companhia de Energia Elétrica de Seattle começava naquele mesmo horário, não havia razão para voltar correndo para casa, porque ninguém nos esperava lá. Embora a escola ficasse a apenas uns cinco quarteirões de casa, levávamos um tempão para chegar ao nosso destino. Caramba, papai só deixava o serviço à meia-noite, de maneira que podíamos perambular a esmo até a hora de dormir, se quiséssemos.

Juntos, éramos dois meninos ciganos vagabundos, jovens andarilhos atrás de aventura e emoção. Corríamos nas redondezas do parque Leschi, nos embrenhávamos na floresta para brincar de caubóis e índios ou rumávamos para as docas e fuçávamos no pátio de trens. No centro da cidade, encontramos exatamente o que sempre procuráramos desde que assistíramos ao seriado *Flash Gordon*. Muita gente não tem ideia de que existe um outro mundo sob as vias e calçadas de Seattle. Inúmeras passagens subterrâneas jazem sob a Primeira Avenida. As ruas da cidade foram construídas, originalmente, no nível do mar, de modo que costumavam inundar depois de um temporal. Não raro alguém caía num dos buracos enormes do calçamento e se afogava. Também aconteceu um incêndio em 1889, que arrasou a maior parte da região comercial do centro – algo em torno de sessenta quarteirões. Após esse fogaréu ensandecido, a população decidiu reconstruir as ruas acima do nível do mar. Na prática, ergueu-se uma cidade sobre a outra, que ficou escondida à beira-mar.

Buster descobriu a passagem num local perto do oceano. Havia uma fenda, de uns vinte centímetros de largura, entre dois prédios dilapidados. Depois de se espremer pela rachadura, ele me olhou do outro lado:

– Ande, Leon. Encolha-se e venha para cá.

Eu estava morrendo de medo só de tentar me meter ali.

– Sem essa, Buster. Minha cabeça é maior do que a sua – choraminguei. – Não vou conseguir passar de jeito nenhum.

– Você precisa ver este lugar – ele insistiu. – Tem todo tipo de coisa aqui embaixo.

Imagens de mim entalado na abertura e esmagado pelos escombros inundaram minha mente, mas cerrei os dentes e deslizei para o outro lado, com apenas uns poucos arranhões. Tão logo pude enxergar os arredores, não conseguia acreditar no que estava vendo. Havíamos, literalmente, atravessado o portal para um mundo esquecido. Deparamos com uma barbearia antiga, toda coberta por tapume, um armazém e um hotel. As calçadas eram feitas de tábuas ressecadas. Lá em cima, os blocos de vidro usados na pavimentação das calçadas novas permitia que a luz se infiltrasse, iluminando o nosso caminho subterrâneo. Depois que Buster contou sua descoberta aos amigos, nos habituamos a brincar lá, todos juntos, com frequência. Às vezes achávamos moedas antigas de um centavo – com a cara de um índio – e outros artefatos velhos nas ruas de terra batida. Embora os policiais patrulhassem a área rotineiramente, perseguir-nos era uma tarefa impossível, pois eles não sabiam por onde entrávamos nem por onde escapávamos. Também sumíamos com facilidade sempre que os ouvíamos se aproximar.

Meu irmão e eu vivíamos uma aventura permanente. Quando púnhamos os pés para fora de casa, saíamos para *brincar*. Desde que conseguíssemos voltar antes de nosso pai retornar do trabalho, à meia-noite, estava tudo bem. Quando chegávamos sujos em casa, ficávamos assim, pois, na maior parte do tempo, papai não queria desperdiçar água com banhos. Não tínhamos como pagar a conta de água. Quando, por fim, ele nos permitia tomar banho, aproveitava a mesma água que usáramos – já turva – para lavar nossas roupas, de modo que a esfregação quase não surtia efeito. Eu olhava para o quintal nos fundos da casa e via nossas camisas e calças puídas agitadas pelo vento no varal, tão encardidas quanto antes. Poucas crianças queriam brincar com a gente porque éramos os guris mais esfarrapados do quarteirão. Às vezes calçávamos sapatos diferentes, um em cada pé. E, quando um cadarço se partia, dávamos um nó nas pontas e pronto, problema resolvido.

Buster extravasava muito de suas emoções reprimidas em desenhos e começou a passar boa parte das horas deitado no chão da sala, com papel e lápis de cor. O primeiro de seus trabalhos que vi, feito a lápis, retratava mamãe sentada debaixo de uma palmeira. A sombra da folhagem caía-lhe sobre o rosto na diagonal, e sua expressão parecia calma e relaxada. Diversos dos primeiros esboços de Buster traziam nossa mãe, não sendo difícil perceber que ela estava sempre em sua mente. De certa forma, através da arte de meu irmão, mamãe estava conosco o tempo inteiro. As ilustrações compiladas em seu bloco de papel – cenas de batalhas, carros de corrida futuristas e jogadores de futebol americano em ação – me fascinavam. Eram tão vívidas e realistas que eu mal conseguia acreditar em como ele conseguia fazer aquilo. À medida que desenhava as cenas de batalha, meu irmão acrescentava efeitos sonoros às explosões ou diálogos entre os soldados, esforçando-se ao máximo para colocar na folha de papel sua fabulosa imaginação. E ele continuava me contando histórias de constelações, do espaço e de discos voadores.

Ouvi-lo abriu minha mente para a possibilidade da existência de outros mundos. Numa tarde de primavera, em 1955, enquanto zanzava pelo quintal, tive outro contato com os rincões distantes do Universo. Tudo principiou com o que se assemelhava a dois pássaros colidindo no ar. Houve um baque forte, e o que parecia um monte de penas azuis flutuou e pousou no chão. Depois que um dos pássaros caiu não muito longe de mim, corri para dar uma espiada. Porém, ao chegar perto, descobri não haver ave nenhuma, e sim uma peça de metal redonda e acinzentada, com fios saindo da parte de trás. Aquela bola era uma espécie de dispositivo mecânico futurista. Pensando tratar-se de algum brinquedo caro, me abaixei para pegá-la. Tão logo a segurei, um olho se abriu na esfera e me encarou fixamente. Larguei o troço o mais rápido possível e disparei na direção oposta. Entrei em casa berrando feito um louco.

– Buster! Buster!
– O que foi? O que você estava aprontando lá fora?
– Um óvni caiu do céu! – gritei.

Meu irmão não demonstrou nenhuma surpresa. Parecia que estivera esperando entidades de outros mundos fazerem contato.

– E onde está esse óvni? – indagou ele, caminhando despreocupado em direção ao campo.

– Pertinho da cerca. – Seguindo-o, apontei para o local onde eu deixara o objeto.

Mas não conseguimos encontrar nada. O que quer que aquilo fosse, sumira por completo. Em geral é inútil falar sobre esse assunto com alguém, porque todo mundo, imediatamente, acha que estou inventando. Não importa como explico; ninguém acredita nesse tipo de acontecimento, e não adiantaria me preocupar com isso. Algumas coisas fantásticas ocorreram na minha vida, e não há mal nenhum em ser honesto a respeito das minhas experiências. Além do mais, as pessoas já pensam que sou doido, a exemplo de muitos pais do bairro onde morávamos naquela época, que tachavam a mim e ao meu irmão de malucos porque contávamos histórias de alienígenas e óvnis. Inúmeras vezes, quando andávamos pela calçada, vimos mães puxando seus filhos para dentro de casa para impedi-los de brincar conosco. Nossos parentes, os tios e tias que moravam na vizinhança, não davam muita atenção às nossas conversas sobre outros mundos, naves espaciais e os confins do Universo. Afinal, já as haviam escutado tanto que acabaram acostumando-se. Entretanto aquelas histórias encafifavam os outros pais – nós os assustávamos.

– Não quero você brincando com os Hendrix! – nós os ouvíamos dizer. – Eles não batem bem da cabeça.

No verão de 1955, papai pôs Buster e eu no carro e pegou a rodovia 99. Quatro horas depois, chegamos à casa de vovó Nora, em Vancouver. Ela se chamava Zenora, mas todos a chamavam de Nora. Vovó era linda, com sangue de índio Cherokee nas veias e dona de um senso de humor incrível. Tudo parecia divertido na sua companhia. No começo de sua vida com vovô, ambos moraram em Seattle, porém acabaram se mudando para Vancouver na década de 1930 atrás de trabalho. Infelizmente meu avô falaceu antes de meu irmão e eu nascermos, de modo que nunca o conhecemos.

Ao saber da separação definitiva de meus pais após o acidente de carro, vovó não ficou nem um pouco satisfeita, pois sempre se dera bem com mamãe, e as duas se amavam.

– A culpa é sua, Allie – vovó Nora recriminou meu pai, chamando-o pelo apelido costumeiro. – O problema é você, não ela. Você sabe melhor do que ninguém que esses meninos precisam de uma mãe. E agora você deu um jeito de estragar tudo de vez.

Papai não discutiu porque, no fundo, sabia que vovó provavelmente estava dizendo a verdade. Sem dizer uma palavra, ele se arrastou para o carro com o rabo entre as pernas e voltou para Seattle, deixando-nos em Vancouver por todo o verão.

Vovó Nora morava perto dos estaleiros, na rua Hastings, não muito distante do meio-irmão de papai, o tio Frank, e sua esposa, Pearl. Assim, Buster e eu estávamos sempre indo de casa em casa. Papai era o mais jovem e, além de Frank, tivera outro irmão, Leon, que morrera de repente quando eles ainda eram adolescentes. Meu irmão e eu adorávamos acordar às sete da manhã, quando a carroça de leite descia a rua. Bastava ouvirmos o ruído da sineta, pulávamos da cama e corríamos para atender o leiteiro. Buster fazia questão de ter uma maçã à mão para alimentar o cavalo. Em geral, o entregador de gelo também aparecia a essa hora. Nós o observávamos deslizar um grande bloco de gelo da carroceria do veículo e agarrá-lo com um par de pinças gigantesco. Ele o colocava no ombro e rumava para dentro de casa, enquanto nós o seguíamos desde a calçada. O gelo durava apenas uns dois dias, mas com certeza mantinha tudo bem frio na geladeira.

Buster e eu nos sentíamos felizes simplesmente por tomarmos o café da manhã com regularidade. Vovó Nora e tia Pearl faziam questão de que fôssemos bem cuidados. Comparada com a nossa vida em Seattle, no Canadá, morando com nossos parentes, estávamos no céu. Minha guloseima favorita era a nata fresca que tia Pearl tirava da garrafa de leite. Buster e nosso primo Bobby – filho do tio Frank e da tia Pearl – não se interessavam a mínima pela nata, só pelo leite. De manhã, tia Pearl aquecia um pouco de purê de maçã, partia um pedaço de broa e despejava a nata grossa em cima. Para mim, não havia maneira melhor de começar o dia.

Como de hábito, da manhã ao pôr do sol, meu irmão e eu sumíamos. Junto com Bobby, seguíamos pela rua Hastings, no sentido oeste, até o parque Stanley, nas proximidades do mar, e brincávamos perto dos trilhos que corriam ao longo de quase toda a orla marítima. Por ser mais novo que Buster e Bobby, às vezes eu achava difícil acompanhar o passo dos dois, em especial na cercania dos trilhos. Aos meus olhos, parecia haver centenas de linhas paralelas, quando o mais provável era que existissem apenas seis. Os trens iam e vinham constantemente, fazendo tremer o chão. Mal um passava, outro corria no sentido contrário, na linha paralela. Buster e Bobby não tinham nenhum problema para atravessar os trilhos e chegar ao mar, mas eu ficava apavorado.

– Vamos lá, Leon! Você consegue! – meu irmão gritava, do lado oposto. Entretanto, não conseguia me arriscar. Assim, via-me obrigado a andar um quilômetro até a passarela para atravessar com segurança. Além de demorar uma eternidade, quando eu chegava do outro lado, Buster e Bobby já estavam brincando à beira-mar havia um tempão, isso quando não me deixavam para trás e seguiam em frente, de forma que só me restava andar pela praia, para cima e para baixo, procurando-os.

Um dia, cansado da rotina de ser deixado para trás, resolvi enfrentar meu medo. Como sempre, meu irmão e Bobby já se achavam do outro lado dos trilhos, acenando para mim.

– Você consegue, Leon! Venha! – Buster me chamou.

Eu sabia que era chegada a hora. Na minha mente, enfim sentia-me pronto para empreender aquela corrida. Mas, quando me pus em movimento, algo deu errado. Não houve movimento. Alguma coisa estava me segurando. Em pânico, olhei para baixo. Meu cadarço ficara preso no primeiro trilho.

– O que você está fazendo? – Bobby berrou.

– Anda logo, Leon – disse Buster.

Então uma forte vibração me subiu pela perna. Não havia dúvida do que aquilo significava – um trem estava se aproximando. O maquinista tocou o apito, como se eu *não soubesse* que o trem estava vindo para cima de mim. O som estrondoso me sacudiu até os ossos. Enquanto as lágrimas começavam a me escorrer pelas faces, Buster e eu nos fitamos. E bastou um olhar para ele perceber que eu me encrencara. Sem uma palavra, meu irmão se lançou pelos trilhos na minha direção. Apesar de nunca antes tê-lo visto se mover naquela velocidade, tive a sensação de que toda a cena transcorria em câmera lenta. Mal ele me empurrou para os espinheiros, o trem passou rugindo. Quando levantamos, as pernas e os braços de Buster sangravam. Foi um milagre ambos termos sobrevivido, e, quando olhei para baixo, reparei que meu sapato direito sumira, com certeza tragado pelas rodas do trem. Perder um pé de sapato era tão ruim quanto perder os dois, e vovó Nora não ia gostar nada disso. Onde arranjaria *um pé* de sapato? Não se pode entrar numa loja e comprar apenas um pé. Ela precisaria me comprar outro par. Meu irmão e eu caímos no choro porque estaríamos em apuros quando voltássemos para casa.

Duas meninas, que estavam sentadas num barranco, testemunharam o que acontecera e correram para ver se estávamos bem. Depois, levaram-nos para a casa delas, a alguns quarteirões dali, e deram alguns adesivos curativos a Buster para seus cortes e arranhões. A mãe das garotas ainda assou um bolo de chocolate para nós. Desde então, nos acostumamos a passar naquela casa quando íamos brincar perto dos trilhos, porque ela sempre nos oferecia uma sobremesa. Como não sabíamos o nome da senhora, Buster e eu a chamávamos de "Dona Benta". "Vamos para a casa da Dona Benta", falávamos, quando estávamos na região. Meu irmão e eu seríamos capazes de comer aquele bolo de chocolate no café da manhã, no almoço e no jantar todos os dias.

No final do verão, cerca de uma semana antes do início das aulas, papai foi nos buscar. Buster e eu ganhamos uma calça jeans e um par de sapatos novos para ir à escola. Papai passou a exigir que fôssemos da escola direto para casa e que trancássemos a porta da frente, fechássemos as cortinas e mantivéssemos as luzes apagadas. O pessoal do serviço social estava invocando conosco, e ele não queria lhes proporcionar nenhuma oportunidade de nos procurar em casa enquanto não estivesse por perto para nos proteger. Portanto, ficamos numa casa às escuras... pelo menos por algum tempo.

Como não tínhamos tevê, noite após noite, às sete, nos sentávamos na frente do velho rádio de meu pai para ouvir a contagem regressiva do Top 40. Às vezes também escutávamos a transmissão de alguns seriados radiofônicos, como *Gunsmoke* e *O Sombra*. Certa noite, terminado um desses programas, Buster, de repente, passou a agir como se algo o incomodasse. Dirigiu-se à cozinha e retornou, carregando um punhado de ferramentas. Cheio de curiosidade, observei-o ajoelhar-se no chão, emborcar o rádio e, com uma chave de fenda, retirar os parafusos da tampa traseira.

– O que você está fazendo? – indaguei. – É melhor não estragar o rádio do papai, ou vamos tomar uma surra.

Porém meu irmão não me deu ouvidos. Estava engajado numa missão, e meus resmungos não o induziram a mudar de ideia.

Vendo-o trabalhar, surpreendi-me ao constatar que não havia muita coisa dentro da caixa: um receptor, um seletor e um monte de fios. Buster dissecou o objeto por algum tempo antes de encostar-se no sofá, com uma expressão confusa no rosto. Após alguns instantes de silêncio, reuniu as peças espalhadas no chão e pôs-se a remontar o rádio. No entanto, ao terminar, o aparelho não funcionou. Talvez ele tivesse perdido um fio ou alguns parafusos, porque o rádio estava completamente mudo. Não produzia som nenhum.

Ao chegar em casa, nosso pai não ficou nada contente ao descobrir que seu rádio predileto quebrara. Como de hábito, ele estava bêbado e logo se encolerizou.

– *Saco!* – gritou, o cenho franzido. Era sempre ruim quando papai começava com *saco*, porque quase nunca dizia isso. Agora que falara, a situação não ia acabar bem. Meu irmão já estava chorando quando papai partiu para cima dele, berrando:

– Por que você quebrou meu rádio?

Nem mesmo um tapa na cabeça foi suficiente para arrancar uma palavra de Buster.

– O que você achou que estava fazendo? – nosso pai insistiu.

Buster secou as lágrimas do rosto.

– Eu estava procurando a música.

As feições de papai novamente se contorceram, e de tal modo que o desfiguraram.

– Você estava fazendo o quê? – vociferou. – Isso é ridículo! Que negócio é esse?

– Eu estava procurando a música.

O desmantelamento do rádio de papai marcou o início da jornada de meu irmão em busca dos sons – das ondas do rádio e das frequências invisíveis. Se você as seguisse, aonde elas o conduziriam? Quando encasquetava com alguma coisa, em geral não havia nada que o impedisse de ir adiante, não importanto o que papai dissesse ou quantas surras levasse. Buster não ficava satisfeito até encontrar as respostas para todas as suas perguntas.

Papai orgulhava-se de ser um disciplinador severo e nos batia desde sempre. Não consigo me lembrar de uma época em que tal punição não acontecia em nossa casa. Um de nós dois estava constantemente se metendo em alguma encrenca e perturbando nosso pai. E ele não demorava a entrar em ação, em especial se já houvesse entornado uns goles de Seagram's ou de cerveja Lucky Lager. Quando uma surra se avizinhava, papai nos mandava esperar no quarto dos fundos, com a porta fechada. Então, pegava a garrafa e bebia na sala até arrumar coragem de espancar nosso traseiro. Às vezes a gente ficava lá esperando, chorando e gemendo, por uma hora. Eu não passava de um garotinho pequeno, e Buster sempre vinha em meu socorro, assumindo toda a culpa. Ao perceber que seríamos punidos, ele se adiantava:

— Desculpe, papai. Leon não fez nada. A culpa é toda minha.

Meu irmão me defendeu o quanto pôde, mas com o tempo papai notou que Buster se sacrificava por mim. Assim, para não ser mais enganado, decidiu que ambos seríamos punidos, ainda que só um de nós tivesse causado problemas.

— Venha cá, Leon — dizia ele, sentado na cama.

Nosso pai costumava usar a mão e jamais nos bateu com o cinto ou com uma vara. Um após outro, Buster e eu nos inclinávamos sobre seu colo e papai mandava ver. Às primeiras palmadas, minhas nádegas já ficavam anestesiadas, e não demorava a estar tudo acabado. A mim eram aplicados poucos tapas, porém Buster aguentava o resto. Se fosse uma sova particularmente pesada, papai às vezes se sentia culpado o suficiente para nos levar para tomar sorvete depois. A fim de fazer a balança pender a nosso favor, costumávamos gritar e gemer, com a intenção de produzir maior efeito. Na nossa cabeça, não havia nada de errado em exagerar a reação. Nós seguíamos uma fórmula: quanto maior a gritaria, mais sorvete depois.

Nas férias de verão de 1956, tínhamos mais tempo livre ainda. Sem as aulas, estávamos entregues à nossa própria sorte, dia e noite. Em geral havia pouco, ou nada, para comer no café da manhã, de modo que começamos a nos levantar às quatro e meia da manhã para pegar o ônibus em direção às plantações de feijão, cenoura, pepino ou morango, onde trabalhávamos com alguns de nossos amigos. O ônibus passava às cinco e meia, e fazíamos questão de chegar no ponto com antecedência. Se nos atrasássemos, o ônibus sairia sem a gente, principalmente se o motorista percebesse que éramos apenas um bando de crianças. Como Buster tinha treze anos, e eu, só oito, algumas pessoas não queriam nos deixar entrar no veículo, nem quando chegávamos a tempo. Embora se queixassem de que não conseguíamos trabalhar tão duro quanto elas, não nos importávamos. Só queríamos ganhar uns trocados. Todos os meninos do bairro eram pobres, e só tínhamos certeza de uma coisa: precisávamos ganhar dinheiro, por quaisquer meios, para pôr comida na barriga. Devido à nossa pouca idade, participar da colheita nos campos consistia num dos únicos trabalhos disponíveis.

No início da manhã, sempre enfrentávamos um friozinho. Contudo, no decorrer das horas, o calor e a umidade aumentavam. Colhíamos de setenta a cem litros de cereais até o meio-dia e caíamos fora, doidos para nos divertir um pouco. Normalmente nos pagavam um dólar e cinquenta centavos por dia, quantia que gastávamos em hambúrgueres de quinze centavos e batatas fritas de dez centavos. Para a sobremesa, comprávamos uma barra de chocolate Hershey, que parecia ter o comprimento de nosso braço, por cinco centavos.

Naquele verão, a ideia de divertimento de Buster começou a mudar; agora as meninas faziam parte da equação. De vez em quando, no campo, eu olhava ao meu redor e ele tinha sumido. Então, punha-me a andar para cima e para baixo nas plantações, gritando seu nome. Quando o encontrava, não raro estava xavecando uma garota.

– Psiu, Leon – dizia ele.

– O que vocês dois estão fazendo aqui no milharal? Estão se escondendo de alguém? – eu indagava, ainda novo demais para entender aquela mudança de comportamento dele em relação às meninas. Não tinha absolutamente nenhum sentido para mim.

Os campos não ficavam muito longe do rio Green, onde Buster e nosso primo Bobby gostavam de se refrescar depois do trabalho. Da margem, eu os observava mergulhar e brincar. Ambos caçoavam de mim, porque me recusava a entrar na água, porém a correnteza me parecia forte demais. Em Vancouver, um trem que passava à beira-mar quase me despedaçara, e não me sentia nem um pouco inclinado a testar minha sorte na correnteza. A exemplo do pátio dos trens, uma passarela ligava as duas margens do rio Green. Portanto, se eu queria me divertir na companhia de Buster e Bobby, via-me obrigado a andar vários metros, atravessar a ponte e caminhar até onde os dois estavam. O arranjo funcionou bem por algum tempo, porém a gozação começou a me chatear. Ainda assim, a correnteza não era brincadeira. Para chegar à outra margem, no ponto bem em frente ao local onde a gente estava, tinha-se que nadar contra a correnteza num determinado ângulo.

Não sei se os dois me cansaram com as gozações ou se eu mesmo me fartei de percorrer os quatrocentos metros até a ponte – e mais quatrocentos pela outra margem – sempre que íamos ao rio. O fato é que me enchi. Certa tarde, quando Bobby berrou "Ande, Leon! Deixe de ser um bebezão!", foi a gota d'água. De pé na beira do rio, me armei de coragem e dei um passo à frente. Entretanto, com um pouco de medo, não fui capaz de mergulhar. Acabei caindo na água de maneira desajeitada. Quase de imediato a correnteza me puxou, apesar de eu nadar vigorosamente contra ela. A cada braçada, ia sendo arrastado rio abaixo.

– Bata os pés – ouvi Buster gritar, da margem oposta.

Minhas tentativas de nada adiantaram. Então, algo inesperado surgiu na minha visão periférica. Um *porco morto* estava flutuando, emergindo e submergindo. Talvez o pior cheiro que eu jamais inalara. Mal o fedor me atingiu, comecei a engasgar e a respirar com dificuldade. Além de ser difícil respirar, tinha que lidar com o bafo de um porco morto. Uma coisa era certa: encontrava-me em apuros.

De repente, tudo foi silenciando à medida que minha cabeça afundava. A última imagem de que me lembro era a de meu irmão, em pânico, no barranco. Assim que a escuridão me engolfou, voltei à tona subitamente no instante em que me aproximava da ponte – *a droga da ponte que eu deveria ter atravessado*. Mais uma vez submergi, engolindo um monte de água. Estava afundando depressa e a escuridão tornava a se estender sobre mim. Embora os primeiros goles de água houvessem sido dolorosos, dominava-me agora uma espécie de euforia. Parte de mim sentia vontade de desistir naquele momento, enquanto uma estranha sensação de calma me invadia. Certo, pensei, acho que é hora de dizer adeus ao mundo. Então, já submerso, olhei para cima no exato segundo em que Buster pulava da ponte, na minha direção, com a chave de casa num cordão pendurado no pescoço, brilhando ao sol. Ele me puxou para cima e lutou para me manter à tona até chegarmos a uma das margens do rio, onde Bobby o ajudou a me arrastar para a ribanceira.

Meu irmão ficou mais do que aliviado quando recuperei os sentidos e fiquei de pé.

– Meu Deus, Leon, você sabe o que seria de mim se algo acontecesse com você? Eu teria levado uma surra! – Segundos depois, outro pensamento lhe ocorreu. – E a surra seria ainda maior se você tivesse se afogado! – Ele e Bobby caíram na risada imaginando a cena.

Aquela fora a segunda vez que meu irmão me salvara a vida. Não faço a menor ideia de como Buster conseguiu sair de onde estava e me alcançar, no meio do rio, tão depressa. Alguns minutos depois e eu já era. Contudo, eu não precisaria ter sido salvo se ele e nosso primo Bobby parassem de me meter em tantas situações perigosas.

Na maior parte do tempo, papai nem desconfiava do que andávamos aprontando; porém, se houvesse descoberto algo, teríamos acabado numa encrenca feia. Ele tentava tomar conta da gente o melhor possível, mas, sempre que realmente se esforçava, o tiro parecia sair pela culatra. Recordo-me de uma única vez que se arriscou a preparar o café da manhã para nós e quase pôs fogo na casa. Ao acordarmos, Buster e eu vimos fumaça para todo lado e papai estirado no sofá. Acho que ele chegou tarde, depois de cumprir o seu turno, e, convencido de que não tardaríamos a nos levantar, colocou alguns ovos numa panela, deitou-se no sofá e caiu no sono.

Certa vez, já tarde da noite, ouvi uma batida à porta. Como era seu dia de folga, papai estava em casa e atendeu. Dois homens de terno se identificaram como assistentes sociais do Departamento do Bem-Estar do Menor. Certamente, vizinhos preocupados os haviam informado de que nosso pai trabalhava no turno das três da tarde à meia-noite, deixando os filhos sem qualquer supervisão. Para tirá-los do nosso pé, papai garantiu-lhes que tomaria as providências necessárias sem demora e que alguém passaria a cuidar de nós enquanto ele estivesse fora. Todavia, bastou os sujeitos partirem para lhe ocorrer uma ideia diferente. Depois de nos mandar sentar no sofá, disse:

– Meninos, tratem de voltar da escola direto para casa todos os dias. Então fechem as cortinas, apaguem as luzes, tranquem a porta e não abram para ninguém. Ambos sabem que, se abrirem a porta para aqueles homens, serão levados embora e nunca mais tornaremos a nos ver.

Dessa vez eles estavam mesmo de olho em nós. Tenho certeza de que os engravatados não engoliram a promessa de nosso pai de encontrar um local para ficarmos enquanto ele estivesse no emprego. Não tardou para Buster e eu começarmos a ver o carro verde-escuro, com as palavras Departamento do Bem-estar do Menor pintadas na porta com tinta branca, cruzando o bairro com frequência. Sempre que batiam à nossa porta, nós nos escondíamos no armário do quarto e tentávamos nos manter em silêncio absoluto. Às vezes eu achava que não parariam de bater jamais. Era oficial – eles sabiam que nada mudara e que nosso pai lhes mentira. Eu morria de medo que nos achassem e me levassem para longe de meu pai e de meu irmão.

Sem alternativa, papai trouxe a filha de tia Pat, Grace – a quem chamávamos de "prima Grace" –, e seu marido, Frank – a quem chamávamos de "Buddy" –, para morar conosco e os acomodou num quarto enquanto ele, Buster e eu dividíamos a cama de casal no outro quarto. Foi na hora certa, porque Grace e Frank estavam procurando um lugar para ficar e papai precisava, desesperadamente, de alguém para tomar conta de nós. Além disso, ter uma mulher em casa causava boa impressão nos assistentes sociais. Agora, toda vez que os engravatados batiam à porta, a prima Grace estava ali para atendê-los.

– Olá, senhores – cumprimentava ela com um sorriso amável. – Sim, agora moro aqui. Tenho um ótimo emprego na Associação Cristã de Moços e cuido dos garotos enquanto Al está no trabalho.

Como os caras do Bem-Estar do Menor podiam discutir?

O arranjo funcionou por algum tempo, porém, quando a prima Grace e Frank se mudaram, voltamos ao ponto de partida, à estaca zero, com papai insistindo para nos escondermos e torcermos pelo melhor. Mesmo sendo eu tão novo, compreendi que aquele jogo de esconde-esconde com os assistentes sociais não iria durar para sempre.

3

Adoção

De vez em quando papai nos deixava na casa de mamãe – porém, com o passar do tempo, a situação foi se tornando delicada. Àquela altura, mamãe tinha um namorado, o que transtornava ainda mais nosso pai. A partir de então, ele decidiu ignorá-la por completo e fez questão de que Buster e eu soubéssemos disso. Sempre que lhe perguntávamos algo a respeito dela, percebíamos sua amargura ao ouvi-lo retrucar, ríspido:

– Não quero falar sobre sua mãe. Não sei onde diabos ela está. Esqueçam esse assunto, meninos.

Em nossa casa, tudo continuava a piorar. Após meses recebendo telefonemas do diretor da escola, de vizinhos preocupados e dos assistentes sociais, os chefes de papai na companhia de eletricidade se fartaram daquela chateação e o demitiram. Sem muitas opções, papai arrumou um emprego na fábrica Bethlehem Steel, basicamente varrendo o chão, e com uma redução considerável de salário. Ele voltava para casa todas as noites coberto de aparas da cabeça aos pés e cheirando a metal queimado.

Como não se sentia muito confortável nos deixando sozinhos sabendo que o pessoal do Departamento do Bem-Estar do Menor estava rondando o bairro, papai passou a vir nos pegar tão logo encerrava seu expediente. E o único jeito de ele sair em paz agora era nos arrastando consigo. Ocasionalmente, nos levava para assistir a algum filme no Cine Atlas, e cada ingresso custava 25 centavos. Mas, na maioria das vezes, não resistia à vontade de jogar e nos carregava para o Clube Cassino, um salão de bilhar localizado num porão. Depois de pedir ao sujeito da cozinha para nos servir uma tigela de arroz com molho de carne, papai começava a noite comprando uma espécie de cartela e em seguida sentava-se numa mesa de carteado. As tais cartelas tinham dois lados, custavam de 25 centavos a dois dólares e eram vendidas em máquinas. De um lado estavam impressos os números vencedores, a quantia em dinheiro que o ganhador embolsaria e o número total de bilhetes. Do outro lado, ficavam as abas perfuradas que a pessoa deveria puxar para verificar se a sorte lhe sorrira. O chamariz estava na possibilidade de lucrar: 25 centavos poderiam render de cinco a dez dólares, quando se puxava a aba vencedora. A perspectiva de apostar pouco e ganhar muito costumava fazer o coração de papai disparar. Contudo, não me lembro de jamais tê-lo visto ganhar.

Quando jogava, papai estava sempre "numa maré de sorte". Mesmo se iniciava com uma sequência de vitórias, em geral terminava entrando numa série de derrotas. Era só uma questão de tempo até acabar quebrado. Infelizmente ele jamais teve forças para se levantar da mesa de jogo quando estava por cima. E claro que, ao perder tudo, não lhe restava alternativa senão parar, pois não lhe sobrara um único tostão para apostar. Como as horas se arrastavam, Buster e eu não raro dormíamos sob uma das mesas de sinuca até papai estar pronto para ir embora.

No caso pouco provável de deixar o Clube Cassino com alguns dólares extras no bolso, ele nos levava até o Mercado Pike Place, onde comíamos hambúrgueres de carne de cavalo a dez centavos cada um. Por mais estranho que possa parecer, essas coisas eram um verdadeiro prazer para mim naquela idade. Eu achava nossas idas ao salão de bilhar uma aventura emocionante. Entretanto, estou certo de que Buster enxergava de outra forma. De maneira nenhuma meu irmão vibrava com a ideia de se esconder em casa todos os dias depois da aula e de dormir debaixo de mesas de sinuca à noite.

Ainda que a situação fosse sempre difícil para nós três, nunca cogitei reclamar. Meu pai se esforçava para arcar com as despesas, e só isso importava para mim.

Após perder o emprego na fábrica Bethlehem Steel, papai continuou lutando para pagar a hipoteca, a despeito de o fornecimento de luz e água em casa ser cortado mês sim, mês não. Ele passava horas catando de tudo para vender. Na minha mente, havia se tornado o Rei da Reciclagem – um profissional do ramo. Latas, garrafas, folhas de metal, cobre, plástico... seja lá o que fosse, papai conseguia faturar algum dinheiro com aquilo. Assim, habituou-se a conservar quatro barris de plástico, grandes, na carroceria de seu caminhão: um para vidro marrom, outro para vidro transparente, o terceiro para vidro verde e o último para latas. Folhas de flandres eram onipresentes na época, porém, como o alumínio ainda estava começando a aparecer, recebíamos apenas sete centavos de dólar por quilo para as latas de alumínio que recolhíamos e vendíamos a cada semana. Bastava avistar algo que valesse a pena pegar, e papai parava no acostamento.

– Olhem aquelas latas ali, meninos – dizia, esticando o pescoço pela janela do lado do motorista. – E não se esqueçam de apanhar as garrafas também!

Para nós, aquilo era como um jogo de caça ao tesouro. Meu irmão e eu pulávamos da boleia e catávamos tudo o que encontrávamos pela frente.

Um amigo de papai que ainda trabalhava na companhia de eletricidade o ajudava bastante a obter cobre. Ele o informava onde todos os grandes trabalhos elétricos em Seattle seriam realizados, e nós três íamos atrás, para recolher os fios que sobravam. Enchíamos a carroceria do caminhão de sucata até papai decidir que já tínhamos o suficiente para aquele dia. Tão logo chegávamos em casa, Buster e eu púnhamos a mão na massa. Com o nosso carrinho vermelho, saíamos para comprar alguns litros de óleo diesel. Ao regressar, queimávamos cada parte dos fios no fogão até o revestimento de plástico derreter. Nós nos revezávamos usando uma pinça enorme para segurar os fios sobre a chama, como se estivéssemos assando salsichas numa fogueira. Findo o serviço, meu pai vendia o cobre.

Sabendo que a sucata sozinha não salvaria a situação, papai arrumou outro bico, trabalhando para o nosso tio Pat em seu negócio de jardinagem. Nos fins de semana, nos arrastava consigo para o ajudarmos. Sendo ele novo no ramo, tio Pat lhe empurrava as tarefas mais árduas. Não raro, chegávamos a um local e deparávamos com hectares de capim tão alto que ultrapassava nossa cabeça. Embora papai possuísse um cortador de grama, o equipamento não adiantava nada num matagal. Assim, ele comprou uma foice caquética e ensinou Buster a manejá-la. Com o tempo, papai cismou que meu irmão deveria aprender tudo sobre jardinagem, porque estava convicto de que um dos filhos, um dia, assumiria o negócio da família. Mais ou menos a cada cem ceifadas, a foice perdia por completo o fio, o que implicava uma sobrecarga incrível de trabalho. Enquanto Buster avançava cortando o capim, eu seguia atrás juntando o mato cortado e amarrando-o em feixes.

Num certo dia, papai simplesmente nos largou com todos os equipamentos e se mandou. Buster e eu trabalhamos até o ponto da mais absoluta exaustão, e nosso pai não voltou. Quando terminamos, não havia nem sinal dele. Nós dois estávamos sujos, suados e enfraquecidos. Deitei-me no chão, sentindo a barriga doer de tão vazia. Meu irmão não parecia muito melhor.

– Estou morrendo de fome – falei.

– Eu sei – retrucou ele, o olhar fixo na estrada. – Eu também.

Levantei-me e o acompanhei até um supermercado não muito distante da casa onde estávamos trabalhando. Uma vez no interior da loja, meu estômago começou a doer ainda mais. A despeito de percorrermos as gôndolas, sabíamos que não tínhamos dinheiro para comprar nada. Estávamos desesperados. Depois de certificar-se de que não havia nenhum funcionário à espreita no corredor, Buster, num movimento discreto, puxou uma embalagem de pão de forma da prateleira, retirou rapidamente duas fatias e devolveu a embalagem ao seu lugar. Então rumamos para o setor das geladeiras – onde ficavam os frios fatiados – e ele surrupiou algumas fatias grandes de mortadela. Depois de fazer um sanduíche, Buster o dividiu ao meio cuidadosamente e me entregou metade. Nós o comemos escondidos, num canto do supermercado. Roubar o supermercado trucidou meu irmão por dentro. Porém, não nos restara alternativa. Buster sempre cuidou de mim. Ele foi uma das pessoas mais honestas que jamais conheci, e ser obrigado a roubar para comer o marcou durante muito tempo.

Ao retornarmos ao campo, encontramos papai colocando o equipamento na carroceria do caminhão. Ao nos ver andando pela estrada em sua direção, seus olhos brilharam.

– Onde diabos vocês se meteram, meninos? – berrou. – Eu os mandei esperar aqui!

Bastou-me fitá-lo para saber que passara o dia inteiro bebendo no bar. Avançando, ele me agarrou pelo braço.

– Não, não bata no Leon – Buster implorou. – A culpa é minha.

Papai não lhe deu ouvidos, pois já percebera sua manobra de assumir a culpa por nós dois. Nada do que disséssemos naquele dia o faria mudar de ideia. E apanhamos ali mesmo, no campo.

Embora houvesse passado um ano desde a última visita dos representantes do Departamento do Bem-Estar do Menor, o jogo de gato e rato recomeçou. A prima Gracie fizera um bom trabalho ajudando papai a mantê-los afastados; contudo, quando ela se mudou, não tivemos dúvidas de que enfrentaríamos problemas. Os assistentes sociais estavam sempre bisbilhotando e procurando nos controlar. Por sorte, algumas senhoras do bairro – em especial as mães judias mais velhas – reconheciam o quanto papai lutava para nos conservar unidos e nos auxiliavam sempre que possível. Como Buster e eu temíamos abrir a porta da frente, elas entravam pelos fundos. Ainda consigo escutá-las, como se fosse ontem:

– Vamos, garotos, abram. Trouxemos um pouco de frango frito para vocês. Sei que estão aí dentro, com fome.

Com o tempo, também adotaram uma batida especial e secreta, para nos avisar que seria seguro abrir a porta. Quando papai não aparecia depois do serviço, nos deixavam passar a noite em seus lares. Se ele não dava as caras no dia seguinte, em geral outra família se prontificava a nos oferecer uma refeição e um lugarzinho para dormir. Como nossa vizinhança consistia numa mistura mais ou menos equitativa de judeus e negros, comíamos frango frito ou *kneidlach*.

De vez em quando, papai nos arrumava um lanche para a escola: sanduíche de queijo e maçã. Mas isso era raro. À noite, também ocasionalmente, ele cozinhava uma panela gigantesca de espaguete e a guardava na geladeira, para que nos servíssemos por três, quatro dias. Com papai preparando refeições esporádicas e as mulheres nos levando um pouco de comida, a situação se sustentou por um período. Mas, por fim, ele acabou pondo a perder o bom relacionamento que mantínhamos com as senhoras da vizinhança.

Numa noite, Buster e eu estávamos na casa da sra. Mitchell, defronte da nossa, quando papai chegou bêbado feito um gambá. Por volta das três da manhã, acordamos com um barulho infernal. Como sabia que acabávamos sendo acolhidos por um dos vizinhos, ele pôs-se a bater de porta em porta.

– Onde estão os meus garotos? – indagava a quem quer que o atendesse.

Da janela da sala, meu irmão e eu o espreitávamos. A sra. Mitchell sentou-se ao nosso lado, no sofá, e nós três juntos o vimos cambalear da porta dos Weinstein até a dos Greenburg.

– Fiquem quietinhos – ela murmurou, levando um dedo aos lábios. – Não será bom vocês irem embora agora. Fiquem aqui.

O conselho nos soou sensato. Provavelmente levaríamos uma surra por não estarmos em nossa própria casa. De fato, Buster e eu não sabíamos o que fazer e estávamos com medo.

– Quem está com meus meninos? – papai tornou a berrar.

Ao longo do quarteirão, as luzes das casas se acendiam e as cortinas se abriam à medida que mais gente acompanhava a cena. A sra. Mitchell ajeitou o roupão e saiu pela porta da frente. Nós a observamos caminhar na direção de papai, parado no meio da rua.

– Vá para a cama, Al – ela lhe disse, num tom suave. – Os garotos estão conosco. Já tomaram banho e jantaram. Eles estão bem, então por que você não vai dormir?

Por um momento, papai a fitou, teimoso. Porém, cansado e desnorteado, não se achava em condições de abusar da sorte. Meu irmão e eu o espiamos andar, trôpego, até nossa casa, subir, desajeitadamente, a pequena escada da frente e desaparecer no interior escuro.

Não muito depois daquela noite, papai percebeu que o melhor seria me despachar para a casa do tio Pat e da tia Pat, nas redondezas do lago Washington. No início, não me importei de passar algum tempo lá. Além de ter meu próprio quarto, assistíamos a *The Ed Sullivan Show* e *Lawrence Welk* na televisão. No entanto, tão logo a novidade passou, comecei a me sentir péssimo longe de Buster e de papai. Tampouco meus tios estavam animados com a minha presença. Eu era um espoleta naquela idade e os enlouquecia. Completado um mês da minha estada, eles arrumaram a bagagem e se mudaram para a Califórnia. Assim, no início do ano letivo de 1956, encontrava-me de novo em casa.

E descobri que pouca coisa mudara. Como toda a vizinhança estava farta do que vivia acontecendo em nosso lar, as queixas ao Departamento do Bem-Estar do Menor continuaram. Uma semana depois que voltei, os assistentes sociais apareceram. Buster e eu estávamos brincando no gramado da frente quando dois carros verde-escuros estacionaram não muito longe. Por um instante, achei que se tratava de alguma ação do exército. Porém aqueles caras não eram soldados e sim homens de terno. Momentaneamente paralisado pelo medo, olhei para meu irmão, que disparou para dentro de casa. Não hesitei e corri atrás. Depois de passarmos a tranca na porta, nos escondemos dentro do armário do quarto dos fundos. Quando as fortes batidas à porta enfim cessaram, fomos até a sala e espiamos lá fora, para ter certeza de que a barra estava limpa. Esse foi o maior aperto que havíamos vivido até então com os engravatados. Porém, dia após dia, eles chegavam cada vez mais perto de nos pegar.

Uma enxurrada de notificações, provenientes de várias fontes, começaram a ser entregues em nossa casa. Por fim, papai já não podia ignorá-las. Nós três nos dirigimos a um escritório, onde ele conversou com a sra. Lamb, a assistente social designada para cuidar do caso de nossa família. Enquanto Buster e eu aguardávamos na sala de espera, papai e a mulher conversaram a portas fechadas.

A sra. Lamb explicou que Buster, com quase catorze anos, poderia ficar sob a custódia de papai, mas, como eu tinha apenas oito anos e meio, minha segurança inspirava preocupação. Ao ouvir que pretendiam me pôr num lar substituto, ou seja, me encaminhar para adoção, papai desabou. Quando ele nos comunicou o fato, meu irmão e eu desatamos a chorar. Arrasado, papai suplicou que lhe dessem outra oportunidade, chegando a confessar que pensava mesmo em me deixar aos cuidados de um amigo da família por algum tempo. Após escutar suas considerações, o pessoal do Departamento do Bem-Estar do Menor resolveu lhe conceder mais uma chance e estabeleceu um prazo de 24 horas para que a situação fosse resolvida. Ou papai me colocava em uma família substituta de sua escolha, ou os assistentes sociais se encarregariam de fazê-lo.

Na manhã seguinte, nós três choramos enquanto papai me ajudava a juntar minhas coisas e empacotá-las, algo que fizemos rapidamente em virtude do pouco que tínhamos. Foi triste constatar que quase tudo o que eu possuía cabia numa malinha. Com o coração partido, sentia-me apavorado diante da perspectiva de me separar de minha família. Durante toda a minha vida, havíamos estado juntos, e agora não ia ser mais assim. Eu ficaria completamente só. Nós nos amontoamos no caminhão e rumamos para uma casa não muito distante de onde morávamos.

Papai me entregou a Urville e Arthur Wheeler, um casal negro instruído, com diploma universitário, e que desfrutava de uma boa reputação na comunidade. Outras quatro crianças adotivas viviam com a família quando cheguei, portanto a sra. Wheeler já estava bastante ocupada. Ela nos cumprimentou na entrada e me recebeu com um sorriso amável. Vendo-me chorar e tremer, aproximou-se, pôs a mão em meu ombro e falou:

— Vai dar tudo certo, bebê.

Papai se recompôs o suficiente para me abraçar.

– Está tudo bem, filho. Esta é a sua nova tia.

– A gente se encontra em breve, Leon – disse meu irmão, enxugando as lágrimas que lhe escorriam pelas faces.

Fiquei inconsolável com a partida de ambos. Ainda assim, nunca culpei meu pai pelos tempos duros que enfrentamos quando éramos crianças. Bem no fundo, ele nos amava – a mim e ao meu irmão – de verdade, porém a bebida sempre atrapalhava tudo. Quando alguém está tendo dificuldade para pagar as contas, o álcool não é o melhor amigo no qual se escorar. Ao mergulhar na escuridão do abuso da bebida, papai não estava fazendo nada, exceto travando uma batalha perdida, dia após dia. E agora entregava mais um de seus filhos por causa disso.

Durante todos os meus anos no conjunto habitacional, escutei um monte de histórias horrorosas sobre as famílias substitutas, que só acolhiam crianças carentes para ganhar um cheque mensal do governo. Todavia descobri nos Wheeler uma gentileza e um carinho incríveis. Pela primeira vez na minha vida, eu comia refeições quentes e regulares e vestia roupas novas. Era um estilo de vida até então desconhecido para mim. Apesar de a sra. Wheeler me ter sido apresentada como a minha nova "tia", depressa comecei a chamá-la de "mãe". Eu sentia tanto a falta de minha mãe que acredito ter procurado estabelecer um vínculo similar com a sra. Wheeler. Mas, apesar de os Wheeler me tratarem como um de seus próprios filhos e fazerem o que estava ao seu alcance para me ajudarem a me adaptar à vida longe da minha família, eu ainda não conseguia aceitar a situação. E teria trocado tudo num piscar de olhos para ser devolvido ao lugar ao qual pertencia.

O dia em que meu irmão e meu pai me deixaram no lar substituto, Buster me garantiu que nos encontraríamos em breve, e não estava mentindo. Como a casa dos Wheeler localizava-se a meros cinco quarteirões da nossa, ele me visitava quase diariamente depois da aula. Então, junto com alguns dos outros meninos, nós jogávamos futebol americano ou beisebol no quintal. Os Wheeler iam à igreja com assiduidade e costumavam acolher crianças carentes. Desde o primeiro momento, aceitaram meu irmão como se fosse um filho. Como Buster já conhecia os outros garotos que moravam na casa – por causa da escola –, em especial seu bom amigo Jimmy Williams, ele adorava passar por lá para ver como eu estava me saindo. E também sabia que poderia jantar conosco quando não houvesse nada para comer em casa. O lar dos Wheeler tornou-se, instantaneamente, o segundo lar de meu irmão. Buster estava passando por uma experiência semelhante à minha, porque também se via sozinho agora, numa casa vazia. Ambos enfrentávamos uma fase confusa de nossa vida.

Havia outro bônus: a despeito de ser obrigado a morar com os Wheeler durante a semana, fora-me concedida autorização para voltar a minha casa nos fins de semana. Assim, a partir das três da tarde de sexta-feira – quando a aula terminava – até depois do jantar de domingo, eu podia ficar com meu pai e meu irmão.

De vez em quando, durante a semana, papai aparecia no lar substituto para me levar um par de sapatos novos ou uma camisa. Numa ocasião, me comprou um terno de quinze dólares para eu ter o que vestir quando os Wheeler me levassem à igreja aos domingos. Não que eu esperasse muita coisa, mas aquele presente significou muito para mim num período sombrio.

Certa tarde, talvez um mês depois do evento do terno, meu pai foi ainda mais longe. Eu estava brincando no parque, com alguns amigos, quando seu caminhão passou. Imaginando que estivesse levando o cortador de grama para o conserto – numa loja ali perto –, resolvi segui-lo. Corri e o surpreendi no estacionamento. Ele me fez um afago na cabeça. Esse gesto sempre foi o único carinho que Buster e eu jamais recebemos do velho – um tapinha rápido no cocuruto, ou um breve roçar de dedos. Era a sua maneira de demonstrar afeto por nós. No fundo, talvez tenha nos amado mais do que qualquer outra coisa no mundo, porém encontrava dificuldade para expressar as emoções.

– Como você está indo, Bodacious? – papai me perguntou sorridente, chamando-me pelo apelido que me dera havia algum tempo e que significa destemido, audacioso. Para Buster, inventara outro: Buster *Razzle Dazzle* ("Buster Algazarra").

Eu não poderia ter me sentido mais feliz do que me senti ao deparar com papai na loja de cortadores de grama. Quando o via passar rumo a um de seus serviços de jardinagem, ficava louco de vontade de pular na carroceria do caminhão e voltar para o meu verdadeiro lar. Papai devia ter ganhado um bom dinheiro nos últimos tempos, porque me levou para o interior da loja e me mandou escolher uma das bicicletas usadas penduradas na parede. Meu sorriso foi de uma orelha a outra quando o dono do estabelecimento pegou uma Schwinn bacana e colocou-a na minha frente. Pagos os quinze dólares, retornamos ao estacionamento. Sem mais uma palavra, pulei no selim e zarpei rua abaixo, pedalando o mais rápido possível. Mal podia esperar para andar pelo bairro e mostrar a todos os meus amigos o que meu pai comprara para mim.

Dali a alguns dias, um dos pneus da bicicleta furou. Quando liguei para papai pedindo ajuda para consertá-lo, ele respondeu que não tinha dinheiro. Não me surpreendi, uma vez que sempre acabava perdendo no jogo tudo o que ganhava. Mas então, não muito depois, logo de manhã, encontrei minha bicicleta com o pneu consertado na varanda. Não só isso: meu pai também deixou um kit com o material necessário para efetuar remendos, caso o pneu tornasse a furar. Esse era o seu jeito de agir. Quando conseguia ficar longe da bebida, revelava-se um homem bom e responsável. E não gostava de alardear suas boas ações.

No início, papai ia me visitar de vez em quando, porém essas visitas regulares não duraram muito. Ele simplesmente não conseguia lidar com o sentimento de culpa que o atormentava. E ainda não fora capaz de superar a separação que os assistentes sociais nos haviam imposto. Sem ter seus filhos juntos, ele entrara em queda livre. De muitas formas, eu também comecei a desmoronar. Aprontava na escola com frequência e me metia em encrencas. O que as pessoas imaginavam que iria acontecer ao me arrancarem da minha família? Poucas crianças de nove anos reagiriam bem a isso. Fugi do lar dos Wheeler algumas vezes, entretanto sempre voltava no fim do dia. Em geral, tratava-se apenas de um jeito de extravasar minha frustração com a minha própria situação. Apenas muitos anos depois compreendi que toda aquela rebeldia não passava de uma tentativa de chamar a atenção. Eu só queria estar de volta à minha casa, com Buster e papai.

Encontrando a música

Depois de alguns meses com os Wheeler, me dei conta de como a situação estava precária na casa de meu pai. Antes era difícil para mim entender melhor as coisas, porque eu não tinha um parâmetro com o qual comparar a vida que levávamos. Porém agora tornara-se fácil perceber que éramos os mais pobres entre os pobres. E tudo continuava desmoronando para o meu pai.

No outono de 1956, como ele não podia mais honrar os pagamentos da hipoteca – dezenove dólares mensais –, o banco tomou-lhe a casa. Da avenida 26 com a rua Washington, papai e Buster se mudaram para um quarto no segundo andar da pensão da sra. McKay, na avenida 29. O cômodo assemelhava-se, basicamente, a um grande armário. Quando eu os visitava nos fins de semana, nós três dormíamos na mesma cama, como sempre. O único banheiro ficava no corredor e todo mundo no prédio o compartilhava; portanto, faltava privacidade. Buster e eu jogávamos bola no corredor e causávamos um verdadeiro tumulto. Quem queria ir ao banheiro precisava se desviar, se espremer nos cantos, ou passar por cima da gente.

Não adiantava quantas vezes as pessoas me explicassem a situação, eu ainda não compreendia por que não me permitiam morar com meu pai e meu irmão em período integral. Quando fui para o lar dos Wheeler, supus que seria algo temporário. Todavia, no decorrer dos meses, as circunstâncias não se modificaram, o que me impossibilitou de voltar a viver com minha família. Tínhamos passado tantas coisas juntos e sobrevivido todo esse tempo sãos e salvos, a despeito das condições horríveis que nos víamos obrigados a enfrentar. Eu pensava que não existia nada que não fôssemos capazes de superar. Extraíamos nossas forças uns dos outros. Separados, sofríamos e lutávamos para manter o equilíbrio.

Não imagino como papai conseguia acordar tão cedo todos os dias e estar a postos para realizar seus serviços de jardinagem. Com certeza houve ocasiões em que beirara o impossível levantar-se da cama; mesmo assim, ele era um dos trabalhadores mais dedicados que jamais conheci. Quando tomava conhecimento de algum trabalho, não havia sol ou chuva que o impedissem de aparecer no local. Nos fins de semana, sempre que necessitava de uma ajuda adicional, nos levava consigo. Juntos, podávamos árvores, capinávamos gramados e jardins, recolhíamos o lixo e o levávamos para o depósito – enfim, fazíamos o que quer que nos mandassem.

Mal sabia eu que uma longa cadeia de eventos se iniciaria naquela manhã de sábado, quando acordamos e partimos para um trabalho que papai arrumara no Madison Park, um condomínio rico e fechado no nordeste de Seattle, próximo ao lago Washington. A sra. Maxwell, já idosa e dona da casa, contratara papai depois que uma amiga o recomendara, garantindo-lhe ser ele um bom jardineiro e ótimo na execução de pequenos serviços. Ela queria que esvaziássemos sua garagem, com vaga para dois carros, pois o local estava entulhado de móveis antigos e sucata – ou pelo menos o que a sra. Maxwell considerava sucata.

Ficamos surpresos ao abrir a garagem e deparar com tudo, exceto sucata. A maior parte dos itens guardados estava em boas condições, e vários pareciam possuir até algum valor. Meu pai pode ter sido muitas coisas, menos um profissional desonesto. Após observar o que havia por lá, ele bateu à porta dos fundos da casa.

— O trabalho não será problema, sra. Maxwell. Podemos retirar o material e levá-lo para o depósito de lixo. Mas será que a senhora nos permitiria ficar com algumas coisas, em vez de jogá-las fora?

— Desde que minha garagem seja esvaziada, vocês podem ficar com o que quiserem.

Concedida a permissão, o resto do dia transcorreu como se fosse Natal para papai. Na sua cabeça de colecionador nato, cada artigo, independentemente de quão danificado ou amassado estivesse, tinha valor. Seja lá o que encontrasse, convencia-se de que poderia consertar e vender, obtendo um lucro decente. O estoque que atravancava seu quarto — e que já lhe dava uma aparência de ferro-velho — só faria crescer nas próximas horas.

Nós três pusemos mãos à obra. Passamos a maior parte da manhã arrastando tudo para fora da garagem e jogando na carroceria do caminhão. Embora a maior parte do material estivesse pronta para ir para o lixo, papai separou diversos objetos. Daquela sua caça ao tesouro, a joia da coroa foi um conjunto de velhos rifles da Guerra Civil, enterrados sob um colchão, num canto. A fim de resguardá-los, papai os colocou na boleia.

Por volta do meio da tarde, ele entrou no caminhão dizendo:

— Tenho que resolver algo rapidinho e não demoro a voltar.

Buster e eu estávamos acostumados com aquela frase. Em geral significava que papai faria uma pausa para tomar uma cerveja gelada. Enquanto ele se afastava, meu irmão e eu recomeçamos a vasculhar a garagem, atrás de mais tesouros. Logo Buster desencavou um uquelele[1] bastante estropiado. Ao dedilhar a corda, um sorriso varreu-lhe o rosto. Tímido, meu irmão zanzou pelo quintal de lá para cá, carregando o instrumento. Apesar de a sra. Maxwell haver dito a papai que podíamos pegar o que quiséssemos daquela velharia, Buster ainda sentia-se nervoso quanto à veracidade da oferta, de modo que levou algum tempo para criar coragem e bater à porta dos fundos da casa, desejando certificar-se de que não haveria problema.

---

[1] Instrumento musical havaiano, geralmente de quatro cordas, semelhante ao cavaquinho. (N. da T.)

– O que foi, meu filho?

– Hum... Eu queria saber, sra. Maxwell. Será que posso ficar com isso? Achei na garagem, com o resto das coisas.

– Claro que sim.

Percebendo que papai nos deixara sozinhos para cuidar de alguma "incumbência" – conforme ela mesma comentou –, a sra. Maxwell convidou-nos para entrar e almoçar.

Quando enfim regressou, papai mostrou-se bastante interessado no uquelele que meu irmão descobrira.

– É um bom instrumento, menino. Podemos vendê-lo e faturar algum dinheiro.

– De jeito nenhum. A sra. Maxwell o deu a mim.

– O que você pretende fazer com esse troço?

– Quero aprender a tocá-lo.

Papai não insistiu. De modo que o uquelele agora pertencia a Buster, que não iria vendê-lo por nada. Além disso, olhando para aquela coisa velha e danificada, ninguém suporia que valesse muito. Afinal, só tinha uma corda.

Em casa, Buster se entretinha horas a fio com o uquelele. Mesmo sabendo pouco de música, sentava-se num canto e dedilhava a corda solitária e bamba, observando-a vibrar. Como a corda só ficava sacudindo feito um elástico frouxo, era difícil distinguir o som de um zumbido baixo. De súbito, ocorreu-lhe uma ideia. Ao girar a tarraxa, o som ficou mais agudo e soou mais alto. Naquele momento, foi como se algo mágico acontecesse. O timbre de repente soou musical, e não como um fio solto, chocando-se contra o corpo do uquelele. Se Buster apertava um pouco mais, o tom ficava ainda mais agudo e a corda vibrava menos. Assim, ele pôs-se a girar a tarraxa enquanto tocava para fazer o tom subir e descer. Embora só estivesse tocando notas isoladas, conseguia acompanhar algumas canções de Elvis Presley no rádio. Ele fazia tudo de ouvido, mudando a afinação da corda a cada nota para que a melodia soasse igual à que ele escutava.

A música esteve presente em Buster desde a mais tenra idade. Anos atrás, quando passáramos um verão com vovó Nora em Vancouver, lembro-me de vê-lo chorando e reclamando que seus ouvidos doíam. "Vovó, vovó, tem alguma coisa nos meus ouvidos", dizia. Geralmente, ela aquecia umas gotas de óleo de bebê, colocava-as num cotonete e limpava seus ouvidos. Ele já escutava sons, porém sentia medo porque não tinha ideia do que se tratava. Mais velho, percebeu que os ruídos na sua cabeça eram melodias.

Meu irmão desenvolveu uma consciência única sobre o som e estava constantemente pesquisando e experimentando. O uquelele foi como uma chave que lhe abriu as portas para um outro mundo. A busca pela expressão plena começara, e ele iria tão longe quanto esse caminho o levasse. Quando o uquelele não mais lhe prendia a atenção, apelou para a criatividade. Catava o que fosse – cordas, fios ou até mesmo elástico – e os amarrava da cabeceira aos pés da cama de ferro fundido que dividíamos com papai. À medida que os dedilhava, cada qual vibrava num tom próprio. Então ele reparou que, se em vez de amarrá-los da cabeceira aos pés os prendesse apenas entre os pés da cama, o tom soava dez vezes mais alto. Esse zumbido fazia os pés da cama trepidarem. Não só era possível escutar as notas, como senti-las enquanto se chocavam umas com as outras.

A sra. McKay morava num apartamento no extremo oposto do corredor e, muitas vezes, cuidava da gente quando nosso pai não estava em casa. A exemplo de tantas mulheres gentis que tivemos por perto enquanto crescíamos, a sra. McKay gostava de nós e não se incomodava se aparecíamos para visitá-la. Nessas ocasiões, nos oferecia um lanche, e nós dois nos sentávamos no chão da sala para assistir à televisão, uma tela pequenina, de pouco mais de dez centímetros, encravada num armário imenso, de uns dois metros de largura. A tevê não era nem em preto e branco, pois tinha uma cor esquisita, algo como verde e branco. Papai estava satisfeito por contar com alguém para cuidar de nós enquanto ficava fora.

Em junho de 1957, no final do meu terceiro ano no Colégio Leschi, os Wheeler entraram em contato com a sra. Lamb, do escritório do Departamento do Bem-Estar do Menor, para informá-la de que gostariam de me adotar definitivamente. Achando uma ideia sensata, a sra. Lamb conversou com papai, que reagiu veementemente contra. Para ele, aquela história de lar substituto era algo temporário, e, assim que conseguisse se reerguer, iria apresentar a papelada necessária para que eu voltasse a viver com ele e Buster. Com o início do novo ano letivo se aproximando, transferiram-me da residência dos Wheeler para a casa de uma senhora a quem apelidei de Mama Jackson. Mal me mudei para lá, ela começou a reclamar de mim à sra. Lamb. De fato, tinha o direito de fazê-lo, pois eu estava causando todo tipo de problema, e minhas brigas na Escola Harrison haviam se tornado rotineiras. Entretanto, pelo menos por ora, estávamos presos um ao outro.

No período em que papai e Buster moravam na pensão da sra. McKay e eu morava com Mama Jackson, pouco vimos mamãe. Era difícil para mim e Buster, porque papai nunca tocava no nome dela. Nas raras ocasiões em que a mencionava, costumava dizer algo negativo. Como eu ainda era bem novo, não entendia muito bem aqueles comentários, porém Buster absorvia todo o impacto das críticas. Ele detestava ouvir meu pai falar mal de mamãe; mesmo assim, jamais retrucou. Limitava-se a represar as emoções e mantê-las sufocadas dentro de si.

Quando enfim papai aludiu a mamãe, não foi para nos dar uma boa notícia. Certa noite, sentou-se ao nosso lado na cama.

– Sua mãe não está bem e teve de ir para o hospital – informou-nos. – Vão se lavar porque vamos visitá-la.

Ao chegarmos ao hospital público Harborview, na Nona Avenida, encontramos mamãe deitada numa cama no fim de um corredor escuro e sinuoso. Ela nem sequer estava num quarto e havia sido deixada sozinha. Naquele andar superlotado, os pacientes se espalhavam por toda parte, sob luzes fluorescentes bruxuleantes. Para mim, o lugar assemelhava-se a uma casa assombrada. Uma enfermeira surgiu, ajudou mamãe a levantar-se e sentar-se numa cadeira de rodas e depois, com bastante cuidado, empurrou-a até onde nós três aguardávamos – em pé e encostados na parede. Havia algum tempo que não a víamos; mamãe parecia outra pessoa. Tinha um aspecto cansado e o corpo enrolado num lençol branco. Explicou a mim e ao meu irmão que estava doente, mas que provavelmente ficaria boa porque os médicos estavam tratando dela.

– Vejo vocês na semana que vem – insistiu, esforçando-se para sorrir.

Antes de a enfermeira conduzi-la de volta à sua cama, mamãe nos abraçou e nos beijou, dizendo que nos amava. Buster e eu ficamos olhando a cadeira de rodas afastar-se lentamente. Antes de dobrar o corredor, ela se virou e acenou para nós.

Foi a última vez que a vimos.

Cerca de uma semana depois, papai sentou-se conosco outra vez e nos disse baixinho que mamãe falecera. Eu tinha acabado de completar dez anos e não compreendia exatamente o que isso significava; assim, imaginei que, de qualquer maneira, tornaria a encontrá-la em breve. Não chorei na hora, porém meu irmão ficou inconsolável. Nada do que papai lhe dissesse era capaz de proporcionar-lhe algum conforto.

No dia do funeral de mamãe, no início de fevereiro de 1958, papai nos arrumou o melhor possível e então passou a manhã inteira bebendo. Ao meio-dia, quando deveríamos sair de casa, ele estava em péssimas condições para dirigir. Embora apavorados, Buster e eu sabíamos que não nos restava alternativa senão entrar no caminhão. Acontecesse o que acontecesse, importava apenas termos uma última chance de dar adeus à nossa mãe. No caminho, gritávamos sempre que papai precisava desviar o veículo, temendo que saísse da estrada e sofrêssemos um acidente. Mas isso só piorava a situação. Rodamos pelo que pareceu uma eternidade, com papai pegando ruas erradas e parando para pedir informações sobre o endereço que buscávamos. Logo o sol se pôs e nós ainda não tínhamos feito o menor progresso. Fora de si, Buster chorava sem parar.

– Cadê a mamãe? – choramingou. – Quero vê-la.

– Porra, Buster! Chega! Estou tentando achar o lugar! – papai berrou ao volante.

Somente lá pelas oito da noite pegamos o caminho certo até Chinatown e, por fim, entramos no estacionamento da igreja pentecostal. Papai bateu na porta de vidro de um prédio decrépito. Um homem trajando um distinto terno preto atendeu, mostrando-se surpreso, quase em pânico, ao deparar conosco.

– Posso ajudá-lo, senhor? – indagou ele a papai.

– Estamos aqui para o funeral da família Jeter.

Intrigado, o sujeito permaneceu com o olhar fixo no estacionamento.

— O velório dos Jeter — papai insistiu.

— Lamento, senhor, mas o funeral realizou-se às duas da tarde.

Após a revelação, papai não tinha muito o que dizer. Fedendo a bebida, levara os filhos para o enterro da mãe com seis horas de atraso. De tão furioso, Buster não conseguia nem olhar para ele. Voltamos para casa no mais absoluto silêncio.

Do seu jeito típico, papai tinha a solução perfeita para os problemas do dia.

— Venham cá, meninos. Vamos fazer um brinde à sua mãe, Lucille — anunciou, tirando uma garrafa de Seagram's Seven do armário. Antes, porém, mandou-nos ficar de joelhos no meio da sala e recitar uma prece por mamãe. Ao levantar-se, ele ergueu a garrafa no alto e nos olhou, começando a lacrimejar. — Esta é para sua mãe — declarou, levando o gargalo aos lábios.

Depois de um longo trago, papai passou a garrafa a Buster, que também sorveu um grande gole. Em seguida, Buster a deu a mim. Exceto os pequenos goles de cerveja que eu bebera quando garotinho, o uísque foi meu primeiro contato com o álcool. Até hoje, nunca me esqueci do calor que me invadiu quando o doce sabor do Seagram's entrou no meu sistema. Uma única palavra me veio à mente para descrever a sensação: alívio.

Não muito tempo depois da noite em que fizemos um brinde final à nossa mãe, Buster e eu começamos a surrupiar bebida de papai. Quase imediatamente ele suspeitou de que algo acontecia e resolveu marcar o nível do líquido no rótulo das garrafas com uma caneta preta. Mas isso não nos impediu de avançar no seu estoque. Quando terminávamos, meu irmão simplesmente colocava uma nova marca no rótulo, correspondente à quantidade de bebida deixada. Quando papai pegava a garrafa, não fazia ideia de onde a marca deveria estar. Muitas vezes Buster e eu o vimos inspecionar o rótulo de perto, indeciso quanto ao que via.

— Droga — murmurava ele, abanando a cabeça enquanto tentava lembrar se a linha estava no lugar onde deveria estar ou não. Depois, ele encolhia os ombros e servia-se de uma dose.

Depois da morte de mamãe, a personalidade de meu irmão mudou muito em diversos aspectos. Notei-o ainda mais retraído e reservado quando brincávamos com nossos amigos na rua. Também ficou evidente que alimentava um enorme ressentimento em relação a papai. Julgava-o o maior culpado pelas coisas não terem dado certo com mamãe e, de alguma forma, talvez o considerasse em parte responsável por ela ter morrido tão jovem, com apenas 32 anos.

Embora a raiva de Buster nunca transbordasse com papai por perto, sua frustração vinha à tona quando estávamos sozinhos.

– Ele não é nosso pai – Buster me falou em diversas ocasiões. – Não pense que é. Mamãe me contou tudo. E agora ela está morta por causa dele.

De vez em quando meu irmão comentava ter conversado sobre esse assunto com mamãe antes de sua morte. E afirmava que, um dia, ela lhe dissera, às claras, que papai não era o nosso verdadeiro pai. Ao longo do tempo, Buster repetiu essa história para mim muitas vezes, porém eu nunca soube dos pormenores.

Muitos anos mais tarde, quando eu já era adulto, tia Delores fez alusão à possibilidade de que o verdadeiro pai de meu irmão talvez fosse um tal Johnny Page. Supostamente mamãe e esse homem tinham tido um breve relacionamento no mesmo período em que ela saía com papai. Algumas pessoas afirmaram que o caso continuara enquanto papai estivera fora do país, servindo ao exército. Infelizmente tia Delores não revelou mais nada, e nossas conversas pararam por aí.

Meu irmão nunca detalhou o que nossa mãe lhe dissera especificamente sobre papai. Ainda que exista a possibilidade de Buster haver dito "Ele não é nosso pai" no sentido literal, acredito que estivesse simplesmente dando vazão à frustração, pois, na sua cabeça, um verdadeiro pai jamais trataria os filhos da maneira como éramos tratados na época. Buster responsabilizava papai não somente por nos manter longe de nossa mãe enquanto ela estava viva, mas também por levá-la a uma morte precoce.

Embora, naquela fase da vida, eu costumasse crer em tudo o que meu irmão dizia, nesse caso foi um pouco diferente. No que me dizia respeito, Al Hendrix era meu pai. Ele esteve presente na minha vida desde o início e foi o único pai que jamais conheci.

*

Um dia, quando Buster e eu estávamos na casa da sra. McKay, ele achou um velho violão acústico Kay no quartinho dos fundos. Aparentemente o filho mais novo da sra. McKay – agora numa cadeira de rodas – tocara o instrumento antes de adoecer. Quem saberia quanto tempo o deixara largado no quartinho? Além de ter apenas três cordas, enferrujadas, o braço do violão estava empenado. Devido ao ressecamento da cola, os painéis do corpo estavam se desprendendo nas pontas. Para Buster, porém, foi amor à primeira vista. Ele já havia esgotado todas as possibilidades do uquelele, e os fios que amarrava nas grades da cama de ferro já não lhe prendiam o interesse. Pela primeira vez na vida, Buster segurava um violão de verdade.

– Posso ficar com isso para mim, sra. McKay? – pediu ele. – Por favor, por favor, por favor...

– Vamos combinar o seguinte. Eu lhe vendo o violão por cinco dólares. Assim que seu pai me der o dinheiro, você pode vir pegá-lo.

Tão logo papai chegou em casa, meu irmão lhe implorou para buscar o violão, sem sucesso. Oriundo da Grande Depressão, nosso pai era um disciplinador rígido e considerava tocar música um desperdício de tempo.

– Não vou lhe comprar um violão. Você tem que aprender a trabalhar com suas mãos, garoto. Estamos no campo todos os dias, cavando valas, cortando grama e árvores... É isso o que você precisa fazer para ganhar dinheiro. Não tem que se meter com esse negócio de tocar violão!

Buster não sabia que atitude tomar porque papai lhe dava apenas um dólar por semana para ajudá-lo no serviço de jardinagem, enquanto eu recebia uns cinquenta centavos. Levaria uma eternidade para economizar os cinco dólares que a sra. McKay queria pelo instrumento. Mas talvez existisse outra maneira. Quando, no dia de Ação de Graças, fomos jantar na casa de tia Ernestine, meu irmão fez questão de contar-lhe sobre o violão velho. E, quanto mais nossa tia o escutava, mais interessada se mostrava. Era óbvio que ela não estava nada satisfeita por papai não haver, pelo menos, tentado ajudar Buster a juntar o dinheiro necessário. Irritada, fuzilou-o com o olhar, e papai, imediatamente, ficou na defensiva.

– Não vou comprar nenhum violão para o Buster, e ponto-final – ele declarou. – Não quero que meu filho vá pelo caminho errado.

Aquela desculpa me deu vontade de rir. Como se meu irmão e eu estivéssemos trilhando o caminho certo. Por um momento achei que papai ia continuar com algo ainda mais maluco, do tipo: "Quero que meus filhos aprendam o valor do trabalho duro trabalhando nos campos durante todo o dia, bebendo a noite toda e perdendo todo o seu dinheiro no jogo". Tia Ernestine não conseguia acreditar no que ouvia. Os dois começaram uma discussão ali mesmo, à mesa, sobre papai dar ou não o dinheiro para o violão. Quando ele soltou um palavrão, tia Ernestine se enfureceu tanto que lhe lascou um tapa no rosto. Estupefatos, Buster e eu assistimos ao embate. Nunca havíamos visto alguém enfrentar nosso pai antes, e depois daquilo ele não teve muito mais a dizer. Pode não haver sido a coisa certa a fazer, contudo tia Ernestine calou-o de vez. Recuperando a compostura, ela tirou algo de sua bolsa e colocou sobre a mesa: uma nota de cinco dólares.

– Aqui está, Buster. Agora vá comprar o violão que você quer.

O velho ficou furioso após aquela cena. Ainda assim, não lhe restou escolha senão permitir que Buster fosse à casa da sra. McKay comprar o violão. A situação não lhe agradou, mas o fato era que ele não poderia discutir com tia Ernestine. Só lhe restou segurar a língua e deixar Buster em paz.

Alguns amigos do meu irmão também tinham começado a tocar violão e o levaram a uma loja de instrumentos musicais para comprar um conjunto completo de cordas por 79 centavos. Surpreendi-me ao descobrir que as cordas – chamadas catgut – não eram feitas de tripas de gato, e sim de intestino de animais. Na verdade, o nome catgut era uma corruptela de *cattle guts* – tripas de gado. Usavam-se cordas de tripa nos violões clássicos, aliás, as preferidas dos violonistas flamencos. Os caras da loja colocaram as cordas no violão de Buster da maneira tradicional, isto é, para destros.

Meu irmão já andara praticando seus movimentos com um violão imaginário – a vassoura de nosso pai – e não poderia estar mais animado por finalmente ter nas mãos um instrumento real. Um dos primeiros fraseados que Buster tirou no violão foi a música-tema do seriado de televisão *Peter Gunn*, talvez porque toda a melodia pudesse ser tocada em uma única corda. Para me impedir de atrapalhá-lo, meu irmão, literalmente, prendia um lápis de cor no meu pulso e me punha sentado com um punhado de folhas de papel em branco. Enquanto ele tocava, eu desenhava por horas a fio. Canhoto, Buster tendia a segurar o violão de ponta-cabeça. Assim, as cordas ficavam dispostas do agudo para o grave (de cima para baixo), e não o contrário, como é o padrão. Depois de algum tempo ele as inverteu, para que ficassem como em um típico violão de canhoto. Nosso pai continuava não gostando nada daquilo, pois alimentava um monte de superstições em relação a qualquer coisa que não considerasse "normal". Na realidade, muita gente da época pensava do mesmo jeito. Para papai, ser canhoto tinha alguma ligação com o diabo. Não que ele estivesse em posição de julgar os outros, pois nascera com seis dedos em cada mão. Sendo enfermeira, vovó Nora sabia como proceder. Naquele tempo, uma prática comum para se livrar de dedos indesejados consistia em amarrar uma faixa de seda ao redor deles e apertá-la um pouco mais todos os dias. Por fim o dedo acabava decepado e caía. Mas os de papai tornaram a crescer, convertendo-se em pequenas garras.

Após deixarem a pensão da sra. McKay, Buster e papai passaram uma curta temporada com a prima Gracie e seu marido Buddy, na rua Pike, 1.434, na esquina com a avenida 29. Na mesma ocasião em que os dois se mudaram, eu também saí da casa de Mama Jackson para a dos Dominic, uma família que morava em frente ao Colégio Meany Junior High, nos arredores de Seattle. O lar dos Dominic situava-se a alguns quilômetros do lugar onde papai e meu irmão viviam, e nós nunca havíamos ficado tão distantes. Apesar de Buster estar longe e envolvido com suas atividades e seus amigos e já não me visitar com frequência, a equipe de futebol americano à qual ele pertencia – os "Fighting Irish", do Colégio Capitol Hill – costumava vir jogar no Meany Junior High, de modo que ainda acabávamos nos vendo.

Enquanto meu irmão e meu pai moraram com a prima Gracie, nosso primo Bobby também aparecia para brincar conosco de vez em quando. Percebi que ele começara a nos tratar de um jeito diferente. Por algum motivo, Bobby gostava de fazer comentários cruéis sobre nossa mãe. Foi difícil entender a razão de toda aquela raiva, e me senti profundamente perturbado.

– Veja o Leon. Ele não é seu irmão. É filho de outra pessoa – Bobby nos provocou certa tarde. – Sua mãe saiu e teve relações sexuais com outro homem, e então o Leon nasceu.

Chocou-me ver Bob, de quem sempre havíamos sido tão próximos, falar de nossa mãe de tal forma. Sua crueza foi demais para mim e, sem que pudesse evitar, caí em prantos.

– Vou contar para o meu pai – gritei.

Ninguém podia falar mal de nossa mãe impunemente. Não aguentando mais, saí correndo. Buster tentou me impedir de fugir da sala, porém, ao me segurar, perdi o equilíbrio e bati a cabeça na maçaneta da porta. Meu olho inchou no mesmo instante e ficou do tamanho de uma bola de golfe.

Depois, meu irmão explicou a papai que eu havia caído enquanto brincávamos, preferindo não mencionar os comentários de Bobby sobre nossa mãe.

Segurando minha cabeça com suas mãos grandes, papai examinou meu olho inchado.

– Bem, você ainda sofrerá muitos e muitos solavancos na vida, filho. É melhor se acostumar.

Esse incidente na casa de tia Grace praticamente marcou o fim do relacionamento de meu irmão com Bobby. Buster não o perdoaria por suas palavras. A partir de então, os dois se distanciaram e quase não se falaram mais.

Na primavera de 1958, papai e Buster mudaram-se da casa de tia Grace para a rua College, onde tia Ernestine e o marido, Cornell

Benson – a quem chamávamos de "tio Ben", por causa do sobrenome –, moravam. Tia Ernestine teve a gentileza de os acolher enquanto papai tentava endireitar a vida – mais uma vez... A despeito de tudo o que já havia acontecido, papai ainda não tinha aprendido nenhuma lição em relação à bebida e à jogatina. Já era ruim o bastante o fato de que, rotineiramente, ele resvalasse nas profundezas do alcoolismo, mas o jogo podia liquidar seu salário semanal numa única noite. E isso ocorria mais amiúde do que ele gostaria. Buster e papai se instalaram na garagem dos fundos da casa de tia Ernestine, na região de Beacon Hill. De novo passei a dividir a mesma cama com Buster e papai de sexta-feira a domingo. Como já estávamos no inverno, tínhamos que nos amontoar para conservar o calor do corpo. Havia um aquecedor no local, e nos revezávamos abraçando aquela coisa para nos aquecer.

– Por Deus, Al, como você consegue viver desse jeito? – indagava tia Ernestine. – Precisa ao menos lavar esses lençóis!

Suas críticas, como sempre, caíam em ouvidos moucos. Assim, cedo ou tarde, ela acabava arrancando os lençóis da cama e os jogando na máquina de lavar.

Tia Ernestine possuía uma vitrola e uma pilha de discos, de modo que meu irmão e eu escutávamos muito blues em sua casa. De repente, as Top 40 não pareciam mais tão importantes, quando tínhamos canções de Muddy Waters e Robert Johnson à nossa espera. Buster gostava especialmente de Robert Johnson, um guitarrista e cantor áspero e impetuoso. Johnson não tocava acordes perfeitos no violão; tampouco a gravação estava limpa e polida, mas imperfeita e cheia de alma. Embora Buster viesse a ficar viciado em blues, ainda tinha uma base pop de tanto escutar o Top 40 nos programas de rádio por anos a fio, quando éramos mais novos. Agora, quando acompanhava algumas canções de Elvis Presley como "Hound Dog", "Blue Suede Shoes" e "Heartbreak Hotel", incrementava com um tipo de balanço especial e único. O mesmo acontecia com as músicas de Buddy Holly e Chuck Berry, que ele amava tocar. Buster reunia diferentes elementos da música pop branca com o som do blues e do soul negros. Eu reconhecia as músicas do rádio, porém a forma como meu irmão as estava tocando era um cruzamento entre os gêneros.

O violão serviu-lhe por um tempo. Contudo, ao começar a sair com outros caras que estavam formando bandas ou tocando em grupos, o instrumento tornou-se insuficiente. Todo mundo com quem Buster tentava tocar já tinha guitarras elétricas e amplificadores. Seu surrado violão jamais seria capaz de fazer frente a essa turma. Se pretendia continuar perseguindo seu interesse pela música, meu irmão precisava arranjar uma guitarra elétrica de verdade.

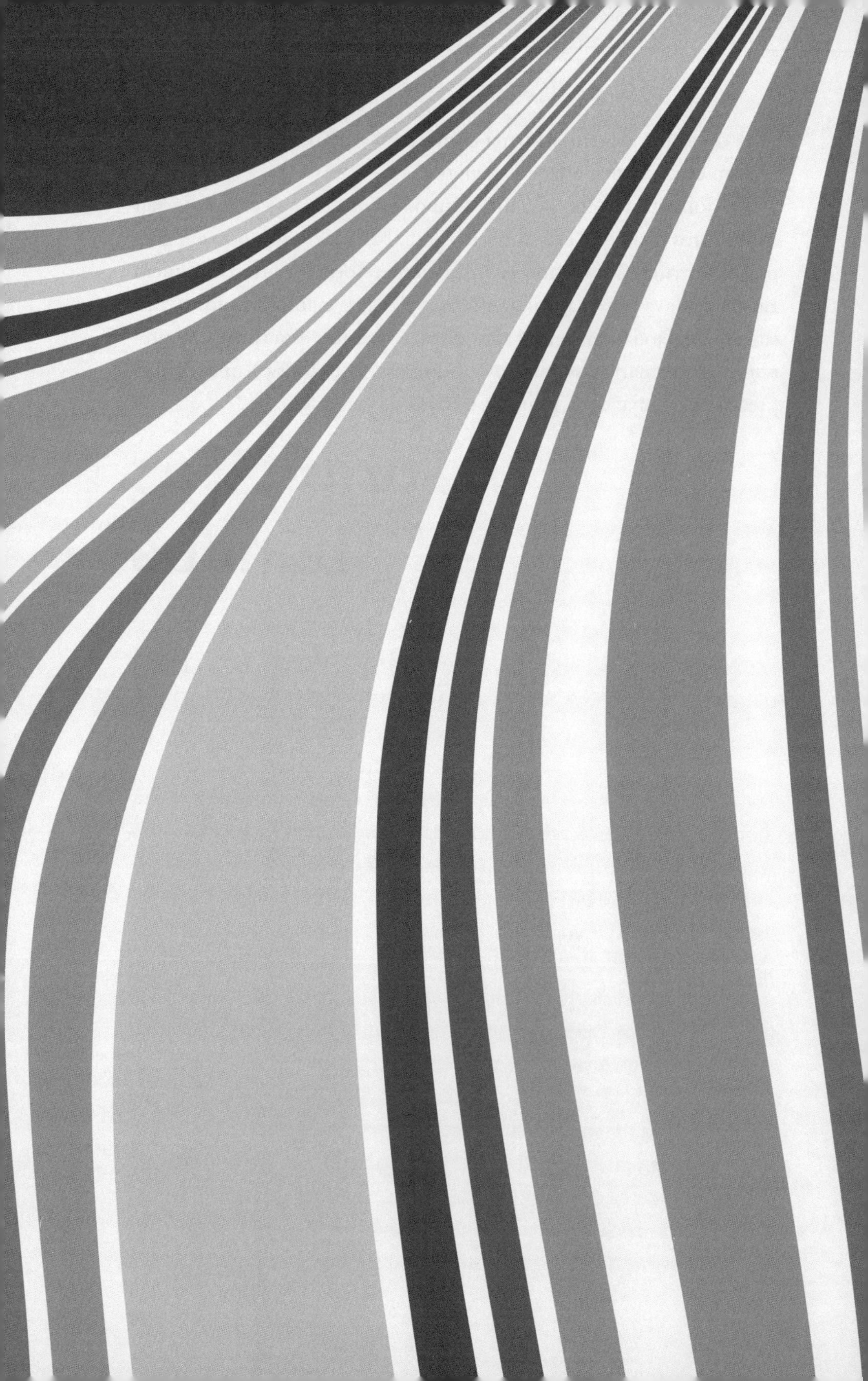

5 As primeiras bandas

Quando, no início da primavera de 1959, o senhorio de tia Ernestine apareceu para uma inspeção rotineira da casa, não ficou nada satisfeito ao descobrir que papai e Buster estavam morando na garagem. Sem delongas, deixou claro que os dois tinham de sair imediatamente. Por sorte, com seus serviços de jardinagem, papai conseguira juntar dinheiro suficiente para se mudar para um conjugado decrépito no segundo andar do número 1.314 da rua East Terrace, na região de First Hill, em Seattle. Nós três havíamos vivido em verdadeiras espeluncas ao longo dos anos, mas o novo apartamento estava num nível totalmente diferente. O prédio pululava de baratas, e a East Terrace era uma rematada favela. Eu sempre me referia ao lugar como "o gueto dos guetos". As pessoas perambulavam pelas ruas a noite inteira, bebendo e brigando, enquanto as prostitutas faziam ponto nas esquinas e trabalhavam numa casa no fim do quarteirão. Ninguém queria ser pego vagando a esmo à noite, se não desejava se meter em encrencas.

O apartamento situava-se defronte ao edifício do Tribunal de Menores, estabelecimento que passei a frequentar de vez em quando. Eu costumava vadiar pelas ruas e causar problemas. Chamavam-me de "incorrigível". Num determinado momento, cogitaram me mandar para o reformatório destinado a menores infratores. A sra. Lamb, então, se esforçou ao máximo para explicar que seria melhor me transferirem para uma espécie de colégio católico para meninos. Quando comecei a cursar o quinto ano, ela me levou até o Colégio Briscoe, no sul de Seattle. No instante em que pus os olhos no local, vi que, basicamente, tratava-se de uma prisão juvenil. Todavia, ciente dos meus problemas na escola onde estudava, a sra. Lamb achou que a mudança seria positiva para mim. Mas bastou eu dar uma olhada naquela construção assustadora de tijolos aparentes, com seus dormitórios e alunos uniformizados, para saber que não me serviria. No meio da visita, abri um berreiro e corri para o carro da sra. Lamb no estacionamento. Quanto mais cedo escapasse dali, melhor.

Com o Colégio Briscoe descartado, a próxima parada da minha turnê de lares substitutos foi a casa da sra. Magwood, uma mulher idosa e amável, na esquina da avenida 24 com a rua Olive, na área central da cidade. Fiquei animado de morar com a sra. Magwood, não somente por ela ser gentil, mas porque, em vez de estar a quilômetros de distância de meu pai e irmão – como acontecera enquanto residira no lar dos Dominic –, apenas oito quarteirões me separariam do antro na East Terrace.

Diariamente, terminado o trabalho, papai levava seu equipamento de jardinagem para o apartamento, para que não o roubassem da carroceria do caminhão. O fedor de gasolina e de grama molhada impregnava todo o ambiente. No início, era difícil aguentar o cheiro fétido, porém acabei me acostumando. Após alguns fins de semana, mal percebia as emanações de gás. Por sorte, Buster e eu não parávamos muito tempo em casa.

Como meu irmão se envolvera com a música mais tarde do que muitos dos caras da região, enfrentou alguma dificuldade para penetrar nos círculos musicais locais e encontrar uma banda que o aceitasse. A primeira vez que vi Buster tocar com outro músico foi numa tarde de sábado, no apartamento de um senhor negro idoso. Depois que o homem colocou um microfone e um pequeno gravador portátil sobre a mesa da sala de estar, os dois improvisaram sobre canções de Muddy Waters. Terminada a sessão, nós três nos sentamos e escutamos a gravação. Eu não tinha muita certeza sobre o que escutava, porém o velho parecia bastante satisfeito com o resultado. Aquela foi a primeira gravação jamais feita por meu irmão, e, pela expressão dele, percebi que estava feliz como nunca.

Buster se reuniria novamente com o senhor negro ao ser convidado para tocar no Little Red Rooster, em Renton, Washington. O lugar minúsculo – na realidade um barraco – tinha um fogão a lenha no meio da sala para aquecer os frequentadores no inverno. Numa noite, andamos pela Empire Way – atual Martin Luther – até o local onde meu irmão se apresentou com um grupo de músicos mais velhos numa *jam session*. Seu violão funcionou bem no barraco porque ninguém estava tocando com amplificadores elétricos. A maioria dos músicos mais velhos gostou de meu irmão e reconheceu seu talento desde o princípio. Enquanto eles conferiam à música alma e caráter, Buster contribuía com uma energia crua, algo que muitos jamais haviam visto antes. Ele logo enveredava por rumos pouco explorados quando fazia um solo, e o pessoal se animou com isso. O fato de os músicos mais velhos gostarem de Buster e o inspirarem a tocar mais foi bom, porque no começo ele tinha dificuldade para abrir a boca. De jeito nenhum iria pedir aos caras que o deixassem se apresentar ao seu lado outra vez.

Numa tarde, a sra. Magwood me pediu para apanhar algumas folhas de mostarda no seu quintal e levá-las para uma amiga, a dois quarteirões dali. Quando cheguei à residência da tal amiga, a sra. Penniman, deparei com uma brilhante limusine preta estacionada junto ao meio-fio. Ao passar pela janela traseira abaixada, parei abruptamente ao descobrir-me cara a cara com ninguém menos que o sobrinho da dona da casa, Richard Penniman, também conhecido como Little Richard, o famoso roqueiro. À primeira vista, não foi fácil reconhecê-lo vestido como estava: de regata branca e rede nos cabelos. Porém não me restou dúvida quando contemplei seu rosto. Fiquei estupefato. Buster e eu víamos Little Richard na tevê o tempo inteiro e éramos fãs de sua música. Corríamos pelo apartamento cantando "The Girl Can't Help It" e, em especial, nossa favorita, "Lucille". Junto com Elvis, Little Richard foi um de nossos ídolos. E eis que a sra. Penniman era sua tia.

Sem perder mais nem um segundo, pulei na minha bicicleta e pedalei os quatro quarteirões até o apartamento de papai para contar a novidade ao meu irmão. Ele estava dedilhando o violão quando avancei porta adentro e berrei:

– Little Richard está na casa da tia! – Antes de lhe dar tempo de responder, puxei-o pelo braço e o arrastei até sua bicicleta. Juntos, voamos para a residência da sra. Penniman. Eu sabia que Buster vibraria ao ver-se frente a frente com um verdadeiro astro do rock'n'roll. De olhos arregalados, observamos Little Richard em ação na cozinha da tia, ocupado em preparar jarretes de presunto com as folhas de mostarda que eu levara. Pouco antes de partirmos, Little Richard, gentil, nos ofereceu duas fotos autografadas.

Ainda naquela tarde, Buster e eu nos vestimos com nossas melhores roupas – as de ir à igreja – e nos dirigimos à Igreja Batista Goodwill, na avenida 14 com a Spring, para ver Little Richard falar à congregação. Ao chegarmos, o templo estava tão repleto de paroquianos que só conseguimos nos acomodar nos fundos, e de pé. Todo mundo queria ver o famoso astro da música. Segundo os boatos, Little Richard estava decidido a se aposentar do rock'n'roll e se tornar um pregador. A congregação inteira sorvia cada uma de suas palavras, enquanto ele saltitava pelo púlpito exaltando o poder onipotente do Senhor. Little Richard explicou então que tivera recentemente um sonho no qual o avião incrustado de diamantes em que viajava caíra. Ao acordar, fora dominado pela sensação de que o rock'n'roll não seria seu destino final. Ficara claro como a luz do dia que Deus estava lhe transmitindo uma mensagem para que se tornasse um pregador.

– U-hu! – gritou ele no final do sermão, erguendo os braços acima da cabeça. – Amém, meus irmãos e minhas irmãs!

Os paroquianos entraram em polvorosa, saindo pelos corredores e lançando as mãos para o alto enquanto gritavam:

– Amém! Louvado seja Deus!

Buster e eu assistimos novamente ao sermão de Little Richard na noite seguinte e vivenciamos uma experiência semelhante. Por duas noites, ele transformou o culto regular da igreja num grande evento. Ver um genuíno astro do rock de perto teve um efeito duradouro sobre meu irmão e o inspirou a prosseguir em sua jornada musical. Se já havia se juntado a outros sujeitos do bairro para tocar, conhecer Little Richard apenas o motivou ainda mais a se expor e trabalhar sua música. Meu irmão tocava com qualquer um que soubesse ou não tocar.

Os caras das bandas reconheciam que Buster era bom, mas, com certeza, ele passou a causar uma impressão maior após a noite no Little Red Rooster. Logo começaram a convidá-lo para outras apresentações e ensaios. Como papai o incumbira de tomar conta de mim nos fins de semana, eu o acompanhava. Às vezes andávamos quilômetros para chegar ao lugar onde um grupo tocava.

A essa altura, Buster tinha um pensamento fixo: eletricidade. Estava cansado de tocar seu violão com uma força ridícula para tentar se igualar aos instrumentos com amplificadores. De vez em quando, um dos músicos lhe emprestava o instrumento por alguns minutos; porém, pouco depois, lá estava ele de volta ao velho violão. Dos fins de semana jardinando com papai, meu irmão conseguiu poupar alguns dólares, e, juntos, fomos à loja Seattle Music. O vendedor disse-nos que havia um captador à venda, entretanto teríamos que conectá-lo no violão nós mesmos. Buster, convicto de que não existia nenhum problema em relação ao seu violão que não pudesse resolver, comprou-o.

O decrépito instrumento transformou-se em seu projeto de ciências particular. Não obstante, fazer a coisa funcionar revelou-se um pouco mais difícil do que o esperado. Como não tínhamos broca, ele precisou usar uma sovela para abrir buracos no corpo do violão, o que não deu muito certo – os buracos ficaram grandes demais para os parafusos. De modo que Buster passou uma fita adesiva ao redor do captador para tentar mantê-lo afixado ao corpo da guitarra, o que também não deu muito certo. A peça ficava bamba sob as cordas e balançava a qualquer movimentação. Para completar, alguns fios extras saíam pelas laterais do instrumento. Se Frankenstein fosse um violão, meu irmão o estava tocando. Porém, o mais importante era que funcionava. Finalmente o captador fora conectado, só faltava agora ter onde plugá-lo. Meu irmão jamais seria capaz de juntar grana suficiente para adquirir um amplificador naquele momento. Os instrumentos e equipamentos custavam um dinheirão, e Buster mal pudera comprar um captador.

Como nas muitas situações desesperadoras que havíamos enfrentado quando crianças, ele apelou para a criatividade. Papai tinha uma velha vitrola num canto do apartamento, onde punha seus discos de blues. De alguma forma, Buster conseguiu trocar o sinal proveniente da agulha pelo sinal do captador, transferindo-o para os alto-falantes. Pronto – ali estava um amplificador de guitarra. Bem, quase. Para que funcionasse, minha ajuda seria necessária. Na falta de uma pistola de solda, meu irmão procurou fixar os fios com fita adesiva na parte de trás da eletrola. Não adiantou, e os fios viviam desconectando-se e cortando o sinal.

– Venha cá, Leon – ele me chamou, ajoelhando-se ao lado do toca-discos. – Preciso que você segure este fio preto para baixo, sobre este conector aqui. – Depois de me dar as instruções, pegou o violão encostado na parede. Mas surgiu um problema. Quando fiz a ligação, um choque atravessou meu braço. E, embora o som ribombasse ao sair pelos alto-falantes, o barulho cessou assim que larguei os fios.

– Essa coisa está machucando minha mão – reclamei.

– Vamos lá, poxa, faça direito.

Eu me sentia tão animado quanto meu irmão para que o negócio desse certo. Na tentativa seguinte, obriguei-me a aguentar a dor aguda. Nossos olhares se encontraram no momento em que a primeira explosão de som saiu do aparelho. Pela primeira vez havia uma guitarra elétrica na casa dos Hendrix. Quando Buster mandou ver e bateu outro acorde na guitarra, os alto-falantes começaram a crepitar e zumbir. Não só tínhamos uma guitarra elétrica que funcionava, como também distorção. O sinal proveniente do captador era forte demais para os pequenos alto-falantes. O som, apesar de turvo e abafado, fora amplificado. Fiquei tanto tempo ajoelhado junto da vitrola segurando os fios que devo ter me acostumado aos choques, porque nem sequer me incomodavam mais. Olhando para trás, acho que posso dizer que fui o primeiro técnico de guitarra de meu irmão.

Ao contrário da ocasião em que Buster desmontara o adorado rádio de papai para "encontrar a música", ele não encontrou dificuldade para remontar a eletrola, que voltou a funcionar em perfeitas condições. Papai nunca notou a diferença. Nos fins de semana seguintes, tão logo ficávamos sozinhos em casa, converter o toca-discos num amplificador de guitarra tornou-se um procedimento corriqueiro.

Buster sabia que seu violão estropiado não bastaria se quisesse entrar numa banda de verdade. O instrumento já estava meio dilapidado quando o comprara da sra. McKay, portanto não havia sentido empatar mais dinheiro nele. Chegara a hora de arranjar uma guitarra. Porém, ao pedir a papai para ajudá-lo a comprá-la na Seattle Music, recebeu a resposta esperada:

– Ah, de jeito nenhum!

Papai não queria nem ouvir falar no assunto. Para ele, comprar o violão já fora uma péssima ideia. Por nada neste mundo ajudaria Buster a tomar "o caminho errado", de acordo com suas palavras. Todavia, com o passar do tempo, acostumou-se à ideia de Buster tocar. Não lhe faltava inteligência para reconhecer que, no final das contas, teria que aceitar o inevitável. Meu irmão tinha dezesseis anos e acabaria fazendo o que bem entendesse. Embora papai continuasse com aquele papo de que tocar guitarra era uma besteira e que as bandas eram inúteis, viu-se obrigado a ceder em alguns aspectos. Ainda que se recusasse a acompanhar Buster até a loja de música e ajudá-lo a adquirir uma guitarra elétrica, deu-lhe oportunidade de ganhar dinheiro para comprá-la.

Por volta do início do verão de 1959, Buster enfim poupara um pouco de dinheiro, e meu pai nos levou até uma loja da Sears na zona sul de Seattle – perto do antigo lar de nossa mãe – para ver o que estava disponível. Depois de vermos uma guitarra na seção de instrumentos musicais, o vendedor passou a nos fornecer informações sobre as formas de pagamento.

– Vocês podem dar um sinal e o restante será dividido em prestações ao longo de...

– Não, não, não – papai o interrompeu, balançando a cabeça.

Ele já andara bebendo e, de repente, não se interessava mais em ouvir alguém tentando lhe empurrar um negócio. Nada o agradaria naquele estado de espírito. Não importavam as formas de pagamento que o vendedor lhe sugerisse, porque, na sua opinião, o cara estaria querendo ferrá-lo de alguma maneira. Papai costumava ser sempre agradável quando não bebia. Não obstante, tão logo começava a entornar seu Seagram's Seven, tornava-se irritadiço e nervoso, sendo quase impossível convencê-lo a fazer qualquer coisa.

– Sinto muito, Buster, não podemos comprar – encerrou papai, nos levando embora.

A ida à loja revelou-se uma verdadeira decepção para meu irmão, e acreditávamos que, depois daquele dia, nosso pai jamais deixaria Buster seguir sua paixão pela música. Contudo, dali a uma, duas semanas, papai reconsiderou. A despeito de todas as ocasiões em que vinha à tona seu pior lado possível, nosso pai também tinha seus instantes de brilho. Nessas raras situações, surpreendia até mesmo a gente. Para mim, era a sua personalidade real resplandecendo nos momentos em que o álcool não anuviava seu discernimento. Certa noite, enquanto nós três dividíamos uma panela grande de espaguete que papai preparara, Buster nos disse que seu amado violão enfim caíra aos pedaços. Não tinha mais jeito de tocá-lo, e os outros caras não queriam mais lhe emprestar os seus. Então aconteceu um daqueles momentos mágicos, que nos pegou – a mim e ao meu irmão – desprevenidos.

De repente, papai disparou:

– Sabe, Buster, eu estava pensando... Por que nós três não vamos amanhã até a Myer's Music e vemos o que eles têm por lá?

Meu irmão e eu nos animamos. Papai parecia falar sério, mas nunca podíamos ter certeza de nada. Às vezes ele dizia algo e, em questão de segundos, fazia um giro de 180 graus e se esquecia do assunto. Sem mencionar que já nos carregara até a Sears e desistira no último minuto. Dessa vez, foi diferente.

– E talvez possamos dar uma olhada numa dessas guitarras que você quer – continuou ele. – Além disso, tenho vontade de arrumar um saxofone para mim.

De alguma maneira, papai provavelmente percebera não ser mais capaz de deter seu filho. Buster estava começando a tocar em apresentações regulares com as bandas, o que tomava a maior parte de seu tempo. Ou papai aceitava o que Buster estava fazendo, ou saía da frente. Nenhuma atitude que ele tomasse, ou o que quer que dissesse, convenceria meu irmão a desistir de tocar numa banda. E, apesar de papai resistir, era quase impossível não reconhecer o talento incrível de Buster para a guitarra.

Na tarde seguinte, de acordo com o planejado, rumamos para a Myer's Music. As guitarras elétricas Kay novas custavam cerca de 29,95 dólares na Sears. Mas, na Myer's, um modelo Supro Ozark saía por quinze dólares. Ao bater os olhos na guitarra cinza-clara, quase champanhe, o rosto de Buster se iluminou. Conforme planejara, papai escolheu um saxofone. Aliás, não sei por que ele cismou com o instrumento. Segundo sua explicação, a vida inteira desejara tocar sax ou trompete, sem nunca ter surgido uma oportunidade. Vá entender. Para mim e meu irmão, tratava-se de uma novidade. Só havia um problema: papai não tinha dinheiro suficiente para os dois instrumentos. Assim, ele resolveu dar cinco dólares de sinal – para garantir a guitarra – e combinou com o vendedor de retornar tão logo tivesse o resto do dinheiro. Buster ficou desapontado por não sair da loja com a guitarra naquele dia, porém esperava ir pegá-la em breve.

Ao voltarmos à loja de música, uns sete dias depois, o vendedor limpou a guitarra para Buster e colocou um conjunto de cordas novas e brilhantes. A partir do momento em que pôs as mãos no instrumento, meu irmão não o largou, literalmente, por uma semana. Mal subiu na boleia do caminhão, já estava mandando ver nos acordes. Embora o vendedor tivesse colocado as cordas na disposição para destros, assim que chegamos ao apartamento Buster rapidamente inverteu o encordoamento e o deixou para canhotos. Naquela noite, adormeceu com a guitarra sobre o peito e, na manhã seguinte, ao acordar, recomeçou a tocar do ponto onde parara. Era como se dormir fosse apenas uma pausa na longa e contínua melodia que tocava. Quanto a papai, não conseguiu emitir sequer uma única nota no sax. Meu irmão, evidentemente, herdara o talento musical da família de mamãe. Quando íamos pegar o ônibus para a escola, Buster pendurava a guitarra no ombro e a levava consigo. Não a soltava nunca e a carregava para cima e para baixo, mesmo dentro de casa. Quando a inspiração surgisse, queria estar a postos.

Os espíritos sempre foram importantes para mim e meu irmão. Inspiração para nós significava "no espírito" ("*in the spirit*"). Nós éramos alvos de influências divinas sem qualquer aviso prévio. Num momento, tudo estava normal, no outro, *bam*, um espírito descia sobre nós. Tínhamos então que nos mexer, ou escrever, ou pular, ou correr. Esses impulsos nos apontavam para uma direção imediata, um ponto de partida, que nos impelia, espontaneamente, a criar, a arrancar algo de nossa alma. A última coisa que Buster queria era que um espírito baixasse nele quando não estivesse com seu instrumento, a amada guitarra Supro Ozark cor de champanhe, pronta para traduzir a mensagem que estava recebendo. Eis o motivo de carregá-la consigo dia e noite. Meu irmão já não estava mais canalizando os sinais fortes que captava para seus desenhos de campos de batalha e cenários esportivos. A guitarra tornou-se a principal ferramenta de sua criatividade. Ele sabia que precisava estar pronto para quando as sensações o atingissem, porque elas não vinham com hora marcada. Os espíritos operam de forma muita semelhante ao vento e vão-se quase tão rápido quanto chegam. Até Deus chama o vento como um espírito. É cem por cento real, mas não tem corpo. Não tem substância. Assim como meu irmão comporia uma canção sobre como a doce música escorria pela ponta dos dedos, ele não desejava nada além de acariciar e tocar a música, senti-la e agarrá-la como se fosse concreta. Se conseguisse se concentrar o suficiente, se dominasse toda a sua energia espiritual, poderia realmente fazer algo extraordinário acontecer. Portanto, ao pressentir aquela sensação se aproximar, Buster não tinha dúvidas sobre como agir – pegava a guitarra.

Quanto a mim, também percebia que música, notas e sons eram parte do meu DNA. Vendo quanto meu irmão se divertia com a sua guitarra, pedi a papai para me dar uma. Ele me olhou como se eu fosse um doente mental.

– Você endoidou? – perguntou, revirando os olhos. – Como se já não bastasse um de vocês tolos enfiado nisso. De jeito nenhum vou permitir que o outro se meta com uma dessas coisas malditas!

Muitas vezes meu irmão e eu estávamos no ponto de ônibus – ele tocando a guitarra – quando seus amigos passavam de carro e tentavam convencê-lo a acompanhá-los.

– Venha, Buster. Vamos curtir um pouco. Estamos cabulando aula.

Porém meu irmão nem sequer se dava ao trabalho de responder. Permanecia sentado no banco, dedilhando as cordas, uma expressão determinada no rosto. Sua cabeça estava sempre noutro lugar quando empunhava a guitarra. Os garotos, contudo, não gostando de ser ignorados, empenhavam-se em tirá-lo do seu transe musical. Mas nada do que tentavam o levava a mudar de atitude. Para meu irmão, o resto do mundo nem existia.

A partir de então, raramente vi Buster pegar um lápis para desenhar, ou pisar num campo de futebol americano ou de beisebol. Ele abandonou todos os seus outros interesses – porque, enfim, havia encontrado o que procurara a vida inteira. Sua guitarra iria lhe permitir externar seus mais profundos sentimentos e emoções, sobre os quais nunca falava. Também lhe permitiria liberar a raiva guardada dentro de si. As emoções poderosas que não conseguia colocar em palavras agora seriam expressas através da guitarra.

Terminado o ensino fundamental no Colégio Washington, Buster iniciou o ensino médio no Colégio Garfield, em setembro de 1959. Mas, focado na música, já não tinha muito interesse nos estudos. Pouco tempo depois, começou a tocar com alguns caras do bairro, entre eles seu amigo Pernell, também guitarrista, e Luther Rabb, saxofonista. A banda, denominada Velvetones, era um tanto improvisada, com uma formação que variava semanalmente. Ainda assim, passou a tocar com regularidade no Birdland, um clube na Madison com a avenida 22. Em algumas sextas-feiras, o pessoal também se apresentava no Yesler Terrace Field House, no Conjunto Habitacional Yesler. Eu ficava bastante animado de ir aos ensaios nos fins de semana porque as mães dos meninos me serviam refeições saborosas – frango frito e espiga de milho – no andar de cima, enquanto seus filhos tocavam no porão.

Papai reclamava o tempo inteiro de meu irmão estar sempre grudado na guitarra quando eu os visitava no apartamento. Insistia em que o instrumento não passava de um hobby para Buster, o que se provou não ser o caso. Os ensaios semanais e as apresentações também estavam lhe dando nos nervos. Diversas vezes papai amaldiçoou o dia em que nos levara à Myer's Music e comprara a tal guitarra elétrica. Bastava ver Buster dedilhando as cordas, ou acompanhando um disco em casa, para ter algo negativo a dizer. Em relação a esse assunto, papai parecia ter dupla personalidade. Se por um lado ajudara meu irmão a conseguir a guitarra, por outro ficava transtornado de raiva quando o ouvia tocar. Queria que Buster se concentrasse mais no serviço de jardinagem que ambos faziam nos fins de semana e na entrega do jornal *Seattle Post-Intelligencer*, bico que meu irmão arranjara. Para ele, tratava-se de ocupações muito mais importantes.

– Você precisa usar as mãos para trabalhar, rapaz! – vociferava com frequência.

Um dia, nosso pai chegou mais cedo, e Buster pulou do sofá para lhe mostrar o que estivera ensaiando com os amigos o dia inteiro. Ele havia tocado apenas as primeiras notas quando papai explodiu.

– O que eu já lhe disse, menino? – interrompeu-o, ríspido. – Não quero ver nenhum canhoto tocando aqui dentro. É coisa do diabo!

Papai avançou e deu-lhe um tapa na cabeça na frente dos amigos. Os garotos depressa escapuliram do apartamento e foram embora.

Por essa época, Buster arranjou uma namorada firme, Betty Jean Morgan, também estudante do Colégio Garfield. Ela era o amor da sua vida, e os dois não se largavam. Às vezes eu o acompanhava quando ele ia visitá-la, na esquina da alameda Yesler com a avenida 29. Mais tarde, meu irmão chamaria aquela casa de Red House ("Casa Vermelha"), ainda que a construção fosse marrom. Durante essas visitas, a mãe de Betty Jean nos preparava uma refeição incrível: frango frito, batatas e molho. E, como se já não bastasse a comida deliciosa, Betty Jean tinha uma irmã bonita e mais nova, Mattie B., por quem me interessei. Não demorou muito e estávamos saindo juntos. Nos fins de semana, meu irmão e eu passávamos a maior parte do tempo livre na casa delas.

Tão logo os outros músicos da cidade assistiam ao desempenho de Buster nos clubes, não tardavam a procurá-lo com ofertas – que iam de mais dinheiro a equipamentos de graça – para que entrasse em suas bandas. Assim, aos dezessete anos, meu irmão começou a tocar com os Rocking Kings, um grupo formado por colegiais do bairro que se apresentavam vestindo um uniforme: camisa branca, calça e gravata pretas e o mais importante, a marca registrada da banda – um paletó vermelho. Buster não teve problemas para arrumar as peças, exceto o paletó. Quando nosso pai se propôs a pagar-lhe cinco dólares por um dia inteiro jardinando no fim de semana, meu irmão concluiu que não lhe restava alternativa. Com o auxílio inesperado de papai, rumou para a loja de roupas Wilson no sábado à tarde e comprou o paletó a tempo de se apresentar à noite.

Como Buster não tinha amplificador, alguns caras da banda lhe emprestaram um alto-falante extra. Apesar de ser um único alto-falante, meu irmão deu um jeito de arrumar a fiação de modo a plugar o cabo da guitarra nele. Com uns retalhos de madeira, construiu uma caixa igual às dos outros guitarristas para colocar o amplificador. Enfim possuía uma caixa de amplificador. Aquela foi uma conquista importante porque, na época, os clubes não contavam com sistemas de som próprios. Não havia nenhum sistema de sonorização, nem mesas de mixagem para regular o som. As bandas precisavam fazer um esforço absurdo para soar bem. Sem um amplificador decente, o som da guitarra de Buster simplesmente desapareceria, não importando com quanta força tocasse.

Como de hábito, eu deveria permanecer no lar substituto durante a semana e ir à escola diariamente. Entretanto, nos fins de semana, corria para acompanhar Buster pelos clubes de Seattle. Quanto a papai, em geral não fazíamos ideia de seu paradeiro, cabendo a Buster a responsabilidade de tomar conta de mim. O Departamento do Bem-Estar do Menor não sabia nada a respeito de nossas atividades noturnas nas sextas e sábados – e, se desconfiasse, poria um ponto-final na história. Os outros membros da banda me aceitavam como parte do pacote e pareciam não ter problemas com a minha presença nos shows. Os Rocking Kings costumavam ser bastante requisitados e tocavam em locais como Encore Ballroom, Washington Theater, Parker's West and South, Spanish Castle, Black and Tan, 410 Supper Club e, claro, Birdland, o lugar onde as bandas se apresentavam quando finalmente estouravam no cenário musical de Seattle. Todas as noites, eles faziam covers de canções de rhythm'n'blues como "Let the Good Times Roll", "Charlie Brown", "Yakety Yak" e "Do You Wanna Dance?".

Não muito depois de entrar na banda, a guitarra de Buster foi roubada quando ele a deixou atrás do palco após um show no Birdland. Ao me contar o que ocorrera, meu irmão estava totalmente fora de si. Não só porque perdera seu bem mais precioso, mas também porque sabia que levaria uma bela surra quando contasse a papai. Eu nunca o vira tão infeliz. Sem sua guitarra e sua música, sentia-se como se o mundo estivesse desmoronando à sua volta.

Porém, nem tudo estava perdido. Com o pouco dinheiro que havia guardado jardinando nos fins de semana, mais o que alguns de seus colegas da banda lhe deram, Buster pôde comprar uma Silvertone Danelectro com amplificador, na Sears, por 49,95 dólares. Apesar de todos reconhecerem em meu irmão um guitarrista e músico extremamente talentoso, ele não se encaixava com facilidade. Buster provocou espanto ao pintar sua nova guitarra branca de vermelho e afixar algumas penas de águia no corpo. Chegou até a arrancar as minúsculas franjas douradas da garrafa de uísque Seagram's Crown Seven de papai para usá-las como decoração. Sua guitarra me parecia completamente diferente cada vez que eu a via. Eu quase podia ouvir os outros caras se perguntando: "O que é que isso tudo tem a ver com soul music?" Buster já era hippie quando ninguém sequer sabia o que era um hippie. O resto da banda estava sempre tentando puxar-lhe as rédeas, sem sucesso. Buster podia ter sido na época um músico de apoio, vestindo os mesmos paletó vermelho e calça preta dos colegas, mas era impossível mantê-lo em segundo plano.

No início do verão de 1960, meu pai e meu irmão enfim se mudaram do pardieiro na rua Terrace para uma casinha na alameda Yesler, número 2.606. Na época, eu saíra do lar da sra. Magwood para o dos Steele e também me transferira do Colégio Horace Mann para o Colégio Washington. No final do ano, papai havia pedido à sra. Lamb que me colocasse o mais perto possível dele, pois andava tendo dificuldade para fazer seu caminhão Lincoln 1936 andar. Foi assim que acabei indo morar com a tia Mariah Steele, a um quarteirão de distância de papai e Buster. Apesar de morar o mais próximo que já morara de minha família, sentia-me infeliz como nunca e me metia em encrencas em todas as oportunidades. A sra. Lamb chegou a mandar uma psiquiatra ao lar dos Steele para me examinar.

– Qual é o problema? – a mulher perguntou francamente.

– Qual é o problema? – repeti. – Meu irmão e meu pai estão morando nessa mesma rua, a um quarteirão daqui, enquanto estou preso neste lugar. Tudo o que desejo é ir para casa.

– Você precisa entender que seu pai está sem condições de cuidar de dois meninos agora. Infelizmente, no momento, a situação é essa, e você terá que aceitá-la.

Porém, eu jamais a aceitara no passado, e com certeza não a aceitaria tão cedo.

Inspirado em meu irmão, eu queria inventar alguma coisa diferente para o show anual de talentos do colégio. Numa tarde, corri para a casa de papai com o propósito de pedir a Buster sua guitarra emprestada. Ele raramente deixava alguém tocá-la, e eu não sabia como reagiria. Por sorte o peguei desprevenido, quando sua cabeça estava em outro lugar. Ao entrar em casa, vi a porta de seu quarto fechada. Ele e Betty Jean estavam dando uns amassos. Bati de leve na porta e meu irmão a entreabriu. Se sua namorada não estivesse lá, duvido que houvesse me emprestado a guitarra. O fato é que Buster queria se livrar de mim o mais rápido possível.

No dia seguinte, tive enfim a chance de ser como meu irmão mais velho no show de talentos da escola, quando subi ao palco e fingi tocar guitarra enquanto "Twist", de Chubby Checker, soava ao fundo. Na realidade, eu não fazia a mínima ideia de como tocar um único fraseado da canção, porém estou certo de que me saí bem dedilhando as cordas. O resto da garotada adorou a minha apresentação, porque apenas uma minoria já vira uma guitarra antes. Voltando para casa, tratei de devolvê-la logo a Buster, pois ele tinha um ensaio da banda à noite. Graças a meu irmão, fui o sucesso do show de talentos da escola. No fundo, pensei que talvez houvesse um futuro na música para mim também.

6 Dos Rocking Kings ao exército

No verão de 1960, os Rocking Kings continuaram fazendo shows pela cidade e se apresentando, com frequência, em bases militares, nos inúmeros clubes de oficiais. Durante a Segunda Guerra Mundial, como todos pensavam que o Japão iria invadir o país, o governo americano construíra cerca de cinquenta fortes. A banda esteve nos cinco principais localizados na região de Seattle – da Base Aérea McChord ao Forte Lawton.

Além das instalações militares, os Rocking Kings também tocaram no Washington Hall, na avenida 13 com a alameda Yesler, não muito longe de onde nossa mãe morara. Embora aquela espelunca especializada em rhythm'n'blues negro raramente lotasse durante os shows da banda, era um lugar legal. No Encore Ballroom a situação era semelhante, e a casa se enchia de cafetões, prostitutas e pequenos traficantes de drogas. Quando eu ia aos clubes, precisava me enfurnar nos bastidores, longe dos olhos de todos. Como se vendia bebida alcoólica, seria um grande problema se alguém me visse no salão, pois eu tinha apenas doze anos na época.

Com o tempo, os seguranças dos estabelecimentos já me reconheciam e me punham para dentro pela porta dos fundos. Então me levavam para a cozinha e me arrumavam algo para comer, em geral tripas de porco – bem saborosas – com purê de batata e molho picante. Nada de cachorro-quente ou hambúrguer. As refeições iam mais para jarretes de presunto defumado e folhas de mostarda. "Lá vêm os irmãos Hendrix", diziam os leões de chácara quando aparecíamos, com a banda a reboque.

Às vezes, após o início da apresentação, eu me enroscava e adormecia sob o palco. Fiquei tão acostumado à estridência do rock'n'roll, e permanecia tão alheio a tudo, que meu irmão tinha que me acordar para avisar que estava na hora de ir embora. Buster nem sempre gostava de ser obrigado a me arrastar para seus shows no fim de semana. Como desejava apenas tocar sua música e ficar com as garotas, minha presença o tolhia. Terminada a apresentação, ele se mostrava especialmente irritado se fosse obrigado a me catar depois que a banda saía do palco e guardava o equipamento. O fato é que eu tendia a perambular pelos arredores.

Por fim, procurei me vestir de maneira mais elegante e zanzar pelos clubes enquanto a banda tocava. Isto é, tão elegante quanto possível, considerando o pouco dinheiro que tinha para gastar com roupas. Assim, tentei me misturar ao público e abordar as meninas, mas elas logo viam que eu não passava de um garoto. A maioria das moças não me dava bola. Teria que esperar mais uns anos para isso.

Meu irmão, por outro lado, atraía bastante as garotas. Em diversas ocasiões percorremos quilômetros a pé até algum bairro afastado só para ele poder ver a menina que o interessava. Certa vez, enfrentamos uns onze quilômetros de ida e outros onze de volta. Ao chegarmos à casa da tal garota, Buster se esgueirou por uma janela lateral, enquanto fiquei sentado no gramado, contemplando as estrelas no céu. Depois de algum tempo, ele escapuliu pela mesma janela e nos pusemos a caminho de volta. Devemos ter levado umas três horas andando sem parar. Eu ainda não entrara na puberdade e não conseguia entender por que tanto trabalho só para ficar com as meninas. E, cara, como elas adoravam meu irmão!

Ainda que só tivesse dezessete anos, Buster era um guitarrista bem mais experiente que muitos músicos. Nos ensaios dos Rocking

Kings, ele dominava a cena. Quase dava a impressão de que os outros integrantes eram intrusos. Eu preferia ouvir meu irmão tocar sozinho. Ele conhecia cada fraseado de cada canção de cor. Prática? De fato, ele tinha mesmo muita prática. Quando surgia com sua guitarra na frente das pessoas, Buster se apresentava, fosse a plateia composta apenas dos companheiros da banda, fosse o público que lotava o Encore Ballroom.

Assim que ele começou a insistir em se vestir de um jeito um pouco diferente de todo mundo e em fazer sons estranhos saírem de seu amplificador, o resto da banda percebeu não haver necessidade de mantê-lo nas sessões de ensaio. Se, no meio de uma canção, a inspiração baixasse em Buster, ele partia para a improvisação, explorando notas e tonalidades. Na sua percepção, os outros caras estavam ali só para acompanhá-lo. Para meu irmão, cada oportunidade de tocar era uma chance de sair de si mesmo. Eu podia entender o incômodo de seus colegas: passar o ensaio inteiro escutando um grande volume daqueles seus sons distorcidos e fraseados improvisados mexia com a cabeça da gente. Mesmo naquela época, Buster já estava num nível superior aos demais, deixando os outros lá atrás.

– Sabe, Buster, nós realmente não precisamos mais de você nos ensaios. Os outros caras é que têm de ensaiar. Portanto, está dispensado de vir aqui durante a semana – disse um dia James Thomas, o empresário do grupo. – Apenas apareça para os shows de sexta e sábado. Então, no domingo, você estará demitido de novo – ele completou com um sorriso.

Como meu irmão estivera se apresentando com os Rocking Kings em locais diferentes da cidade, deixara de ir às aulas no Colégio Garfield. Ao começar a receber notificações constantes sobre essas faltas, papai conversou algumas vezes com Buster, entretanto nada do que dissesse fazia qualquer diferença. Eu também escutei boatos envolvendo uma menina branca com quem meu irmão andava sendo visto. Creio que a diretora e alguns professores não gostaram de surpreendê--los juntos nos corredores ou de mãos dadas no fundo da sala. O fato é que Buster se fartara da chatice do colégio e não enxergava nenhum futuro para si na educação formal. Tampouco eu me interessava pela escola. Aliás, a escola nunca pareceu manter nosso interesse, porque estávamos sempre focados em experimentar mais do que os professores nos ofereciam. Além disso, meu irmão tinha a sua banda e, para ele, não era preciso mais nada. Assim, continuou cabulando as aulas e, no final de outubro de 1960, não mais de um mês antes de fazer dezoito anos, abandonou de vez o Colégio Garfield.

Dos muitos shows dos Rocking Kings a que assisti, lembro-me em particular da primeira vez – em fins de 1960 – no Spanish Castle Ballroom, lendário salão de baile. O empresário do grupo, James Thomas, nos levou até o local em Kent, Washington – não muito distante da esquina da rodovia 99 com a alameda Des Moines – num Plymouth Fury verde ano 1956, com seu longo e exagerado rabo de peixe. O design daquele carro velho me maravilhou porque lembrava uma espaçonave, algo saído de outra galáxia. Pensando bem, era a condução adequada para nós. Anos depois, quando meu irmão compôs "Spanish Castle Magic", muitas vezes escutei alguém comentar que o clube não ficava "a meio dia de distância", conforme dizia a letra da canção. Todo mundo sabia que Kent ficava a mais ou menos uma hora do centro de Seattle. Porém, o que as pessoas não entendiam é que, de fato, a viagem levava meio dia, se o carro quebrasse no caminho. Foi o que aconteceu conosco rumo ao Spanish Castle. O Plymouth Fury morreu, e esperamos quase a tarde inteira para que fosse consertado.

Após uma fase com poucos shows, os Rocking Kings se separaram. James Thomas montou uma nova banda, Thomas and the Tomcats, e chamou meu irmão para participar. Com isso, Buster tinha a oportunidade de continuar a ganhar seu próprio dinheiro, embora estivesse ficando cansado de tocar sempre as mesmas coisas. Não só as viagens demoradas e as noitadas nos clubes começavam a pesar sobre ele, como havia papai, que não facilitava as coisas e o cobrava sem cessar:

— Não sei por que você continua desperdiçando seu tempo com esse negócio do demo. O que você precisa é vir comigo e ganhar um salário honesto.

Sendo capaz de faturar algum dinheiro com a música, meu irmão não queria mais saber de jardinagem. Pegar pesado em quintais de estranhos não faria parte de seu futuro. E com certeza ele não tinha a menor vontade de trabalhar com papai todos os dias. Os dois já viviam se atracando e se destruiriam se passassem tanto tempo juntos. Meu irmão acreditava que devia existir algo melhor à espera dele. Mas também havia muita encrenca à sua espera nas ruas, se não tivesse cuidado.

Eu podia estar acostumado a me meter em enrascadas, porém a personalidade de Buster era totalmente oposta à minha. Embora estivesse cansado de ver gente tentando arrastá-lo para situações ruins, às vezes ele achava difícil dizer não aos amigos. E às vezes cometia erros, sim, ao seguir a turma. Por sorte não havia, na época, gangues realmente violentas como as de hoje. Em geral eram grupos de amigos que rodavam por aí causando problemas e procurando emoções fortes. Os caras punham um bocado de pressão em Buster para que os acompanhasse e, se a resposta fosse não, zombavam dele. Em vez de resistir, meu irmão acabava indo na onda.

Numa noite, ele e alguns de seus amigos tiveram a brilhante ideia de arrombar a Wilson's, uma lojinha de roupas na avenida 23 com a rua Union. Com a loja fechada, o grupo forçou a entrada e roubou um monte de camisas e algumas calças jeans. Na manhã seguinte, Buster se sentiu tão mal pelo que fizera, que se obrigou a voltar à loja e devolver as roupas. A polícia chegou a passar em nossa casa, entretanto nos informaram que a sra. Wilson – uma simpática mulher negra e idosa – não iria prestar queixa. A boa ação de Buster pendeu a seu favor. Ao saber o que acontecera, papai não ficou nada satisfeito.

Em 2 de maio de 1961, meu irmão pagou o preço por andar com a turma errada. Acho que eles estavam zanzando de carro quando a polícia os parou e descobriu que o veículo era roubado. Imediatamente todo mundo foi preso, e Buster, levado para o centro de detenção juvenil, em frente ao antigo apartamento de papai na East Terrace. Ao chegar da escola, na tarde de sexta-feira, encontrei papai correndo de lá para cá atrás das chaves do caminhão.

– É a merda do seu irmão – ele disparou. – Estou ficando cheio de vocês. Sempre que volto do trabalho tenho que lidar com algum problema por causa de vocês dois!

Ao retornar da delegacia de polícia, meu irmão estava preocupado, porque precisaria comparecer ao tribunal na semana seguinte para ouvir a sentença do juiz. A possibilidade de ser preso pairava sobre sua cabeça; diante disso, o exército já lhe parecia uma opção sensata. Às vezes ele comentava que queria se alistar. Quando era mais novo, com frequência desenhava cenas de batalhas devastadoras, tanques e aviões de guerra. Também tinha fascínio pelo distintivo dos Screaming Eagles, os soldados da 101ª Divisão de Paraquedistas.

Na hora da sentença, Buster fechou um acordo: para não passar dois anos na cadeia – conforme desejava a promotoria –, iria servir ao exército. Assim, uma semana depois, meu irmão se alistou oficialmente na 101ª Divisão de Paraquedistas. Antes disso, fizera visitas regulares ao oficial de recrutamento para conversar sobre o assunto. Na opinião de papai, Buster só iria se meter em mais encrencas se continuasse andando nas mesmas companhias de sempre, de modo que uma temporada no exército seria o ideal.

Na noite anterior à entrada oficial de Buster no exército, ele, Betty Jean, Mattie B. e eu fomos a um baile no centro da cidade, na Madison com a avenida 23. As meninas usavam saia curta, meias soquete e sapatos bicolores; eu vestia o que considerava minhas melhores roupas, e Buster estava com seu traje de palco, pois os Thomas and the Tomcats iriam fazer um último show juntos. Foi uma noite fantástica. Terminada a apresentação, meu irmão pediu Betty Jean em casamento – e ela aceitou. Buster sentia-se nas nuvens. Quando desse baixa, os dois se casariam.

Na manhã seguinte, nós três nos amontoamos no caminhão de papai e rumamos para o gigantesco prédio do governo que ficava às margens do rio. Ver meu irmão partir me encheu de tristeza, mas não havia nada para ele em Seattle. Buster sabia estar na hora de ir em frente e fazer outra coisa da vida.

– Mantenha a cabeça erguida, filho – meu pai lhe disse quando estávamos na calçada. – Isto é o melhor para você agora. Tudo vai dar certo.

Logo depois, Buster foi enviado para o Forte Ord, na baía de Monterey, Califórnia, aliás, uma de suas poucas viagens para fora do estado. Exceto a época em que morara em Berkeley com a sra. Champ, quando ainda pequenino, e nossas férias de verão em Vancouver com a vovó Nora, meu irmão e eu nunca tínhamos viajado para outros lugares. Instalado no Forte Ord, ele nos mandou um cartão-postal contando-nos que o treinamento era árduo, mas que chegara bem à Califórnia.

Foi difícil não ter meu irmão mais velho por perto, mas em compensação recebi boas notícias. Minha assistente social, a sra. Lamb, apareceu na casa dos Steele uma noite para me informar de que eu fora oficialmente liberado da tutela do Estado e devolvido à custódia de meu pai em período integral. Após mais de quatro anos pulando de um lar substituto para outro, enfim retornaria ao meu lar, doce lar para morar com papai.

— Quando consigo me livrar de um, eis aí o outro de volta! — chiou ele a primeira vez que lhe dei nos nervos. No fundo meu pai só estava sendo dramático, pois adorava que estivéssemos vivendo sob o mesmo teto... pelo menos no início. Se ele pensara que meu irmão fora difícil, não fazia a menor ideia do que o aguardava ao meu lado.

Alguns meses depois de deixarmos Buster no centro de recrutamento, ele conseguiu uma licença de uma semana para nos visitar antes de ser transferido para o Forte Campbell, no Kentucky. Como não tinha dinheiro suficiente para comprar uma passagem de avião, acabou sendo obrigado a tomar um ônibus. Só as viagens de ida e volta consumiram três dos seus sete dias de folga. Assim, em vez de desfrutar uma semana inteira conosco, restaram-lhe quatro dias. Quando o vi em sua farda impecável, com os sapatos pretos brilhantes, não poderia ter sentido um orgulho maior. Seus cabelos estavam mais curtos, e todas as suas roupas estavam limpas e bem passadas. Buster me deu uma nota de cinco dólares — seu soldo era 65 dólares — e me levou para comer um hambúrguer. Pouco nos encontramos nos dias seguintes, pois ele saiu muito com os amigos e também com Betty Jean. Antes que eu percebesse, meu irmão já havia regressado ao quartel.

Papai estava se esforçando ao máximo para nos sustentar com seu negócio de jardinagem, porém os tempos ainda eram difíceis. Precisei implorar por um par de sapatos novos antes do início do ano letivo. Quando ele por fim cedeu e me levou à loja Chubby Tubby, acabou me comprando uma botina que eu odiava. Aquela coisa horrorosa durava uma eternidade, de modo que não me livraria do calçado tão cedo. Quando papai não pôde me comprar um casaco de inverno, foi tia Ernestine quem salvou a pátria.

Aos treze anos, sentia-me pronto para arrumar um serviço depois da aula a fim de ganhar uns trocados. Consegui uma vaga no centro de juventude local fazendo biscates nas redondezas. A maioria dos projetos envolvia a limpeza da comunidade. Após algumas semanas, comecei a notar um menino que estava sempre me olhando. Aparentemente, ele já trabalhava ali havia pelo menos um ano, pois sua foto estava na parede, entre as dos outros empregados. No princípio fiquei um pouco desconfiado e não o perdia de vista enquanto ele perambulava pelo centro. Observei que mancava e tinha um problema no braço.

– Ei, como você se chama? – perguntei-lhe certa tarde.

– Joseph.

– Joseph de quê?

Um silêncio desconfortável se estendeu durante alguns segundos. Nervoso, o garoto fitou o chão.

– Joseph Hendri – falou afinal.

No mesmo instante uma luz se acendeu na minha mente. Diante de mim estava o meu irmão mais novo. Nós não nos víamos havia quase uma década.

– Você sabe, sou seu irmão – ele completou.

– Eu percebi – retruquei com um sorriso. – Cara, você é igualzinho ao meu pai. De onde saiu esse "Hendri"?

– Já que vocês se livraram de mim, então me livrei do X. – A resposta soou-me como se houvesse sido ensaiada durante muito tempo.

– Sem essa, Joe. "Vocês", não. Eu não tive nada a ver com aquilo.

Eu não passava de uma criança quando Joe fora entregue à tutela do Estado. Meu coração se condoeu porque vi a dor estampada em seus olhos. Ele me contou que a família que o criara lhe explicara que os Hendrix o tinham abandonado. Nada do que eu argumentasse apagaria o que acontecera. E não podia lhe oferecer muito além da minha amizade.

Por fim, revelei a papai meu reencontro com Joe. Apesar de tentar reagir à notícia como se fosse algo sem importância, sua emoção transbordava. Ele até segurou o pranto naquela ocasião, porém a situação mudou quando saímos para dar uma volta semanas depois e avistamos Joe na calçada, perto do parque.

– Olha o seu irmão ali, Leon. – Papai apontou para o outro lado da rua.

– Eu sei. Nós trabalhamos juntos, lembra-se? – devolvi, sarcástico.

Sem dizer mais nada, papai estacionou o caminhão junto ao meio-fio e abriu a porta do lado do motorista.

– Vou falar com ele.

Observei-o atravessar a rua correndo e abordar Joe. Era a primeira vez que os dois se viam desde que meus pais o haviam entregado à custódia do Estado. A conversa durou pouco, e, quando papai retornou ao caminhão, as lágrimas lhe escorriam pelas faces. Em silêncio, sentou-se ao volante e assim permaneceu durante alguns momentos antes de limpar o rosto com a mão.

– Ele não quer nada comigo – disse baixinho.

Joe e eu não tínhamos nenhuma expectativa um em relação ao outro e nos demos bem enquanto trabalhamos juntos no centro, até eu sair de lá para passar mais tempo com meus amigos, perambulando pelas ruas após as aulas.

Quanto aos meus estudos, pouca coisa mudou depois que voltei a morar com papai. De fato, foi um milagre que eu aparecesse no colégio regularmente. Em vez de ir para casa no final do dia, geralmente dormia na casa de amigos. Algumas famílias, muito amáveis, cuidaram de mim na época. E, ainda que nem sempre tivessem comida suficiente para alimentar os seus, me serviam uma porção igual à de todos no jantar.

Com Buster longe, papai me obrigou a ajudá-lo nos serviços de jardinagem nos fins de semana. Com a transição para a adolescência, comecei a perceber certos detalhes da minha aparência que não se assemelhavam a nenhuma das características físicas de meu pai. As diferenças nunca haviam chamado minha atenção antes; porém, à medida que amadurecia, esses traços se tornavam mais aparentes. Um dia, enquanto trabalhávamos juntos, indaguei a papai:

– Por que os meus cabelos são tão mais lisos que os seus?

— Provavelmente porque você se parece mais com a sua mãe. Você e seu irmão puxaram mais a ela.

— Mas e...

Antes que outra palavra saísse de minha boca, papai me calou, pois sabia o rumo que a conversa estava tomando.

— Ouça, sou o único pai que você jamais teve — falou, olhando-me nos olhos. — Então, chega. Nada disso importa agora.

— Certo, pai.

— Estou falando sério, Leon. Não quero escutar nem mais uma palavra sobre isso a partir de agora.

E era verdade. Ele tomara conta de nós durante toda a nossa vida e fizera o melhor que pudera. Para ele, não havia absolutamente nenhum sentido em questionar o passado e causar mais confusão e problemas.

À noite, papai me levava para os salões de bilhar, onde depressa me tornei um especialista no jogo de sinuca — na realidade, um vigarista especialista. Alguns garotos tinham talento para o esporte, outros se sobressaíam nos estudos com brilhantismo. Minha habilidade era a malandragem. Não foi escolha minha; parece que esse estilo de vida quase me escolheu. Creio que não é tão difícil entender. Afinal, meu pai personificou o professor perfeito e me ensinou tudo o que eu precisava saber para jogar sinuca, dados e cartas. Não existia uma maneira de arrancar um dólar de alguém da qual ele não estivesse a par. Não que fosse exatamente bom na coisa, mas considerava o assunto sua especialidade.

Ele até me contou de seus tempos áureos, na juventude, quando faturava revendendo maços de cigarros. Ao comprar os maços, retirava um cigarro de cada um e então os fechava de tal modo que davam a impressão de jamais terem sido abertos. Em seguida, não só revendia os maços como também os cigarros "extras".

No início, papai orgulhava-se da minha habilidade de ganhar dinheiro na sinuca. Muitas noites, sentava-se e bebericava sua cerveja Lucky Lager, sorrindo de orelha a orelha, enquanto eu encaçapava as bolas e limpava algum pobre coitado que não sabia onde se metera. Saindo juntos tantas vezes, era quase como se estivéssemos nos tornando amigos. Ele também me levava aos jogos de pôquer, onde atuávamos como parceiros para tentar obter alguma vantagem.

– Muito bem, filho – papai me instruía. – Se eu sinalizar que estou com uma mão boa, você deve aumentar a aposta. Mesmo que as suas cartas sejam ruins, aumente a aposta, entendeu?

O sinal seria um olhar sério. Se eu o visse me fitando fixamente, estava na hora de entrar em ação. Então esperávamos os outros jogadores da mesa desistirem. Quando chegasse a vez de papai, ele aumentaria a aposta e eu desistiria, permitindo-lhe levar a bolada. Para ser franco – e poucos jogadores o são em se tratando de suas vitórias e derrotas –, papai e eu costumávamos perder. Contudo, houve ocasiões em que saímos do bar com algum dinheiro extra. Quando isso acontecia, comíamos um bom jantar e nos embriagávamos com uma bebida de qualidade.

No início de 1962, Buster nos escreveu pedindo a papai que lhe mandasse sua guitarra. Acho que foi nessa época que ele se reuniu a um companheiro do exército, Billy Cox. Os dois estavam tocando numa banda, a King Kasuals, e se apresentando em bases militares do sul. A carta de meu irmão não fornecia muitos detalhes; porém, ele dava a impressão de estar ganhando dinheiro suficiente para se sustentar.

A despeito da minha total falta de interesse, tirava boas notas na escola. O problema é que comecei a ser colocado para fora da sala por ser um pé no saco. Quando as novas leis municipais de integração racial entraram em vigor, puseram-me num ônibus e me despacharam para o Colégio Ballard, onde todos os alunos, exceto eu, pareciam ter ascendência sueca ou norueguesa. Assim, lá estava eu, o menino de rua, cercado de crianças de olhos azuis e cabelos loiros que tinham medo de mim porque nunca haviam conhecido uma pessoa negra antes. A maioria deles quis me dar um pé na bunda no instante em que o ônibus me largou na porta do colégio. Meus seis meses no Ballard foram um pesadelo. Procurei ficar no meu canto, mas os outros estudantes implicavam comigo diariamente e eu acabava metido em alguma confusão. Toda vez que havia briga, era a mim que arrastavam para a sala do diretor. Não importavam as circunstâncias; o diretor sempre me culpava por causar problemas e não conseguia entender por que eu estava, constantemente, envolvido em brigas na escola. Lembro-me do que ele me disse, numa tarde:

– Veja bem, Leon, tínhamos pouco desses incidentes até você entrar no colégio.

Quase não resisti ao impulso de me levantar e gritar: "Basta olhar para mim! Quem você acha que está implicando com quem? Sou o único garoto negro aqui!"

Toda manhã eu levava uma hora de ônibus para chegar ao Colégio Ballard. Nem de longe uma boa maneira de iniciar o dia. Se adormecia no trajeto, o motorista não se dava o trabalho de me acordar para descer no ponto, e assim eu ia até o final da linha. Na última parada, berrava, me mandando sair da porra do seu ônibus. Era um velho preconceituoso, que não dava a mínima para o que pudesse acontecer comigo. Terminada a aula, restava-me enfrentar outra viagem de uma hora até minha casa.

A única coisa boa de frequentar o Ballard foram as garotas, que realmente repararam em mim. Claro, embora seja um estereótipo, eu era o único que sabia dançar nos bailes do colégio. Quando me viam dançando sozinho, as meninas me cercavam e me pediam que lhes ensinasse os passos Mashed Potato e Pony, típicos da época. Essa atenção pelo menos fez do meu período ali algo mais suportável. Contudo, não permaneci no Ballard muito tempo. Fiquei de saco cheio daqueles meninos brancos e loucos tentando me bater todos os dias e dos professores implacáveis, invariavelmente me acusando de causar problemas.

No final de maio de 1962, papai e eu recebemos uma carta de Buster contando que ele se machucara ao saltar de paraquedas e, com isso, seria desligado do exército por motivo de saúde. No envelope, meu irmão incluiu um distintivo dos Screaming Eagles só para mim. (Cara, gostaria de saber onde foi parar esse distintivo.) Seu plano inicial, para quando desse baixa, era regressar a Seattle. Mas esse momento nunca chegou. Em sua carta seguinte, Buster explicou que iria correr atrás de seu interesse pela música. Em vez de voltar para casa, pretendia, junto com outros músicos que conhecera no exército, passar algum tempo tocando nos clubes do Chitlin' Circuit ("Circuito da Dobradinha"), no sul do país. O Chitlin' Circuit era uma série de clubes e outros lugares por todo o leste e sul do país, onde artistas negros gostavam de tocar. No final de 1962, meu irmão continuava percorrendo os estados do sul com seu amigo Billy Cox e sua banda. Creio que Buster morou algum tempo em Nashville, Tennessee, porque numa de suas cartas mencionou que eles estavam rapidamente se tornando a melhor banda de R&B da cidade. De vez em quando, papai e eu recebíamos cartões-postais e cartas que nos deixavam a par do que andava acontecendo com Buster. Meu irmão estava por aí, cuidando da vida, enquanto eu cuidava da minha.

Após minha saída do Ballard, papai me matriculou no Colégio Cleveland, na avenida 15, em Beacon Hill. Adaptei-me melhor ao perfil daquela escola. Achei fácil fazer amigos, e não demoramos a formar uma turma. Nós nos autodenominamos "Playboys" e gastávamos as horas livres depois da aula jogando beisebol ou perambulando pelas ruas. Naquela época, existiam gangues espalhadas por toda a cidade. Em seu último ano na escola, antes de abandoná-la, Buster foi pressionado para entrar numa gangue chamada Cobras, porém resistiu às tentativas de recrutamento, porque não queria participar daquilo. Sua música lhe importava muito mais. No todo, a situação geral era bastante diferente do que é hoje. Não havia ninguém correndo por aí feito louco, portando armas e facas. Os Playboys assemelhavam-se mais a um clube social do que qualquer outra coisa. Claro que, aqui e ali, nos metíamos em alguma encrenca com outras turmas, não raro por causa de alguma questão banal. Então todo mundo se reunia num campo de beisebol e uma simples briga resolvia o assunto. Às vezes estávamos tão entediados com as queixas que, ao chegar ao campo, nada acontecia. Então fumávamos uns cigarros juntos e pronto.

Por frequentarmos os salões de bilhar, como o Green Felt, meus amigos e eu acabamos conhecendo uns contraventores da região. E não tardamos a perceber que fornecer um ou outro baseado a quem tivesse interesse nos permitia ganhar dinheiro fácil. Não que estivéssemos realmente traficando, mas, se ouvíamos falar de alguém querendo erva ou algo do gênero, com certeza sabíamos onde encontrá-la. Comecei até a ser capaz de dar uns trocados a papai. Ele apreciava o gesto e acreditava que o dinheiro extra era proveniente de um trabalho em meio período que eu arrumara no campo de golfe local. Ainda que ficasse um pouco desconfiado, papai não me perguntava onde eu arranjava a grana, e eu tampouco tinha intenção de lhe contar.

A vida sem Buster

Os King Kasuals seguiram percorrendo o Chitlin' Circuit, e meu irmão cruzou com guitarristas lendários, do porte de B. B. King e Albert King. Mas a situação continuava difícil. Embora estivesse sempre ocupado, Buster mantinha contato conosco e nos dizia o que andava fazendo. Por meio de seus cartões-postais ocasionais, eu percebia que ele não estava tendo muita sorte e que a maior parte do tempo a vida não era fácil. Tenho certeza de que foi duro estar sempre na estrada, tocando por pouco ou nenhum dinheiro. Eu torcia para que meu irmão viesse ao menos nos visitar, porém sua mente estava ocupada com outros assuntos.

O que eu não sabia na época era que, no fim de 1962, Buster tirou uma folga das apresentações com os King Kasuals e viajou de ônibus até Vancouver, onde passou uma breve temporada com vovó Nora. Apesar da pequena distância que o separava de nós enquanto esteve por lá – umas poucas horas de estrada –, ele não veio nos visitar em Seattle. Naquele início de 1963 no Canadá, entrou para uma nova banda – Bobby Taylor and the Vancouvers. Posteriormente descobri que o guitarrista solo do grupo, Tommy Chong, trabalharia anos depois com Cheech Marin em Cheech e

Chong[2]. Não culpo meu irmão por não ter voltado para casa para nos visitar. Na realidade, não havia muito à sua espera em Seattle. Ele era esperto o suficiente para saber que deveria seguir sua carreira e sua música, a despeito de onde isso o pudesse levar.

Quando se cansou de Vancouver, Buster retornou ao Chitlin' Circuit e aos King Kasuals, então atuando como banda de apoio de Solomon Burke, um popular cantor de soul. Num postal, meu irmão escreveu que também tivera oportunidade de tocar com o lendário Otis Redding, durante uma de suas curtas turnês, além de abrir o show para Jackie Wilson e Sam Cooke. Aos meus olhos, ele estava a caminho de fazer as coisas acontecerem.

Eu também deveria ter me concentrado em atingir metas. Entretanto, ao começar a cursar o primeiro ano do ensino médio no Colégio Cleveland, no outono de 1963, só me interessava em perambular com meus amigos pelo centro de Seattle. Ajudar pessoas a comprar erva punha dinheiro nos nossos bolsos. Pode soar estranho para alguns, porém, na minha adolescência, realmente senti que a minha vocação era a malandragem. Tudo na minha infância me preparou para arrumar dinheiro por quaisquer meios necessários. Enfim estava conseguindo a grana que sempre desejara; além disso, não tinha problemas para atrair as garotas. Nos fins de semana, dedicava-me aos salões de bilhar e à jogatina.

Durante o ensino médio, meus colegas e eu passamos a beber com regularidade. Arranjar bebida nunca foi complicado. Sempre havia alguém mais velho por perto para ir até a loja e nos comprar um garrafão de vinho White Court ou Thunderbird, os mais baratos e de pior qualidade existentes no mercado, consumidos pelos pobres. Nós misturávamos um pacote de refresco em pó ao vinho para lhe dar algum sabor e passávamos o garrafão de mão em mão até esvaziá-lo. Com a bebida, também podíamos levar um baseado de tamanho decente por cinquenta centavos na Bloomers, misto de delicatéssen judaica e loja de conveniência. Se a gente comprasse um

---

[2] Richard "Cheech" Marin e Tommy Chong: dupla humorística americana de sucesso na televisão e no cinema, nas décadas de 1970 e 1980, que tratava de temas como o estilo de vida dos hippies e, em especial, a maconha. (N. da T.)

bagel com cream cheese por cinco dólares, eles acrescentavam um pouco de maconha numa caixa de fósforos. Junte aí um café, e você tem uma boa maneira de iniciar o dia na escola.

Era como se meus amigos e eu fôssemos invencíveis, e nada na vida me preocupasse. Por fim, o agito e o pequeno lucro que obtínhamos vendendo drogas já não nos bastava, e os Playboys acharam que estava na hora de partir para outra jogada. Tendo ouvido falar que vender mercadoria roubada rendia uma boa grana, resolvemos testar nossos talentos no furto. Não nos interessávamos em roubar as pessoas, e sim as grandes lojas de departamentos, repassando a mercadoria, com desconto, para uns conhecidos no centro da cidade.

Eu era jovem e destrambelhado. Para mim, roubar as lojas de grandes cadeias significava derrotar o sistema, tipo Davi contra Golias. A ideia parecia ótima, até que, de repente, tudo azedou quando decidimos invadir uma loja de departamentos da Nordstrom. Nas semanas anteriores ao serviço, havíamos observado bastante o lugar e mal podíamos esperar para pôr as mãos nos caríssimos casacos de chinchila e vison da seção feminina. Não tínhamos muita certeza de como agiríamos até notar uma janela no quarto andar do prédio, que permanecia aberta durante o dia e não estava conectada a nenhum sistema de alarme. Em quatro, entramos na Nordstrom e nos escondemos até o fechamento do expediente. Quando todos os funcionários saíram, pegamos os casacos que queríamos e os jogamos pela janela do quarto andar, para dois caras aguardando num carro parado no estacionamento. Eles enfiavam cada mercadoria no porta-malas tão depressa quanto as atirávamos. O plano se desenrolou sem quaisquer dificuldades até o momento da nossa fuga. Sendo simplesmente impossível pularmos do quarto andar, forçamos a saída pela porta da frente, o que demorou mais tempo do que o previsto. Logo constatamos que tínhamos demorado demais.

– Todo mundo no chão! – gritou uma voz, assim que entramos no estacionamento. Quando dei por mim, um tira estava me apontando uma arma, enquanto outros policiais mantinham meus amigos no chão, também sob a mira de seus revólveres. Podíamos esquecer a fuga dessa vez. Fui levado para a delegacia e, como tinha apenas quinze anos, minha pena restringiu-se a seis meses no reformatório. Papai compareceu ao tribunal de menores para a leitura da sentença e, para minha surpresa, não se mostrou tão irritado como eu imaginara. Talvez por já ter vivido situações semelhantes com Buster, nada daquilo era novidade para ele. Apesar disso, ele não estava nada feliz com a encrenca na qual o filho se metera.

– Rapaz, depois que você sair, vai levar uma surra como nunca viu antes, e que servirá para lhe ensinar que não se deve zanzar pela cidade feito um doido – disse ele, após o pronunciamento da sentença.

Então me encaminharam para o Centro de Atendimento Socioeducativo ao Adolescente, o que, de certa maneira, agradou papai.

– Pelo menos agora sei onde você está – afirmou.

A cerca de arame farpado em torno do perímetro concedia ao edifício um aspecto sinistro, porém não tardei a constatar que o lugar estava longe de ser de todo ruim. Ao examinarem meu histórico escolar e verem as minhas boas notas, os diretores do reformatório reduziram a sentença de seis para quatro meses. E, conforme sempre fizera em toda a minha vida quando o momento era difícil, me adaptei. Depois de tudo o que papai, Buster e eu tínhamos enfrentado, senti que não haveria nada que eu não fosse capaz de suportar.

O centro era basicamente um enorme dormitório, com dois ginásios anexos. Passei a maior parte das horas ali, jogando basquete ou futebol, e ficando na minha. Durante o dia, assistia às aulas num dos prédios e concluí o primeiro ano do ensino médio. No período em que estive no reformatório, creio que me repreenderam uma única vez, por esconder um cigarro no meu quarto. Os quatro meses passaram depressa, e logo eu estava solto.

– Muito bem, rapaz, é hora da sua surra – disse papai, no dia em que voltei para casa.

– Não. Isso não vai acontecer – retruquei, sorrindo. – Você não vai mais pôr suas mãos em mim.

Aquela foi a primeira vez que o enfrentei, e não tinha certeza do que poderia suceder. Porém eu falava sério. Não era mais uma criança. Permanecemos imóveis por alguns segundos, em um impasse.

Antes que as coisas fossem mais longe, papai baixou a cabeça e fitou o tapete.

– O.k. Também não quero bater em você.

– Ótimo, pai.

Enquanto eu seguia entrando e saindo de encrencas, recebemos uma carta de meu irmão, que continuava na estrada. No início de 1964, conversamos ao telefone na ocasião em que ele se mudou para Nova York. Depois de me contar seus planos, Buster passou o telefone para sua nova namorada, Fayne, que me pareceu ser uma garota legal. Ela me disse que os dois estavam hospedados juntos no Hotel Seifer. Dali a poucos meses, em março de 1964, meu irmão ligou de novo para nos contar que entrara para a banda Isley Brothers e que partiria em turnê pela Costa Leste, com apresentações também no Chitlin' Circuit. Os Isley Brothers eram um dos maiores grupos de R&B da época, e Buster, inclusive, os acompanhou ao estúdio de gravação, participando até de uma faixa, "Testify", música que tocou razoavelmente no rádio.

Mais tarde, no verão daquele ano, meu irmão voltou a me telefonar para contar que se juntara – quem diria? – à banda de Little Richard, os Upsetters. Eu mal podia acreditar que ele estava tocando guitarra na banda de um dos nossos ídolos de infância. Para mim, Buster já chegara lá. Entretanto, ele fazia questão de enfatizar que ainda não chegara. Também me confidenciou que Little Richard era difícil e temperamental na estrada e que estava se cansando da vida de shows. Porém, independente do que me dissesse, para mim meu irmão parecia estar a caminho do sucesso.

No outono de 1964, entrei para o terceiro ano do ensino médio do Colégio Franklin. Como a nova escola ficava um pouco mais perto de casa do que a Cleveland, bastava descer a alameda Empire. Alguém poderia pensar que, depois de passar quatro meses num centro de detenção juvenil, eu me esforçaria, de verdade, para andar na linha. Sem chance. Logo retomei meus velhos hábitos. Para mim, pouca coisa mudara. Meus amigos e eu tínhamos sido descuidados, cometemos alguns erros e fomos pegos. Imaginei que éramos bons demais para permitir que algo assim tornasse a acontecer.

No começo de 1965, Buster nos enviou um cartão-postal contando que continuava tocando com os Upsetters, na turnê de Little Richard. Creio que meu irmão estava morando em Hollywood, Califórnia, havia pouco tempo. Terminada a turnê, Buster deixou o grupo por causa de seus constantes atritos com Little Richard, que reclamava de suas excentricidades no palco, e mudou-se para Nova York, de onde nos ligou. Tive a impressão de que se sentia desgastado e cansado da estrada. Ao me perguntar como estava indo no colégio, caí na risada e respondi "tudo bem", apesar de saber que ele sabia a verdade. Tenho certeza de que papai o colocara a par de minha rápida passagem pelo reformatório.

A despeito de eu varar as noites jogando e aprontando, meu rendimento escolar, de alguma forma, não decaiu. Consegui manter a média acima de 9, e meus trabalhos de arte despertaram a atenção dos professores, que reconheceram meu talento e habilidade para desenhos mecânicos, arquitetônicos e de projetos de engenharia. Meu professor de desenho, o sr. Curtis, de tão impressionado, apresentou alguns de meus trabalhos à Boeing, que realizava um concurso entre todas as escolas de ensino médio de Seattle. Não pensei muito mais no assunto, até o sr. Curtis me chamar à sua sala um dia e me parabenizar por haver vencido o tal concurso, colocando, por extensão, o Colégio Franklin em primeiro lugar. Após me entregar o certificado, num envelope pardo, meu professor completou:

— Parece que a Boeing tem um emprego à sua espera assim que você se formar.

Foi emocionante ouvir a boa notícia, porém eu não pretendia esperar para receber o prêmio. Talvez tenha sido um pouco impulsivo, mas rumei para a Boeing no dia seguinte — munido de meu certificado — disposto a arranjar um emprego. Meu queixo quase caiu quando o supervisor mencionou que o salário seria de cem dólares semanais. Caramba, naquela época era como se eu passasse a pertencer à classe média alta instantaneamente.

Nos prédios gigantescos da Boeing, havia milhares de empregados. O supervisor me levou num tour pelas instalações e então me conduziu por um labirinto de corredores até uma série infindável de cubículos. Enquanto nos dirigíamos a uma mesa no fim da longa fila, lembro de me perguntar como uma pessoa conseguiria encontrar outra naquele lugar imenso.

Se eu ainda não sabia o significado da expressão "queimar as pestanas", estava prestes a descobrir. Todos os dias, quando as aulas terminavam, às três da tarde, corria para pegar o ônibus da Boeing, pois entrava no serviço às três e meia. Encerrado o meu turno de oito horas, tomava o ônibus, voltava para casa e desabava na cama. No dia seguinte, cedo, estava no colégio. No princípio, eu simplesmente adorava o trabalho. Tudo o que precisava fazer era desenhar as mesmas porcas e parafusos todo santo dia, e o processo detalhado não demorou a se tornar automático. Mas a repetição acabou me entediando quando constatei que estava, literalmente, desenhando a mesma porca e o mesmo parafuso todo santo dia. A empresa também exigia que usássemos luvas de tecido para evitar que nossa pele entrasse em contato com o papel e manchasse a tinta. Usar as luvas não seria tão ruim se o salão não fosse tão quente. Era quase impossível não transpirar, e bastava uma gota de suor cair no papel para meu chefe me mandar recomeçar o esboço. Algo capaz de enlouquecer qualquer um. Devia existir um jeito mais eficiente de executar a tarefa, e decidi opinar.

– Ei, cara – falei com o supervisor do meu turno –, temos aquela máquina de Xerox enorme ali no canto. Por que não a utilizamos para copiar todos esses parafusos e porcas?

– Sr. Hendrix, nós construímos aviões aqui na Boeing há muito tempo – ele retrucou, forçando um sorriso. – Confie em mim. Sabemos o que estamos fazendo. A empresa tem uma rotina, e nós a cumprimos.

Lá se foi a minha ideia brilhante! O sujeito não estava a fim de escutar sugestão nenhuma, muito menos saída da boca de um garoto do ensino médio.

Numa noite de primavera de 1965, conversei com meu irmão ao telefone. Ele continuava em Nova York, entretanto sua sorte mudara. E, ao me contar dos projetos interessantes que estava desenvolvendo, pareceu-me feliz como havia muito eu não o sentia. Após voltar a se reunir com os Isley Brothers e participar de uma série de shows, Buster enfim decidira apresentar-se por conta própria. Depois de anos tocando em bandas de apoio, vestindo uniformes e recebendo ordens, achava-se pronto para atuar com independência. Queria ter controle total sobre seu futuro musical.

– Formei a minha própria banda, os Blue Flames, e estou ganhando um bom dinheiro com apresentações semanais – ele me explicou ao telefone. – Meu nome artístico é Maurice James.

– Isso é ótimo, Buster. Mas quando você vai voltar para casa? – perguntei.

– Não sei. Tudo está começando a dar certo para mim nesta cidade. E adivinha só? Também juntei dinheiro suficiente para comprar um carro. É quase igual àquele velho Plymouth que nos levava ao Spanish Castle. É um ótimo carro, apesar do problema na direção. Tenho que girar o volante duas vezes antes que as rodas comecem a se mexer.

Embora desapontado por meu irmão não pretender nos visitar em breve, era bom saber que estava se saindo bem em Nova York. Além do mais, caso viesse a Seattle, eu teria pouco tempo para aproveitar a sua companhia, pois vivia me dividindo entre o trabalho e o colégio.

Algumas semanas de longas horas na Boeing e pouco sono me deixaram completamente exausto e incapaz de funcionar. Minha capacidade de concentração despencou para zero; alguma coisa tinha que ceder. Após analisar as opções, resolvi abandonar a escola. Eu podia trabalhar na Boeing sem um diploma e ganhar dinheiro; ou permanecer na escola e obter um diploma, mas ficar sem o dinheiro. Aquele trabalho e o salário semanal eram demasiado preciosos para eu deixá-los escapar.

Meu pai não se opôs. Ele me considerara um sucesso a partir do momento em que fui premiado com o emprego. Inúmeros dos meus parentes haviam tentado, durante anos e em vão, conseguir uma vaga na Boeing, e papai sabia que seria uma loucura eu não aproveitar o golpe de sorte. Se não desse certo, nada me impediria de, no futuro, retornar ao Colégio Franklin e terminar o ensino médio.

Essa seria a situação perfeita para muitos garotos da minha idade; porém, a despeito de faturar bem com meu trabalho honesto, as ruas insistiam em me chamar. No fundo, não existia nada de que eu gostasse mais do que cair na gandaia com os amigos e apostar nos jogos de azar. De modo que inventei uma nova rotina: batia o cartão de ponto na Boeing, escapulia para o centro da cidade e regressava à empresa à meia-noite, para bater o ponto na hora da saída. A estratégia deu certo por algum tempo, até um dos supervisores perceber o que acontecia e me repreender. Contudo, embora ele passasse a ficar de olho em mim e acompanhar minhas atividades no cubículo mais de perto, não desisti de aprontar. Não tardei a descobrir um lugar, atrás de um dos depósitos, onde um pessoal jogava dados. É assim com jogadores – podem até nos dispersar e tentar nos separar, mas a gente sempre arruma um meio de se reunir e entrar em ação. Portanto, quando eu não estava jogando dados atrás do depósito, via-me na sala dos funcionários, debruçado sobre a mesa de pinball, gastando uma moeda atrás da outra.

Buster telefonava de vez em quando; porém, com aquela minha agenda agitada, eu quase não parava em casa. Papai me contou que ele continuava tocando com sua banda em Nova York. Quando, depois de abandonar os estudos, enfim consegui conversar com meu irmão, achei-o feliz e animado, com novas perspectivas no horizonte. Segundo me disse, sua banda estava faturando cem dólares por semana na época.

– Sabe de uma coisa? Também estou ganhando dinheiro – respondi. – A Boeing me paga 5,25 dólares por hora.

– Legal, Leon. Estou orgulhoso de você.

Mantive minha rotina insubordinada no trabalho, sem, no entanto, enganar ninguém, em particular meu supervisor. A Boeing podia ser incrivelmente grande, com milhares de empregados, mas a gerência se mantinha a par de tudo. No início da primavera de 1966, meu supervisor me convocou à sua sala e me demitiu. Fiquei um pouco decepcionado, ainda que não se tratasse de nenhuma surpresa. Não obstante, considero minha fase na empresa uma enorme conquista para alguém de dezessete anos, em especial alguém como eu, que não possuía muita motivação para me encaixar no papel de trabalhador comum, em período integral.

Papai e o resto da família não acreditavam que eu não levara meu trabalho a sério e fora demitido. Pelo menos ganhei o bastante para comprar um belo Ford Thunderbird.

O ano letivo chegava ao fim e eu não alimentava a menor vontade de voltar para o colégio e terminar o ensino médio. Meus amigos e eu tampouco progredimos na direção esperada – empregos regulares e constituição de família. Pelo contrário, migramos para o centro da cidade. Todos nós tínhamos o mesmo histórico familiar e poucas posses, além da certeza de que ninguém nunca nos daria coisa nenhuma. O único jeito de conseguir o que queríamos era trapaceando, jogando ou vendendo. Eu estava cansado de ser pobre a vida inteira. Quando criança, isso não tivera tanta importância porque eu não conhecia nada melhor; porém, à medida que desenvolvia maior consciência do mundo, mais o fato me incomodava. Além de tudo, o estilo de vida marginal parecia ser algo natural em mim. Desde que me entendo por gente, já apelava para a lábia a fim de escapar das surras. E aperfeiçoei a tática ao longo dos anos. Minha crescente compreensão da arte da malandragem me ensinou algo: a conversa mole me permitia obter o que desejava sem precisar pôr uma arma ou uma faca no pescoço de alguém e roubá-lo. Se você meter uma pistola na cara de um fulano, ele, sem dúvida, lhe entregará o dinheiro que tiver consigo, mas jamais tornará a lhe dar qualquer coisa. Agora, se você usar as palavras certas, o sujeito lhe entregará a mesma quantia e talvez até três vezes mais, antes de descobrir que diabos está acontecendo.

Corria a década de 1960 e todo mundo estava experimentando novas drogas. Tão logo estabeleci conexões sólidas com uns caras do centro de Seattle, pude providenciar diversas substâncias, além da maconha, para os interessados. Era assim que eu ganhava dinheiro, porque sabia onde arranjar qualquer coisa. Fossem metanfetaminas, Black Beauties (combinação de duas anfetaminas) ou uma bela trouxa de erva, não havia problema.

É provável que eu andasse ingerindo tantos comprimidos quanto os que vendia. Mantive distância das Black Beauties, porque interferiam nos meus negócios. As pílulas me desaceleravam e me impediam de realizar as transações da maneira necessária. Não rendia nada passar a noite inteira sentado, na pasmaceira, por causa das drogas. Era importante estar no meio do bochicho, fazendo as coisas acontecerem, faturando e cuidando da minha própria pele. Além disso, os estimulantes me ajudavam a permanecer alerta, com os sentidos aguçados, e na posição onde deveria estar. Outros caras na rua não se cansavam de procurar uma oportunidade para me roubar, sem falar nos tiras que rondavam a área, tentando armar para cima de mim, ou no mínimo me intimidar, para arrancar dinheiro ou drogas.

Embora, tecnicamente, ainda morasse com meu pai, na avenida 26 com a alameda Yesler, eu costumava permanecer até altas horas na rua e preferia reservar um quarto de hotel no centro para facilitar minhas idas e vindas. Às vezes não nos encontrávamos durante semanas a fio, e eu só passava em casa para lhe dar alguma grana, que ele aceitava depois de um bocado de lamúrias e resmungos. Mas não sem antes demonstrar quanto a situação o desagradava. Meu pai sabia muito bem de onde aquele dinheiro saía.

Certa noite, resolvi dormir em casa e deparei com o lugar às escuras. Achei estranho, até descobrir que a eletricidade havia sido cortada. Fato nada incomum, é verdade. Entretanto, ao perambular pelos cômodos, não vi nem sinal dos móveis. Tudo fora levado embora. Parecia que nós nunca tínhamos morado ali.

Quando, enfim, localizei papai, ouvi suas explicações:

– Mudei-me para a casa de uma amiga, filho, na rua Howe, no bairro Queen Anne.

Papai me contou que os dois já estavam juntos havia algum tempo. Sua nova mulher – uma japonesa, Ayako Fujita, conhecida como "June" devido à dificuldade das pessoas em pronunciar seu nome – era mãe de cinco filhos crescidos e independentes. Apenas a caçula, Janie, de três anos, ainda morava com ela.

Fiquei feliz por papai estar com alguém. Quanto a mim, não sabia se iria me sentir confortável nesse novo lar. Como eu praticamente residia em hotéis, ele carregara os meus pertences consigo para a rua Howe. Porém não me interessava correr para a casa da sua namorada. Os hotéis me serviam muito bem. Além do mais, meus amigos e eu estávamos faturando legal. Não existia motivo para desejar uma mudança.

Em geral, depois de um bom negócio, nós descansávamos uns três, quatro meses, e nos divertíamos gastando dinheiro pela cidade, batendo ponto nos melhores restaurantes, comprando as melhores roupas e dando festas. Quando a grana começava a faltar, saíamos atrás de serviço.

Por fim acabei indo morar na nova residência de meu pai. Em setembro de 1966, recebemos um telefonema de Buster à noite, enquanto eu me arrumava para sair. Havíamos conversado pela última vez meses atrás, e meu irmão comentara estar fazendo progressos com sua música em Nova York. Desde então, não tínhamos mais notícias suas. Quando a telefonista informou se tratar de uma ligação a cobrar de Londres, na Inglaterra, papai subiu pelas paredes.

— Você disse "a cobrar de Londres"? Puta merda! Sim, vou aceitar a chamada. — Uma pausa enquanto a telefonista completava a ligação. — Caramba, você sabe ler e escrever, rapaz! Não posso crer que esteja me ligando a cobrar! — Papai o repreendeu na lata.

Com certeza meu irmão devia estar se perguntando por que cometera o erro de nos telefonar. Em vez de simplesmente ficar feliz por falar com aquele filho que se empenhava ao máximo para realizar seus sonhos musicais, enfurecia-se imaginando o tamanho da conta no mês seguinte. As coisas se acalmaram um pouco quando papai me passou o telefone.

Para mim, viajar para Londres era como viajar para outro planeta, e nem sei se teria sido capaz de localizar a cidade no mapa sem titubear. Buster contou estar mudando a grafia de seu nome para J-I-M-I e que Chas Chandler — empresário a quem se associara em Nova York e que, inclusive, tocara baixo com os Animals — passaria a apresentá-lo como Jimi Hendrix Experience. A mim, o nome soou estranho e sem sentido. A Experiência? Não entendi absolutamente nada.

— Escute só isto, Leon. — Depois de colocar o fone na mesa, meu irmão pegou a guitarra e pôs-se a tocar e tocar... e tocar. Até cheguei a largar o telefone por alguns instantes e, quando tornei a segurá-lo, Buster ainda tocava. Se papai tivesse visto a cena, teria enlouquecido. Apesar de ser difícil distinguir o que meu irmão tocava, porque a conexão estava cheia de estática, foi fácil notar que ele estava vivendo um despertar criativo. As ideias lhe vinham em ondas.

— Dei o nome de "Foxy Lady" a essa música... Aqui está outra coisa na qual estou trabalhando, "The Wind Cries Mary"... E uma outra canção, "Purple Haze", vai sair em breve. Tem uma batida legal, mas não é música para dançar, ou algo do gênero. Acho que vamos gravar um disco.

Eu não estava prestando muita atenção. Uma única coisa me passava pela cabeça: "Ótimo. Lá vamos nós de novo". Buster tocar incessantemente não era nenhuma novidade para mim, então os acordes de guitarra ao telefone não prendiam meu interesse. Preocupava-me mais em saber onde iria me encontrar com meus amigos depois. Lembro-me somente dos títulos das canções. Quando meu irmão mencionou estar fazendo uma versão de "Hey Joe", uma música country, quase caí na risada. Nada daquilo tinha sentido. Lembro-me de pensar: "Cara, Buster precisa arrumar um trabalho de verdade, ou sei lá o quê". Isso mostra o tamanho da minha ignorância na época.

Embora durante a semana eu cuidasse das minhas atividades no centro da cidade, nos fins de semana, de vez em quando, ajudava papai nas tarefas de jardinagem. A perspectiva não me entusiasmava, por causa das longas horas e do trabalho árduo, mas pelo menos ganhávamos um dinheiro decente. Papai cortava a grama com a máquina e eu seguia atrás com o aparador, para remover as pontas e garantir que tudo ficasse alinhado. Após limparmos a área, papai deixava a conta na caixa de correio e rumávamos para o próximo serviço.

Papai e eu pouco conversávamos sobre a carreira musical de Buster. Não sabíamos o que o futuro lhe reservava. Eu não pensava muito a respeito. Talvez meu irmão fosse lançar um álbum e sair em turnês, porém nós não tínhamos muita certeza de nada. Buster estava tão longe que não fazia muita diferença para nós.

Não até meados de 1967, quando, sintonizado na rádio WKGR de Seattle, escutei o que se tornaria, com o tempo, um fraseado de guitarra icônico explodindo pelas ondas do rádio. Marcado o ritmo, entraram os vocais... *Hey, Joe, where you goin' with that gun in your hand...* Mesmo me lembrando vagamente de meu irmão mencionar essa canção durante nossa conversa ao telefone, não fiz a conexão. Não me dei conta de que era a sua voz enquanto balançava a cabeça distraído, acompanhando a batida e observando o movimento do trânsito.

– E esse foi Jimi Hendrix Experience com "Hey Joe" – anunciou o DJ ao soar dos últimos acordes.

– O quê? – disse a mim mesmo em voz alta, dentro do carro. – O quê!

Voltei para casa em transe. A despeito do comentário de meu irmão sobre a gravação de um disco, eu ainda não sabia o que pensar sobre o que acabara de escutar no rádio. Caramba, Buster estava no rádio. Mas e se me enganara – e se tivesse entendido mal o que o DJ dissera? Talvez fosse isso. Talvez houvesse me confundido. Assim, convenci-me de que imaginara tudo.

Tive pouco tempo para refletir a respeito porque, ao chegar em casa, surpreendi papai e June no meio de outra discussão. Os dois andavam se desentendendo com frequência, e o clima estava ficando tão ruim que parecia só lhes restar tomar caminhos separados, como num *flashback* das brigas de meus pais. E que efeitos essas desavenças surtiriam sobre Janie, a filhinha de June? Já tendo passado por aquilo quando pequeno, eu estava ciente de não ser uma cena adequada para uma criança assistir. Não tenho certeza do motivo das brigas. Meu pai pagava a maioria das contas e sustentava June e a filha. Entretanto, apesar do apoio financeiro, June estava sempre em pé de guerra com ele. Posso apostar que sua irritação devia-se às bebedeiras de papai, aliás, um problema presente em todos os seus relacionamentos. Meu pai até me confidenciou que precisávamos procurar outro lugar para morar, porque sua separação seria só uma questão de tempo. Então, de repente, ele me disse que iria se casar com June. Essa mudança chocante de rumo não fez muito sentido para mim. Mas ele falava a verdade. De quase se esganarem, os dois passaram a ser marido e mulher.

Em outubro de 1967, meu pai e eu estávamos em casa no intervalo da hora do almoço quando, de súbito, as paredes da sala começaram a vibrar. Os copos e os pratos no armário chacoalharam, tilintando uns contra os outros. Demorei alguns segundos para perceber a causa: a música alta vinda do apartamento ao lado. Algo se apoderou de mim, porque a melodia me soava vagamente familiar. Dessa vez não havia dúvida sobre o ritmo inigualável.

– Pai! – exclamei. – É o Buster!

– Hum? Do que você está falando? – ele indagou, desatento, concentrando-se em calçar as botas. – Vamos arrumar nossas coisas e retornar ao trabalho.

– Não! É sério! É o Buster. Lembra quando ele ligou de Londres contando que passaria a se apresentar como Jimi Hendrix Experience? É a música dele tocando no apartamento ao lado.

Papai parou no meio da sala e ficou ouvindo por um momento, uma expressão confusa no rosto.

– Ora – ele murmurou. – Você está só me provocando. Não pode ser verdade.

– Não! Estou lhe dizendo – insisti, saindo de casa.

Fui para o corredor e comecei a bater na porta do vizinho. Quando o cara que morava lá atendeu, nuvens de fumaça de erva pairavam ao seu redor. Ele e a namorada, Cornflake, eram hippies até os ossos e, quando estavam se divertindo, punham a música no último volume.

– Ei, o que você está tocando na sua vitrola? – perguntei, elevando a voz acima do barulho da música e procurando conter a emoção.

– Ah, isso? É Jimi Hendrix.

– Cara, é o meu irmão nesse disco! – gritei, apontando para o LP preto e brilhante girando no toca-discos.

Atravessei a soleira da porta e vi Cornflake acomodada no sofá com um cachimbo de erva na mão, a fumaça escapando-lhe da boca.

– Cooorta eeessa! – resmungou ela, entorpecida. A princípio o casal estava convicto de que eu estava apenas brincando, mas, depois de baterem os olhos na capa do álbum sobre a mesinha de centro, eles mudaram de opinião. Cornflake arregalou os olhos, pasma. – Oh, meu Deus! Você é a cara dele!

Algumas pessoas talvez não notassem a semelhança de imediato, porém Buster e eu nos parecíamos em muitos aspectos. Embora nosso cabelo e as características faciais fossem diferentes, ambos éramos magros e tínhamos, além de uma tez similar, quase a mesma altura e o mesmo peso.

Nossos vizinhos haviam arranjado um exemplar do disco *Are You Experienced*, de Jimi Hendrix Experience, e o escutavam sem parar. Ao se darem conta de que viviam ao lado do pai e do irmão de Jimi Hendrix, ficaram estupefatos. Convenci-os a me deixar levar o álbum para mostrar a papai. Nada do que eu dissesse iria adiantar se meu pai não visse e ouvisse o disco.

Papai não conseguia fechar a boca enquanto examinava a capa do álbum: a foto distorcida pela lente olho de peixe – mostrando Buster e seus dois companheiros de banda – ocupava o centro, sobre um fundo amarelo brilhante, rodeada de letras gordas e roxas.

– Oh, meu Deus. É ele. É Buster. É o meu menino.

No verso da capa do álbum, outra foto, em preto e branco, da banda. Acho que papai revirou aquela capa dezenas de vezes antes de seus olhos se encherem de lágrimas. As fotos não permitiam quaisquer dúvidas de que era de fato o seu filho, Jimi, em toda a sua glória de astro do rock psicodélico.

Ver meu irmão na capa de seu próprio álbum teve um efeito duradouro sobre mim e reforçou minha autoconfiança. Se Buster podia sair pelo mundo e conquistar o que queria, então eu podia fazer o mesmo. Aquilo realmente me serviu de inspiração. Talvez eu também tivesse a capacidade de deixar a minha marca. Quando éramos crianças, sempre me senti confiante ao estar perto de Buster. Agora, anos depois, ele ainda me transmitia confiança, ainda que a um oceano de distância.

Papai e eu nos esquecemos do trabalho o resto do dia. Cornflake e o namorado vieram ao nosso apartamento. June preparou chá para todos e, juntos, nos sentamos e escutamos o álbum do início ao fim. Terminada a última canção, "Are You Experienced?", nossos vizinhos insistiram para que ficássemos com o disco. Assim que a música cessou, o comportamento de papai mudou em questão de segundos. Ele podia até ter se admirado de Buster haver lançado um álbum e sua foto estar na capa, porém, no fim das contas, continuava não achando graça naquilo. Não importava o que visse ou o que lhe dissessem, para ele aquela coisa de música ainda não era um "trabalho de verdade". Por fim, comentou, levantando-se do sofá:

– Bem, quem sabe? Tem um monte de discos por aí.

Daquele dia em diante, June pareceu se tornar, de repente, a perfeita esposa japonesa. A gritaria e as brigas cessaram. Assim que ela bateu os olhos em Jimi na capa do álbum, tudo foi milagrosamente resolvido e a calma foi restabelecida no apartamento. Não pensei muito no assunto e deixei para lá. Não havia razão para me intrometer na situação e no relacionamento de ambos. Suas brigas haviam me enlouquecido por meses a fio, e eu simplesmente estava feliz por desfrutar de paz e tranquilidade.

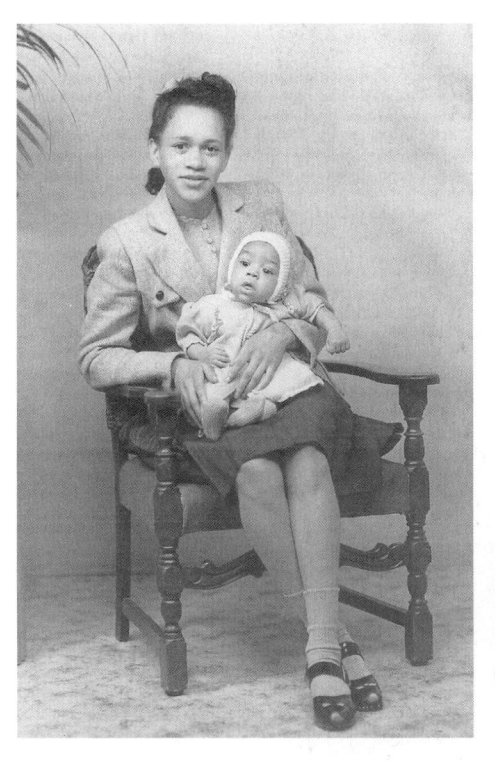

Nossa mãe com o pequeno
Johnny pouco depois de ele
nascer, no início de 1943
(Cortesia de Rockin Artwork LLC)

Eu, no colo de mamãe, e Buster com papai – 1948
(Cortesia de Rockin Artwork LLC)

Eu com dois anos e Buster com sete
(Cortesia de Rockin Artwork LLC)

Meu irmão fazendo pose com seu novo casaco vermelho, que comprou para tocar com os Rocking Kings *(Cortesia de Rockin Artwork LLC)*

Ao lado: Tocando no Festival de Woodstock – 18 de agosto de 1969 *(Crédito: Leonard Eisenberg/ Cortesia de Rockin Artwork LLC)*

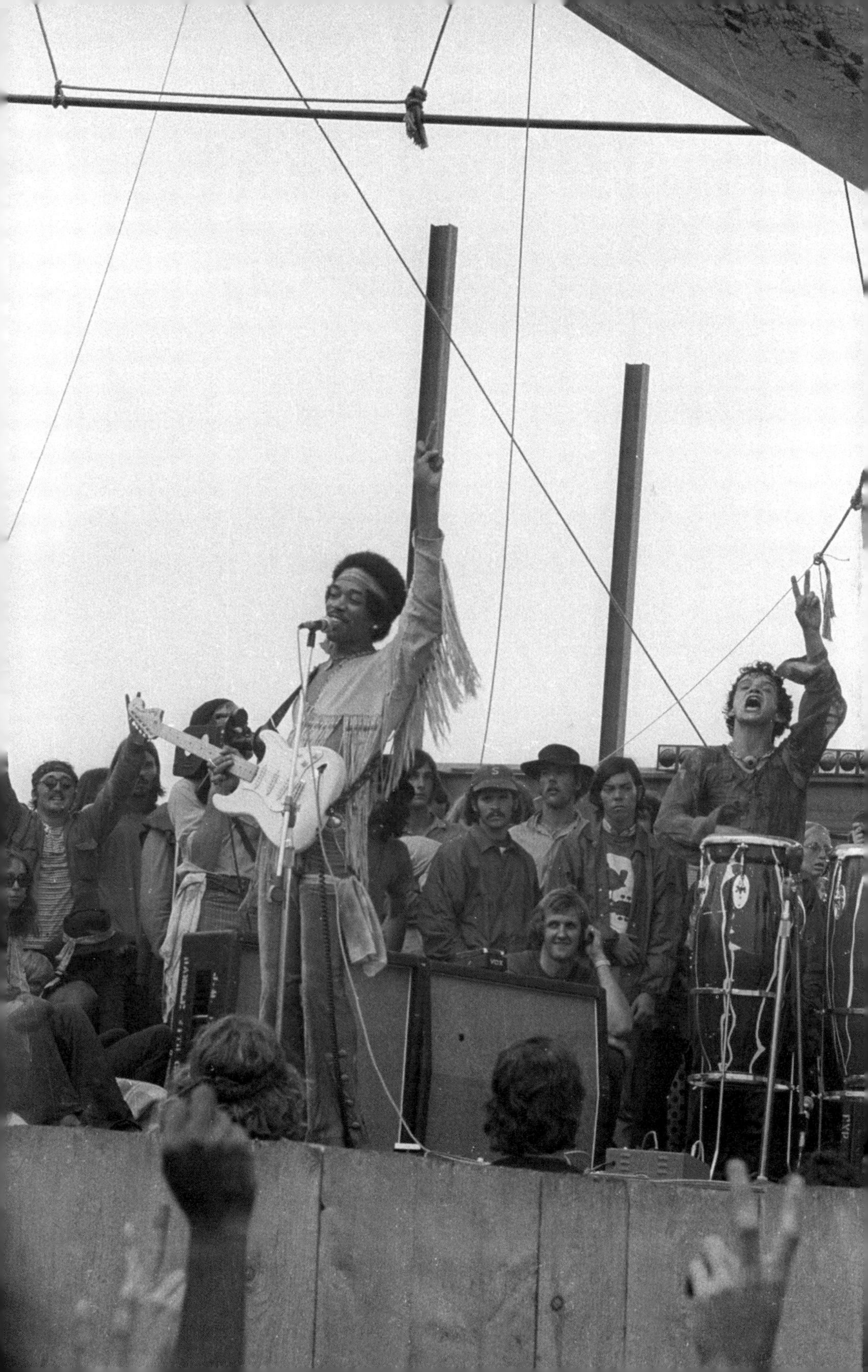

Miami Pop Festival – 19 de maio de 1968
(Ken Davidoff/ Cortesia de Rockin Artwork LLC)

Miami Pop Festival, durante o dia – 19 de maio de 1968
(Ken Davidoff/ Cortesia de Rockin Artwork LLC)

Boston Garden –
16 de novembro de 1968
*(Crédito: Leonard Eisenberg/
Cortesia de Rockin Artwork LLC)*

Meu irmão tocando em Framingham,
Massachusetts – 26 de agosto de 1968
*(Crédito: Leonard Eisenberg/ Cortesia de
Rockin Artwork LLC)*

A morada final de mamãe – Seattle, Washington *(Cortesia de Rockin Artwork LLC)*

Da esq. para a dir., na fileira de baixo: Chandre Green (agregada da família), Jonelle Hendrix (filha), LeAnne Hendrix (filha); *no centro:* Christine Hendrix (esposa e mãe); *na fileira de cima:* Jason Hendrix (filho), o pequeno Jimi Hendrix (filho – nascido no mesmo dia que seu tio Jimi), Alex Hendrix (filho); *no colo de Alex:* Tyrell Green (filho de Chandre), Freddy Narancic (sobrinho) *(Crédito: arquivo pessoal de Leon Hendrix)*

Papai e eu em sua casa, em 2000 *(Jasmin Rogg/ arquivo pessoal de Leon Hendrix)*

Tocando com a minha banda na Itália – 2010 *(Crédito: Cristina Arrigoni)*

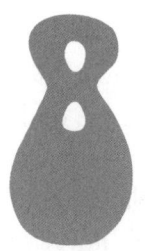

8 Malandro nas ruas de Seattle

Depois de nossos vizinhos nos darem o álbum *Are You Experienced*, eu o ouvia o tempo todo no toca-discos de papai. Vários de meus amigos também curtiam a música, apesar de, no princípio, a maioria não querer admitir isso em público. Como meu irmão era um artista negro que também agradava aos jovens brancos, alguns negros achavam que ser seu fã significava trair a própria raça. A despeito de comentários como esse surgirem nas ruas de vez em quando, nunca lhes dei muita atenção. Tal maneira de pensar me parecia uma bobagem. Aposto que aqueles que mais se queixavam da popularidade da música de Buster entre os brancos tinham o seu disco escondido dentro de um armário e o ouviam em casa, à noite.

Quanto a mim, considerava as canções do álbum algumas das mais belas e comoventes que jamais escutara. Embora "Hey Joe", "Purple Haze" e "Foxy Lady" fossem os hits no rádio, sentia-me atraído pelas mais autobiográficas, como "Manic Depression", que relatava a frustração de Jimi ao perseguir seus sonhos musicais. A letra explicava como ele havia tentado tocar e sentir sua música desde o dia em que desmontara o rádio de papai. Não passávamos de dois meninos naquela época. "The Wind Cries Mary" também me falava de perto porque, ainda que a letra não fosse precisa nos nomes – "The Wind Cries Lucille" provavelmente não soaria tão bem –, eu tinha a sensação de que Jimi desejara transmitir alguns de seus sentimentos mais intensos e reprimidos sobre nossos pais – emoções que ele nunca se permitira expressar durante a infância e adolescência. "3rd Stone from the Sun" lembrava uma ficção científica alucinada, semelhante às histórias que ele me contava quando deitávamos no gramado na frente de casa e ficávamos olhando as estrelas no céu. Meu irmão continuava sendo um explorador, como sempre fora. Em "Are You Experienced?", ele perguntava aos ouvintes até onde estariam dispostos a ir a fim de alcançar os limites da consciência e do subconsciente. Escutar o álbum era como ter aquela conversa importante que nunca havíamos tido quando éramos mais novos.

Também foi interessante notar como as pessoas acreditavam que as letras de Jimi possuíam um determinado significado. Quase desde o início circulavam boatos de que "Purple Haze" tratava de um certo tipo de erva, ou LSD, mas isso não fazia sentido para mim. Na minha percepção, a canção tinha pouco, ou nada, a ver com drogas. Para mim, Jimi escrevera sobre seu relacionamento com Deus e seus sentimentos a respeito da religião. "*Kiss the Sky*" referia-se à oração e à conexão com o mundo espiritual, e a garota que o enfeitiçara era Nossa Senhora. Ela estava mostrando o caminho a Jimi, enquanto ele se esforçava para traçar o próprio caminho. As letras de meu irmão eram maravilhosas, e sua beleza residia no fato de que o ouvinte podia torcê-las e moldá-las para que significassem o que quisesse.

Meu pai e eu chegamos a ver meu irmão em revistas de música e passamos a acompanhar as notícias de sua fama crescente. Devido à espiral ascendente de Jimi, o nome Hendrix ganhou uma enorme atenção em Seattle. Todo mundo queria contratar os serviços de jardinagem de papai. Em virtude da demanda, não precisávamos mais aceitar trabalhos de limpeza de garagens e sótãos. Avançamos na escala, limitando-nos às tarefas de ajardinamento e cuidados com gramados. Famílias judias de classe média-alta, moradoras de bairros mais afastados, queriam os Hendrix atendendo-os em casa. Papai recebia tantas ofertas de serviço que nos obrigávamos a repassá-las a outros profissionais ou, simplesmente, as rejeitávamos por falta de tempo.

A recém-descoberta notoriedade acompanhou-me nas ruas, onde me transformei numa celebridade local. Os figurões da contravenção não só estavam interessados em sair comigo, mas também insistiam em fazer negócios. Todo mundo me procurava para conversar e pedir que eu transmitisse algum recado ao meu irmão, em particular os velhos amigos músicos do colégio, que desejavam uma oportunidade de se reunirem numa *jam session*.

– Quando ele vai voltar para a cidade? – perguntavam-me, quando nós nos cruzávamos.

– Não sei, cara – respondia eu, e era verdade. Todas as peças da engrenagem pareciam estar se encaixando tão depressa para meu irmão que eu não fazia ideia de quais seriam seus próximos passos.

Embora faturasse bem com o serviço de jardinagem, a grana não se comparava ao que eu podia embolsar nas ruas. Além disso, não havia muito agito em passar o dia cortando grama e aparando arbustos sob o sol quente do verão.

Do meio para o fim da década de 1960, Seattle ainda era um território virgem. Ainda na época dos salões de bilhar, segui a progressão natural e passei da venda de baseados e maços de erva para a de anfetaminas. Depois, acabei trilhando o caminho do furto e do roubo, ao me juntar a três caras de rua, Ross, Charlie e Johnny, naturais do norte de Washington, além de um japonês, Dan. Todos eram ladrões profissionais. Dan, inclusive, já milionário na época, era dono de uma bem-sucedida plantação de abacaxis no Havaí. No início, custei a entender por que ele precisava de dinheiro. Mas então percebi que não se tratava de grana. O sujeito era viciado no estilo de vida bandido e na emoção de cometer um crime. Para mim isso era intrigante, pois um único motivo me levava a andar com o grupo e praticar delitos: dinheiro.

No começo eles me permitiram acompanhá-los e me mostraram o básico para me tornar arrombador e ladrão de joias. Seus alvos preferidos costumavam ser restaurantes pequenos aos domingos ou segundas-feiras, quando o faturamento do fim de semana estaria guardado. Esses restaurantes em geral usavam cofres menores, modelos mais fáceis de arrombar. O pessoal não carregava muitas ferramentas, e quase sempre um pé de cabra bastava. Quando perguntei por que não levavam mais equipamentos, Dan limitou-se a me olhar e rir. Também me disse para não me preocupar, pois não precisaríamos de mais nada.

Eu não tinha tanta certeza; porém, ao ver os caras atacarem o primeiro cofre... Na maioria dos modelos menores, onde o metal era soldado e havia as dobradiças, havia um ponto de pressão específico. Quando se atingia esse ponto exato, o metal rachava no canto. Então, com o pé de cabra, aumentava-se a fissura até a frente inteira do cofre se desprender. Eles chamavam esse processo de "descascar uma laranja". Feito isso, restava apenas uma camada de cimento segurando as engrenagens da fechadura no lugar. Com o pé de cabra, lascávamos o cimento, e não sobrava mais nada, exceto as engrenagens nuas. Agora bastava girá-las com a mão e abrir o cofre. Se não pudéssemos abri-lo no local, nós o púnhamos na carroceria do caminhão de Dan – em quatro ou cinco – e o transportávamos para a garagem de alguém, onde terminávamos o serviço.

Evitávamos os cofres maiores e mais complexos porque nossas poucas tentativas de arrombá-los não haviam funcionado. Numa ocasião, trabalhamos durante cinco ou seis horas – até quase quatro da manhã – e, quando enfim o abrimos, não havia *nada* dentro. Dali em diante, decidimos não desperdiçar tempo com roubos similares. Também optávamos por fazer três serviços menores – como restaurantes familiares – em vez de um grande, como uma loja de departamentos ou de produtos eletrônicos.

Nosso maior trabalho rendeu, provavelmente, cerca de 35 mil dólares, divididos entre nós. Ficamos tão felizes com o butim que permanecemos no restaurante depois de aberto o cofre e preparamos uma refeição. Até tomamos uns coquetéis no bar para comemorar, gargalhando feito um bando de doidos.

Com certeza metade da motivação de roubar bancos e lojas era o dinheiro, porém a outra metade eu chamava de *jazz*: a adrenalina de enganar as autoridades e escapar com o saque. Muitas vezes me surpreendi rindo enquanto fugíamos, tomado pela excitação do perigo. Qualquer um com esse tipo de vício lhe dirá que, depois de metido na farra da malandragem, a tendência natural é forçar a sorte ao máximo até ser preso – ou morto.

Um policial patrulhava a maior parte da área onde operávamos, assim tratamos de cultivar sua amizade. Foi a maneira mais fácil de ter certeza de seus horários e itinerários. O policial não constituía, de jeito nenhum, uma ameaça para nós. Aliás, meus amigos e eu brincávamos a respeito da facilidade com que agíamos no centro. No princípio, não tínhamos nada com que nos preocupar em qualquer ponto da cidade, mas isso mudou um pouco com a entrada dos detetives Walter e Hightower em cena. Apesar de cientes de que estávamos aprontando, eles nunca conseguiram nos pegar agindo contra a lei. Portanto, os considerávamos mais um incômodo do que uma ameaça real.

Os dois tampouco podiam contar com o auxílio dos estabelecimentos comerciais na tentativa de nos prender. Praticamente nenhum prédio do centro possuía sistemas de alarme, e havia poucos seguranças de plantão. Além disso, os guardas que trabalhavam na região geralmente mantinham uma convivência amistosa com alguém da nossa turma. Se conseguíamos invadir um local sem ser detectados e arrombar o cofre, sair não seria difícil. Nada nem ninguém nos impediria.

Depois de nosso grupo realizar uma série considerável de roubos, limpando algumas lojas judaicas como Weisfield e Ben Bridges, acabamos conhecendo todos os principais contraventores e bandidos que agiam no centro de Seattle. Era rentável conhecê-los, porque, quando terminávamos o serviço, aquela turma comprava a mercadoria com dinheiro vivo, em pilhas de notas. Entregávamos um monte de malas cheias de mercadorias e, em troca, recebíamos às vezes quinze ou vinte mil dólares para dividirmos.

Nos dias que se seguiam ao serviço, lá estavam os detetives Walter e Hightower atrás de nós aonde quer que fôssemos, como cachorrinhos nos nossos calcanhares.

– Vocês acham que são espertos, não? – perguntou-nos um dia o detetive Hightower. – Sua sorte vai mudar. E, quando isso acontecer, meu parceiro e eu estaremos a postos para prendê-los.

A despeito de todo esse papo, ninguém tinha medo dos detetives. Eles precisariam estar dispostos a agir quando nosso bando agia, não raro de madrugada. Apesar de todo o palavrório e das ameaças, faltava-lhes o empenho necessário para obter alguma prova contra nós. E éramos arrogantes demais para pensar, ainda que por um instante, que alguém podia nos deter. Mesmo quando nos descuidávamos e cometíamos deslizes, não havia ninguém por perto para testemunhar o que fazíamos. Fomos muito além de audaciosos e chegamos ao ponto de bastar um de nós ver algo que o agradasse numa vitrine para nossas ferramentas entrarem em ação. Em cinco segundos entrávamos no lugar e, em quinze, saíamos, com os braços abarrotados.

Sempre que meus bolsos estavam cheios de grana, eu rumava para a Lord's, loja especializada em roupas masculinas. Ia lá com tanta frequência que me tornei próximo da equipe de vendedores. Meus dias de vestir roupas de segunda mão haviam ficado no passado. Agora eu envergava ternos de seda, trajes esporte fino caros e sapatos de couro de crocodilo. A mulherada reparava em mim. Mais popular do que nunca, eu sempre tinha uma mulher elegante ao meu lado quando ia aos clubes.

Meus preferidos costumavam ser o Green Felt e o 211 Club. Logo descobri que muitos pilantras e jogadores de bilhar eram bem melhores do que eu. Embora eu tivesse jogado bilhar a maior parte da minha vida, esses caras chegavam, me davam até algumas bolas de vantagem, e então me limpavam. Assim, em vez de tentar vencer umas poucas rodadas e talvez ganhar uma ou outra aposta, resolvi me retirar das disputas e apoiar os cobras. Depois de me associar a dois incríveis jogadores, Iceberg Slim e Shorty, começamos a faturar. Parecia que nunca perdíamos. E, quando não havia ninguém à mesa de bilhar, sempre rolava um jogo de dados num canto do clube.

Além do que eu ganhava nas ruas, meu irmão também nos mandou dinheiro – o suficiente para papai comprar uma bela casa em Seward Park. A despeito do grande passo que foi sair do apartamento e do fato de agora ter meu próprio quarto e não precisar mais dormir toda noite no sofá, eu ainda me ausentava bastante. No entanto, a nova casa significou muito para papai, porque, pela primeira vez, fomos capazes de sair do centro e nos mudarmos para um bairro abastado.

Com o ano de 1967 perto de se encerrar, cartazes e *outdoors* espalharam-se pela cidade, anunciando que "Jimi" finalmente voltaria a Seattle para um show. A notícia estava em todas as rádios e jornais. A apresentação explosiva de meu irmão no Monterey Pop Festival, no início do verão de 1967, já havia abalado o mundo da música, e seu álbum, *Are You Experienced*, ocupava o primeiro lugar das paradas. Não se podia ligar o rádio sem ouvir canções como "Purple Haze", "Foxy Lady" e "Hey Joe". Era para valer: meu irmão convertera-se num dos maiores astros de rock do planeta. Enfim alcançara o sucesso musical que sempre desejara, e emocionei-me pensando que logo iríamos compartilhar isso. Meu pai e eu mal podíamos esperar pelo nosso reencontro com ele.

Na manhã de 12 de fevereiro de 1968, uma multidão considerável ocupava o Aeroporto Seattle-Tacoma (Sea-Tac) quando chegamos lá para buscar meu irmão.

– Que será que essa gente toda está fazendo aqui? – papai perguntou, ingenuamente.

– Ora, pai – respondi. – Eles estão aqui para ver o Jimi.

Meu coração pulou no momento em que meu irmão desceu do avião. Jimi foi o último passageiro a desembarcar. Mais tarde, ele me contou que seu hábito era permanecer sentado até a tripulação abrir a porta da cabine e a maioria dos outros passageiros já terem desembarcado.

– Não há nenhuma razão para ficar de pé, debruçado em cima de tudo, por dez minutos, se ninguém tem permissão para sair do avião.

Papai e eu havíamos aguardado a visita de Buster durante um longo tempo. Fazia quase sete anos que não o víamos, desde que dera baixa no exército e, atrás do sonho de se tornar músico profissional, rumara para o sul do país e então viajara para Londres. Agora, ali estava ele, rodeado de fotógrafos insistentes, jornalistas ansiosos por notícias e fãs enlouquecidos. Apesar de desacostumados a entrevistas e fotos, nos esforçamos ao máximo para lidar com o caos que nos cercava.

No que nos dizia respeito, estávamos no aeroporto para buscar meu irmão; para o resto das pessoas, tratava-se de uma chance de vislumbrar um astro do rock – ou melhor, o astro de rock do momento.

A jaqueta de couro preta da moda, a calça de veludo boca de sino da mesma cor, o chapéu e o lenço colorido formavam um conjunto impactante. Quando nos víramos pessoalmente pela última vez, Buster era um soldado do exército, envergando uma farda impecável, mas esses dias havia muito pertenciam ao passado. Fiz questão de encarnar o perfeito malandro para ir ao aeroporto: blazer, óculos de aro fino e chapéu bacana. Porém, não cheguei nem perto do estilo único de meu irmão. Do lado de fora do terminal, nos medimos de alto a baixo por alguns segundos.

– Ei, Buster – gritei, abrindo os braços. – Como vai você?

Com um largo sorriso, ele me abraçou.

– Cara, você está maneiro, Leon. – Minha aparência em nada lembrava a do garoto imberbe de quando nos encontráramos pela última vez. Não creio que Jimi estivesse preparado para o meu tipo pilantra.

– Você está estiloso também – falei. Depois de olhá-lo mais uma vez, percebi que precisava atualizar meu guarda-roupa. Queria ter um visual *cool* como o dele.

As pessoas se juntaram ao nosso redor, e os flashes dispararam quando meu irmão apertou a mão de papai e abraçou forte tia Ernestine, que, acompanhada de tio Ben, fora ao aeroporto apenas para vê-lo.

Jimi seguiu de carro conosco para a casa em Seward Park. Por alguma razão, papai passou a contar-lhe o que eu andara aprontando desde sua partida.

– Leon tem um monte de namoradas espalhadas pela cidade – anunciou ele, fitando meu irmão, acomodado ao meu lado no banco de trás, pelo espelho retrovisor.

– Ah, qual é, deixa isso pra lá – retruquei, girando os olhos.

– Seu irmão roda a cidade inteira se metendo em apuros com a lei e envolvendo-se com o que não deve. Diabos, só o vejo uma, duas vezes ao mês, porque o que lhe interessa é só rua.

Se papai esperava arrancar alguma reação de Buster, não conseguiu nada. Meu irmão não podia se importar menos com as encrencas que eu arrumava. Que será que papai imaginava que Jimi, um astro do rock, fazia quando caía na estrada? A despeito de papai continuar a tagarelar, meu irmão o ignorou e pôs-se a recitar letras de suas canções para mim.

– Este é apenas o começo, ou poderia ser o fim – disse-me com um sorriso.

Apesar da passagem dos anos, foi fácil retomarmos de onde havíamos parado. Jimi parecia feliz de estar em casa, e nós dois não conseguíamos entender como tanto tempo transcorrera sem que nos víssemos. Para mim, Buster continuava o mesmo de sempre. Ele era humilde demais para que o dinheiro, a fama e o sucesso afetassem sua personalidade. Infelizmente, não tivemos muita oportunidade de ficar a sós, porque, em casa, havia uma batelada de amigos e familiares à nossa espera. Todo mundo sabia que Jimi, enfim, retornara a Seattle. Além de tia Ernestine e tio Ben, havia as filhas de June – Janie, Donna, Marsha, Linda – e nossa prima Jackie. Alguns vizinhos também apareceram, curiosos para descobrir o motivo do alvoroço. Animado, papai queria mostrar a Jimi o lugar agradável onde agora morava, porém não houve muito tempo para relaxar. Era gente demais para meu irmão conhecer e cumprimentar. Ele ia sendo puxado para lá e para cá, e o ambiente ficou ainda mais agitado com a chegada de seus velhos amigos. Logo abrimos uma garrafa de Seagram's Seven do papai e começamos a beber.

No final da tarde, um dos caras da equipe de Jimi passou para lhe entregar algumas de suas guitarras. Meu irmão me chamou para o quarto dos fundos, onde as tinha colocado sobre a cama. Um dos estojos já estava aberto, exibindo uma bela Fender Stratocaster branca, nova em folha.

– Vou lhe dar um presente. Quero que você tenha uma guitarra. – Só que Buster não pegou a Stratocaster branca nova, mas abriu um estojo diferente, preto e arranhado. Dei a volta na cama e vi uma Fender Stratocaster *sunburst*. Senti-me grato pelo presente, mas preferia a branca polida.

– Obrigado, Buster. Mas... hum, e aquela guitarra branca ali? – indaguei com um sorriso.

Jimi riu.

— De jeito nenhum. Você nem sabe tocar, cara. Pode começar com esta aqui e ir melhorando. É uma Fender '64 muito boa.

Depois de meu irmão juntar suas coisas, um sujeito, Michael Jeffrey, estacionou em frente à nossa casa. Mike e Chas Chandler empresariavam Jimi e controlavam tudo o que ele fazia. Para mim, Mike, com seu cabelo tosado, o rosto escanhoado, terno distinto e óculos escuros, assemelhava-se a um tira disfarçado e, com certeza, desempenhou o papel de controlador com excesso de zelo. Desde o momento em que o conheci, revelou-se frio e distante. Recusava-se a conversar comigo ou com qualquer outra pessoa de nossa família, e, na maior parte do tempo, só falava diretamente com Buster. Nas poucas vezes em que se dirigiu a mim, soou objetivo e agressivo. Era evidente que não se interessava em trocar gentilezas com nenhum de nós. Mike tentou me separar de Jimi desde o início. Tive a impressão de que não fora favorável ao regresso de meu irmão a Seattle por não desejar a interferência de nossa família. No seu modo de pensar, atrapalhávamos o que ele estava tentando fazer. Na estrada, acostumara-se a dar ordens ao meu irmão; porém, em casa, Buster estava disposto a passar mais tempo conosco. Assim, naquele momento ele discordou de Mike, provavelmente pela primeira vez na vida.

— Nós iremos nesta limusine para a passagem de som, e Leon e sua família seguirão mais tarde em outro carro, para assistirem ao show — ele disse a Buster.

— Como assim? — respondeu meu irmão. — Qual o problema de Leon ir na limusine conosco?

— Acho que seria melhor se fôssemos apenas nós dois, para conversarmos um pouco de negócios.

— Podemos fazer isso em outra hora, Mike. Vamos, Leon. Venha comigo.

Entrei no veículo com Jimi e a conversa se encerrou. Como papai e o resto da família não demonstraram disposição de ir cedo para o local do show, seguiriam em outra limusine mais tarde.

A equipe de apoio ainda estava montando o palco quando chegamos ao Center Arena e rumamos para os bastidores. No camarim, já cheio, as pessoas serviam-se de sanduíches, refrigerantes e bebidas alcoólicas do bufê. Embora eu nunca o tivesse visto preparar um drinque, Buster sempre conservava uma garrafa de Johnnie Walker Red Label nos bastidores. Ele me apresentou aos seus dois companheiros de banda, o baixista Noel Redding e o baterista Mitch Mitchell. O sotaque inglês deles era tão pesado que mal consegui entender o que diziam, mas ambos me pareceram legais, em especial Noel. Desde o princípio ele foi gente boa e, em geral, era o único que conversava comigo. Noel dava a impressão de ter os pés no chão e não se preocupava em fazer tipo. Mitch Mitchel e a maioria dos *roadies* adotavam uma postura bastante retraída e não se interessavam em jogar conversa fora. Noel e Mitch se relacionavam com meu irmão de uma maneira bem diferente daquela de seus velhos amigos da cidade. Quando o chamei de Buster, Mitch e Noel se mostraram confusos, não tendo ideia de quem fosse o tal Buster. Para nós, meu irmão sempre fora Buster, e agora o pessoal que o cercava só o chamava de Jimi. Assim, quando na companhia da equipe de apoio e dos empresários, passei a tratá-lo de Jimi também, para evitar confusão. Acabava sendo uma chateação ter que explicar quem era Buster quando eu o chamava assim. "Jimi" era mais fácil.

Meu irmão andou um pouco pela área dos bastidores e, então, pegou algumas de suas guitarras para encordoá-las e afiná-las. Ele sempre apoiava a cabeça na parte superior do corpo do instrumento para ouvir as notas e sentir a vibração. Vê-lo nessa posição me lembrou da nossa infância, quando Jimi encostava a cabeça nos pés da velha cama de ferro após amarrar os elásticos e fios de arame.

Sentei-me ao seu lado enquanto ele se aquecia até o convocarem ao palco para a passagem de som. Perambulei pelos arredores durante a passagem da bateria, o que pareceu durar uma eternidade. Toda vez que ajustavam os níveis, tornavam a modificá-los. Uns cinquenta membros da equipe de apoio corriam de lá para cá, como formigas trabalhando febrilmente. Os caras marcavam o palco com fita adesiva, escutando o sistema de som por meio de fones de ouvido e ajustando as luzes. Essa produção complicada estava a anos-luz de distância de uma apresentação de sábado à noite no Black and Tan. Jimi plugava sua guitarra, tocava alguns acordes e só. Estava pronto para mandar ver.

Por volta das quatro da tarde, entramos na limusine e regressamos à casa de papai. June preparou frango agridoce e arroz frito para todos. A refeição, contudo, não se estendeu muito, e meu irmão e eu relaxamos no porão, fumando um baseado e aguardando a limusine vir nos buscar às oito. No Center Arena, rumamos para o camarim. Discreto, Jimi me puxou de lado e tirou algumas pílulas de LSD do bolso do colete.

– Guarde isso para mim até depois do show. Não tome nada agora. Espere para tomarmos juntos mais tarde.

– Claro, Buster. Combinado.

Talvez não tenha sido a melhor decisão, mas naquele momento eu menti. A excitação e a expectativa do show com ingressos esgotados foram demais para mim, e não consegui resistir. Ao contemplar o invólucro amassado na minha mão, contendo um pedacinho de mata-borrão em formato de pílula embebido de ácido, senti, no mais íntimo de meu ser, que um passeio alucinante estava prestes a começar. Como eu nunca ingerira LSD antes, estava tremendamente sintonizado e ciente dos efeitos graduais que se aproximavam. Minha viagem pode ter começado leve e suave, porém dali a meia hora era como se um trem de carga tivesse vindo para cima de mim. No momento em que pensei em me servir de uma bebida e desacelerar, papai surgiu nos bastidores.

Tão logo me avistou, franziu a testa e caminhou na minha direção.

– O que você está fazendo aqui, Leon? Deveria estar lá na frente, com o resto do pessoal.

– Estou com Buster, pai. Estamos matando o tempo aqui.

– Matando o tempo? Você está é se intrometendo nos negócios dele e não fazendo nada exceto o amolar.

– Não, não é isso. Buster me pediu para ficar aqui. Você deve ir sentar-se lá na frente com o resto da família e assistir ao show. É aqui que eu quero ficar.

Assim que Buster subiu ao palco, me postei na coxia para espiá-lo. Pela primeira vez na vida, eu estava exatamente onde desejava estar. Naquela noite, assisti a meu irmão tocar a mais bela e poderosa música possível, para mim. A última vez que o vira se apresentar ao vivo, ele ainda tocava covers com os Rocking Kings e Thomas and the Tomcats. O que Buster criava agora era algo completamente diferente. Testemunhei, em primeira mão, o que estava enlouquecendo o resto do mundo. Da coxia, vi meu irmão levar a galera ao delírio. Ele desfilou pelo palco como um pavão e atacou sua guitarra de todas as formas imagináveis – tocou-a com os dentes, nas costas, entre as pernas e sobre a cabeça. Talvez mais do que qualquer um dos presentes, eu sabia que Jimi se preparara a vida inteira para estar no palco, numa casa lotada e vibrante com a gritaria do público. Como sempre fizera, Buster exprimiu suas emoções mais profundas através da guitarra e permitiu que sua verdadeira personalidade brilhasse. Ninguém, ninguém mesmo, era capaz de tocar como Jimi.

Olhando para o rosto expressivo dos fãs, percebi facilmente como estavam encantados, fascinados. Bem na frente, Marsha, Linda e Donna, filhas de June, seguravam uma faixa gigante onde haviam escrito: BEM-VINDO AO LAR, JIMI! COM AMOR, SUAS IRMÃS. A multidão tentava entender o que Buster fazia com a guitarra e, assombrada, escutava os longos trechos de improvisação. A música de meu irmão não era jazz, tampouco era rock'n'roll puro. E, com certeza, também não era R&B ou o bom e velho soul. No palco, Jimi ia misturando, de modo primoroso, diversos gêneros musicais numa forma perfeita, pertencente a uma categoria completamente nova. Por breves instantes, podia-se detectar cada uma de suas influências musicais nas canções, pois elas incorporavam pinceladas de tudo.

Enquanto o acompanhava, atento, da coxia, experimentei uma forte sensação de estar flutuando. O efeito do LSD atingira o pico. Inspirei fundo e procurei relaxar; todavia, ao fitar meus pés, de repente me dei conta de que *pairava* acima do palco. Num movimento fluido e gradual, ergui-me ainda mais alto, até alcançar as vigas do teto. Quando enfim parei de subir, meu irmão flutuava ao meu lado. De cima, olhamos para baixo e nos observamos. Como aquilo seria possível? Jimi estava lá embaixo, tocando com a sua banda. Não estava? Era o que eu sabia ser verdade. Entretanto, com a minha cabeça pegando fogo, já não me achava tão seguro. Do alto, e com os olhos arregalados, me vi na coxia, assistindo ao show. Como podia estar em dois lugares simultaneamente? Aquela foi a minha primeira experiência de projeção astral e de deixar o corpo físico. Quando encarei meu irmão, ao meu lado, ambos caímos na risada. Sentia-me excitado, ansioso e com medo de morrer, tudo ao mesmo tempo. Metade de mim queria voar ainda mais alto, enquanto a outra metade queria recuar para a segurança do palco o quanto antes.

Durante uma pausa entre as músicas, o medo por fim assumiu o controle e o pânico atravessou meu corpo como uma corrente elétrica. Estávamos alto demais. Se caíssemos no palco, morreríamos. Na hora em que o pavor crescente ia transformando o barato numa viagem ruim, tive a impressão de que um interruptor foi acionado e me descobri de volta ao meu corpo, na coxia. Ao perceber que parara de flutuar, olhei para o teto, a fim de conferir se Jimi continuava lá. Ele se fora; apenas cabos e fios dependuravam-se das vigas.

Muita gente talvez diga: "Sem essa, cara, você só estava chapado". Com certeza, mas, ainda assim, naquele momento aquilo foi uma experiência muito vívida e real. Fazendo um retrospecto, é claro que atribuí as sensações ao ácido, uma vez que se tratava da minha primeira experiência fora do corpo. No entanto, eu senti aquilo como se fosse de verdade.

Enquanto eu viajava com o LSD e assistia a meu irmão eletrizar o público até o fim da apresentação, de repente, tudo passou a fazer sentido – as imagens, os sons e as percepções intensificadas de estar no show. Eu me sentia exatamente no meio da Jimi Hendrix Experience, a experiência de Jimi Hendrix. Desnecessário dizer que o show me desbundou. A performance de Jimi era uma exibição de pura liberdade. Ele levara a música e tudo mais para uma direção e um patamar completamente novos. Todos queriam saber de onde saíra um artista tão original e inovador.

Naquela noite, escutei os mais variados tipos de perguntas malucas vindas da multidão. As pessoas tentavam processar e justificar o que haviam visto no palco.

– Jimi usa drogas o tempo inteiro?
– Jimi vive bêbado?
– Jimi é louco?

Após o espetáculo, Gerry Stickells, responsável pela turnê, imediatamente se reuniu com o *promoter* e recebeu uma maleta cheia de dinheiro, o cachê de Jimi. Eu não tinha ideia de quanto havia ali. Naquela época, pagava-se o artista em dinheiro vivo, minutos depois do encerramento do show.

Jimi e eu pulamos na limusine dele e partimos para o sofisticado Olympic Hotel, onde nos registramos numa suíte imensa, de dois quartos. Durante o trajeto até o hotel, bastara meu irmão me dar uma olhada para saber que eu tomara o LSD sem esperá-lo. Mas não se zangou e limitou-se a sorrir. Na suíte, Herb Price – assistente pessoal de Jimi – já estava arrumando suas roupas e desembalando seus pertences. Nas turnês, meu irmão viajava com inúmeras malas repletas de acessórios e roupas de palco feitas sob medida. Não seria possível mantê-los organizados sem Herb.

A festa já estava no auge quando nosso pai, June e Janie apareceram. Não creio que Jimi os tivesse convidado, porém, de algum jeito, papai achou o caminho do hotel.

Por volta da meia-noite, meu irmão me pediu que acionasse o serviço de quarto. Sugeri que pedíssemos filé-mignon para todos; papai surtou.

– Caramba, Leon, seu irmão não tem dinheiro para isso. Deve haver alguma máquina de venda automática por aí. Podemos comprar alguns petiscos.

– Pai, olhe bem para o lugar onde você está – falei, apontando a suíte gigantesca. – Fique tranquilo. Buster me mandou pedir comida para todo mundo e vou fazê-lo.

– Não, não, não – teimou papai. – Você não vai fazer nada.

Ao nos ouvir discutir do outro lado da sala, Jimi interveio:

– Pai, deixe o Leon cuidar disso. Venha se sentar no sofá e assistir à tevê ou relaxar.

Felizmente papai recuou quando Jimi bateu o pé. Não importava aonde nosso pai ia, ou o que testemunhava; parecia não conseguir acreditar que seu filho tivesse dinheiro. Mesmo depois de Jimi lhe dar uma casa e um caminhão novo em folha, ainda tinha suas dúvidas. Jimi e sua banda haviam feito um show com ingressos esgotados poucas horas atrás, e papai não estava seguro de que Jimi alcançara o sucesso. O preço dos longos anos de luta fora alto demais, e meu pai custava a se convencer de que Buster não precisava mais contar os centavos. Agora que Deus, finalmente, atendera às suas preces e abençoara Jimi com uma vida incrível, papai estava quase temeroso da realidade.

Após tanto tempo morando em hotéis do centro, eu estava acostumado a lidar com o serviço de quarto. Conforme planejado, pedi filé-mignon, além de crème brûlée e algumas garrafas da melhor champanhe. Cada vez que eu citava um item para a telefonista, meu pai me interpelava do sofá. Por fim, abaixei o fone e falei:

– Você está louco? Fique quieto!

Depois de tanto palavrório, não o escutamos dar mais nem um pio quando o jantar chegou e papai traçou o delicioso filé-mignon.

À medida que a festa avançava, Jimi exercia a sua mágica sobre duas garotas, mas também percebi que ele estava se entendendo particularmente bem com a filha de June, Marsha, que era muito atraente. No sofá, papai, June e Janie permaneciam sentados, como um trio de estátuas, olhando para todos sem nada dizer. Aquele tipo de cenário causava-lhes algum desconforto e não sabiam como interagir com os presentes. Jimi não ergueu a voz ou lhes dirigiu a palavra. Se eu o deixasse encarregado da situação, é provável que os largaria ali plantados a noite inteira. Mas, quando olhei o relógio e vi que logo seria uma hora da manhã, decidi agir.

– Pai, podemos conversar um instante? – puxei-o de lado. – Veja, a maioria das pessoas já foi embora, e Jimi e eu pretendemos sair. Além disso, Janie é muito pequena e precisa dormir. Já está tarde.

Por sorte, papai aceitou a sugestão, pois sabia exatamente do que eu estava falando.

Papai, June e Janie saíram; Marsha, porém, ficou conosco. Foi fácil notar que ela se sentira atraída por Jimi desde o momento em que se conheceram. Não demorou e os dois escaparam para um dos quartos, enquanto eu e uma das garotas nos fechamos no outro.

Na manhã seguinte, acordei sozinho na suíte do hotel. Mais tarde descobri que meu irmão e Marsha tinham voltado para a casa de papai logo cedo porque, às sete da manhã, um jornalista local, Pat

MacDonald, passaria lá para buscar Buster e levá-lo a uma palestra agendada no Colégio Garfield. Aposto que o sujeito ficou um tanto preocupado ao constatar que Jimi não tomara banho e ainda estava com as mesmas roupas da noite anterior. Sem mencionar que meu irmão estava curtindo uma ressaca brava. Perdi a ida ao Garfield e, quando nos encontramos no final da tarde, Jimi não se mostrou muito feliz com o resultado da experiência – fora um desastre, segundo ele.

– Cara, ir lá sem minha guitarra foi um pesadelo – desabafou, jogando-se ao meu lado no sofá do porão. – A escola inteira estava reunida e me fazendo todo tipo de perguntas inúteis. Não via a hora de ir embora.

Meu irmão, longe de ser um orador nato, *precisava* de sua guitarra diante de uma plateia. Esse era o seu negócio. Dar uma palestra ficava a anos-luz da sua zona de conforto. Fiquei chateado por ele, porque, sem dúvida, aquele não fora o retorno triunfal que imaginara à sua antiga escola.

Jimi dormiu no porão algumas horas. Então, Mike Jeffrey chegou e declarou estar na hora de partir. Meu irmão deveria pegar um voo no Aeroporto Seattle-Tacoma para Denver, Colorado, onde realizaria seu próximo show, na Universidade Regis. Antes de sair, Buster me deu um exemplar de seu álbum mais recente, *Axis: Bold as Love*, e comentou sobre uma música chamada "Castles Made of Sand".

– É uma canção sobre nós dois deixando de ser crianças – explicou.

Nós o levamos ao aeroporto no carro de papai. Seu regresso ao lar fora um turbilhão que durara somente pouco mais de 24 horas, mas aproveitáramos cada momento ao máximo. Eu odiava vê-lo ir embora tão depressa, porém compreendia que estivesse ocupado.

Já em casa novamente, escutei "Castles Made of Sand". Como Jimi dissera, a letra contava um pouco da história de nossa infância. A primeira estrofe falava de mamãe largando nosso pai definitivamente, após o acidente de carro. As palavras de Jimi trouxeram de volta a lembrança vívida daquele dia. Surpreendi-me ao me descobrir como o personagem principal da segunda estrofe, que falava do "pequeno índio valente" que fora arrebatado num "ataque surpresa" antes de completar dez anos. Isso acontecera exatamente quando papai se vira forçado a me colocar num lar substituto, sob os cuidados da família Wheeler. A parte mais poderosa da música era a terceira e última estrofe, que relatava a morte de nossa mãe e contava como a tínhamos visto pela última vez no hospital. Ela era a mulher jovem que estava "mutilada para sempre" na cadeira de rodas. A música terminava de forma brilhante com a jovem saltando para dentro de uma "nave dourada" e voando para longe e para sempre. Jimi encaixou as palavras perfeitamente, porque era exatamente assim que eu queria imaginar mamãe lá em cima, no céu.

6 de setembro de 1968

Não muito tempo depois de partir para continuar a turnê, meu irmão me enviou cinco mil dólares e, ao papai, dinheiro suficiente para comprar um Chevrolet Malibu '68 e uma caminhonete GMC '68 com motor V-8, ambos zero quilômetro. Nunca vi meu pai tão feliz quanto no dia em que saiu dirigindo cada um de seus belos carros novos da concessionária.

Entretanto, após seu concerto de regresso ao lar, não recebemos mais muitas notícias de Jimi. Era quase impossível ele manter contato conosco, por causa da agenda carregada de shows e das gravações em estúdio. Mas, de vez em quando, Buster nos telefonava para contar como andavam as coisas. Como havia sempre algo interessante rolando nas ruas de Seattle, acontecia de meu irmão ligar e não me encontrar.

Os riscos estavam ficando maiores para mim nas ruas. Nosso grupo procurava sair de circulação por uns dois, três meses, entre um serviço e outro. Porém, controlar meu vício na adrenalina jamais foi fácil. Bastava alguém da turma armar uma operação, e voltávamos à ativa. Apesar de insistirmos na importância de só realizar trabalhos menores, um de nós surgiu com a ideia de assaltar uma grande empresa, a Wyeth Laboratories, fabricante de pílulas para emagrecer, as "anfetaminas". De acordo com os boatos, eles guardavam em torno de um milhão de comprimidos no prédio. Esse tipo de anfetamina era o melhor estimulante existente e era a onda do momento. Embora eu pudesse tomar um monte dessas pílulas e permanecer acordado por dias, trapaceando e jogando, quando o efeito passava, sentia uma dor indescritível. As articulações e os músculos doíam como o diabo. Não era uma cena bonita.

Depois de ter investigado a Wyeth por cerca de uma semana, nossa equipe entrou exatamente como havia planejado. Rumamos direto para a sala dos fundos e começamos a vasculhar caixas e mais caixas de diferentes drogas.

– Qual é mesmo o número? – perguntei a Dan, que revistava as prateleiras.

– Nove oito três meia dois... acho.

– Você *acha*?

– Ou é 98362, ou 98367. Por que eles simplesmente não escrevem "anfetamina" nas caixas, ou algo assim?! – exclamou ele.

Não só todas as caixas pareciam iguais, como os comprimidos eram indistinguíveis. Além disso, tentávamos identificar aquelas coisinhas no escuro. Mas eu não tinha a mínima intenção de desistir. Um milhão ou mais de pílulas deveriam estar em algum lugar ali, e, com cada uma valendo uns 25 centavos na rua, o faturamento seria alto. De jeito nenhum deixaríamos esse dinheirão para trás. Munido da minha lanterna, continuei vasculhando as diferentes caixas até que, por pura sorte, achei o que buscávamos. Havia prateleiras e prateleiras dos comprimidos. Por fim tínhamos batido no filão. Tiramos as caixas e as empilhamos no chão.

– Caras! Estamos com problemas – um dos colegas gritou da sala da frente, onde ficara de vigia. – Acaba de passar uma viatura na rua!

Todo mundo correu para a porta dos fundos. Sem hesitar, quebrei uma das janelas com o pé de cabra e mergulhamos no beco. Conseguimos chegar ao nosso carro, porém, antes de alcançarmos a estrada principal, os tiras nos bloquearam. Felizmente havíamos jogado o pé de cabra e as ferramentas de arrombamento de fechaduras pela janela antes de sermos parados.

— Eles não terão nenhuma prova contra nós — disse Dan, tentando manter a calma. — É só nos atermos à nossa história. Não fomos nós. Estávamos passeando por aí e jogando conversa fora.

O plano poderia ter dado certo se um dos policiais não reparasse nos cacos de vidro grudados na malha que eu vestia. O caro cardigã fora retalhado quando pulei a janela do laboratório. Acabamos todos algemados e enfiados na parte de trás das viaturas.

Depois descobrimos que não havíamos desativado o alarme corretamente antes de arrombarmos o laboratório. Como se tratava de um alarme silencioso, nada notamos de diferente... até a polícia aparecer.

Éramos bem relacionados com a maioria dos chefões do centro e, por causa disso, pudemos contar com uma equipe de advogados do mais alto nível, que pensamos ser, se lhes pagássemos o suficiente, capazes de fazer qualquer milagre acontecer. Em duas horas, estávamos fora da cadeia e de volta às ruas. Aproveitando nossa liberdade sob fiança, nos reunimos com o nosso advogado para discutir o próximo passo.

— Escute, Leon, eles o pegaram com aqueles estilhaços de vidro na roupa, portanto você está totalmente enroscado — o advogado me avisou. — Você vai em cana, e não tem escapatória, de modo que o melhor é assumir a culpa no lugar de todo mundo. Se fizer isso, não será possível sustentar uma acusação contra os outros.

Não gostei nem um pouco daquilo. Os advogados já haviam tentado inventar diferentes situações para salvar nossa pele e nos livrar da responsabilidade. Argumentaram que poderia ter sido o pessoal da manutenção que invadiu o laboratório, ou alguém da cidade querendo armar para cima de nós. Mas nada colou. Jogar-me aos tubarões seria a última cartada. Eu não sabia o que fazer. Não me importava o que os advogados dissessem, de jeito nenhum iria assumir a culpa sozinho e confessar um crime como aquele. Quando os outros caras se deram conta de que eu não assumiria o papel de bode expiatório, perceberam que estávamos todos ferrados.

— Não existe outra alternativa — um dos advogados nos explicou certa noite, no jantar. — Se Leon não assumir a culpa sozinho, todos terão que se declarar culpados. Estou falando em reconhecimento de culpa. Se vocês agirem assim, receberão uma sentença reduzida. Alguns de vocês talvez até consigam liberdade condicional.

Meu futuro não estava me parecendo muito auspicioso. Na minha ficha já constavam algumas detenções, e quem sabe que efeito isso teria quando o juiz fosse me sentenciar?

Com uma sentença pairando sobre minha cabeça como uma nuvem negra, papai e eu recebemos a notícia de que Jimi regressaria à cidade para um segundo show em 6 de setembro de 1968, agora no Seattle Center Coliseum. Numa manhã fria e ensolarada, fomos buscá-lo cedinho no aeroporto.

No trajeto para casa, meu irmão tirou da bolsa um exemplar de seu novo álbum, *Electric Ladyland*. No banco de trás do carro de papai, estudei a foto da capa: um grupo de mulheres nuas sobre um fundo preto.

– O que você acha? – Buster me perguntou.

– É legal – comentei, devolvendo-lhe o disco. – Mas não tem muitas moças bonitas no grupo.

Jimi riu.

– A maioria é mais ou menos – continuei. – A gravadora não podia ter arranjado melhores?

– Cara, você me faz rir, Leon.

O que eu pensava da arte da capa não importava, porque o álbum passou a receber uma tremenda cobertura da imprensa. No princípio, uma cadeia de livros e discos no Reino Unido recusou-se a vendê-lo por causa da nudez.

Naquela noite, no Center Coliseum lotado, vi Jimi tocar uma versão de "The Star-Spangled Banner", o hino nacional dos Estados Unidos. Eu jamais o vira tocar essa música antes, e as reações do público foram variadas. Alguns fãs festejaram loucamente, alguns pareciam confusos e outros até um pouco assustados. Achei uma experiência única e poderosa, e amei a interpretação de Jimi.

Após o show, os velhos colegas e companheiros de banda de meu irmão o aguardavam na casa de papai e, pouco depois de chegarmos, eles praticamente nos sequestraram. Passamos o resto da noite juntos, rodando a cidade, visitando amigos e farreando. Paramos na casa de Pernell, um amigo de Jimi, para fumar uns baseados, e seguimos para o Encore Ballroom e o Black and Tan. Quando Buster e eu voltamos para casa, lá pelas quatro da manhã, ainda havia vizinhos por lá. Enquanto nos arrastávamos pela calçada, a porta da frente se abriu e papai cambaleou até a varanda. Era óbvio que andara bebendo o tempo todo e não estava nada satisfeito por termos saído com amigos e perdido a maior parte da festa que ele armara. Papai ficara decepcionado porque desejava apresentar Jimi aos seus convidados.

– Entrem em casa já, rapazes! – gritou. – Convidei toda essa gente pensando em organizar uma festa bacana, e vocês passaram a noite fora!

Papai agia como se fôssemos crianças outra vez. Custando a segurar o riso, Jimi e eu nos sentamos no sofá e o observamos bater a porta da frente antes de entrar na sala.

– Eu não sabia que você estava dando uma festa, pai – disse Jimi.

– Até suas irmãs, Kathy e Pam, vieram aqui para conhecê-lo! – papai berrou.

– Quem? – indaguei, trocando um sorriso com Buster, o que só enfureceu ainda mais nosso pai.

– Vocês dois vão já para o quarto, porque vão levar uma surra!

Por fim, não conseguimos mais nos conter e caímos na risada. Os dias de papai nos encostar a mão havia muito pertenciam ao passado. Quando nos levantamos e passamos na sua frente, ele não esboçou nenhum gesto. No porão, nos atiramos nos sofás e o escutamos continuar a vociferar lá em cima. Não imagino no que papai poderia estar pensando, se é que estivesse pensando em algo. Um dos maiores astros de rock do planeta com certeza não se submeteria a uma surra! Jimi e eu encerramos a noite fumando um baseado e nos divertindo à custa de papai, revezando-nos em imitá-lo. Por fim, pegamos no sono.

Dali a poucas horas, Mike Jeffrey precisou quase esmurrar a porta para nos acordar. Enquanto eu lutava para me recompor e catava minhas roupas, Jimi me chamou no quarto. Quando apareci, ele jogou um terno de veludo molhado azul sobre a cama e me disse para experimentá-lo. "Agora sim", pensei. Como meu irmão e eu éramos quase do mesmo tamanho, suas roupas me serviam perfeitamente.

Depois que vesti a calça e a camisa de babados, Buster meteu a mão no bolso e tirou dois anéis de prata, os quais coloquei nos dedos. Então, pronto da cabeça aos pés, dei um passo atrás e me contemplei no espelho de corpo inteiro. Seria impossível tirar meu sorriso do rosto. Eu parecia um astro de rock.

Ao nos encontrarmos com Mike Jeffrey na frente da casa, ele comunicou a Jimi que a limusine estava pronta para levá-lo a Vancouver. Naquela noite, meu irmão se apresentaria no Pacific Coliseum, com a banda Vanilla Fudge.

– Não vou de limusine, Mike – disse Buster. – Vou em outro carro com meu pai e meu irmão. Será uma viagem de família.

A expressão que Mike fez deixou claro que a ideia não o agradava.

– Mas, Jimi, escute, creio que seria melhor se...

– Não vou de limusine, Mike – repetiu meu irmão. – Vou a Vancouver com a minha família, e lá nos reuniremos com nossos parentes após o show. A última vez que estive aqui, passei pouco tempo com a minha família. Por isso, viajarei para o norte com eles.

Foi absurdo Mike imaginar que Buster iria isolar-se numa limusine quando podia desfrutar da companhia da família. A única pessoa que enxergava sentido naquela situação era o próprio Mike. Ele já havia se mostrado contrário ao retorno de Jimi a Seattle, e agora a viagem em família para o próximo show fez seu sangue ferver nas veias. Mas, embora furioso por meu irmão decidir viajar conosco, Mike percebeu que travaria uma batalha perdida e acabou cedendo. Nenhum argumento induziria Buster a mudar de ideia.

Não tardou para que papai tirasse da garagem o Chevy Malibu que Jimi lhe dera de presente. Porém, assim que papai saiu do carro, percebi que algo o estava incomodando. Ele andou até a calçada e me puxou de lado.

– Que diabo de roupa é essa, Leon? – perguntou, olhando-me de cima a baixo. – Onde você arrumou esse traje maluco?

– Buster me deu algumas coisas dele.

– Bem, você está ridículo.

– Como assim? Estou vestido como o Jimi. E ele não parece ridículo, não é?

Desgostoso, papai simplesmente balançou a cabeça e rumou para o carro, sentando-se ao volante. Eu tampouco pretendia ficar discutindo com ele no meio da rua. Meu visual era *cool*, e nada mais me importava. Jimi e eu nos acomodamos no banco de trás, com Janie entre nós, e pegamos a estrada para o Canadá.

Apesar de a questão não me sair da cabeça, ainda não contara a Buster meu problema com a lei. Era como se o fato não se tornasse real se não discutíssemos o que havia ocorrido. Tenho certeza de que meu irmão ouvira comentários a respeito da minha prisão, porém nunca abordou o assunto comigo, nem me questionou. Além disso, estava muito absorvido no ritmo de sua própria vida. E eu me sentia empolgado de poder acompanhá-lo por algum tempo e compartilhar de seu estrondoso sucesso.

A viagem de carro até Vancouver levava aproximadamente quatro horas. Enquanto, no banco de trás, Jimi e eu trocávamos figurinhas, fazendo um ao outro rir com histórias do passado, papai e June conservavam-se quase no mais absoluto silêncio. Papai nunca teve muito o que falar com Buster quando ele nos visitava. A maioria das interações entre eles resumia-se a conversa fiada, sobre nada em particular. Papai continuava o mesmo desde que Buster deixara a cidade; já meu irmão não poderia estar mais diferente. Meu pai já devia ter lhe perguntado sobre o clima da Inglaterra uma dezena de vezes.

— Como é que é com toda aquela chuva lá, filho?

— O tempo é bem parecido com o de Seattle, porque ambos os lugares estão na mesma latitude.

— Hum? Lati... o quê?

— Chove mais em Seattle, porém tem mais névoa em Londres, pai.

— Ah, é mesmo?

As conversas eram um tédio só. Não muito depois de sairmos de Seattle, Jimi e eu caímos no sono. Na metade da viagem, resolvemos parar num restaurante Denny's em Mount Vernon, Washington, para um almoço tardio. Nosso diversificado grupo atraiu a atenção. A partir do momento em que entramos no restaurante, senti-me como se todos os olhares estivessem voltados para nós. Representávamos um elenco interessante de personagens: um homem negro de baixa estatura, uma mulher japonesa, uma menina japonesa de seis anos, eu, metido em minhas roupas da moda, e, claro, o "grande Jimi Hendrix". O lugar estava repleto exclusivamente de pessoas brancas. Sem saber como reagir, todos apenas nos deixaram em paz – inclusive as garçonetes. Nós nos sentamos numa mesa de canto e lá ficamos. Nem uma única garçonete aproximou-se de nós para perguntar se queríamos algo. Comecei a fumegar de raiva. Papai, June e Buster jamais elevariam a voz para dizer alguma coisa, então, como de costume, sobrou para mim. Porém, antes que me pusesse a xingar, uma linda menina, de uns oito anos, acercou-se de nossa mesa.

– Ei, o senhor é Jimi Hendrix? – perguntou ela ao meu irmão.
– Sou, sim.
A garotinha estendeu-lhe uma folha de papel.
– Será que você poderia me dar o seu autógrafo?
– Claro que sim.

Tão logo meu irmão assinou a folha de papel para a menina, as comportas se abriram e começou uma peregrinação de jovens à nossa mesa. Até mesmo algumas das garçonetes entraram na fila de autógrafos. Por causa de toda aquela movimentação, o gerente surgiu dos fundos do estabelecimento e nos apresentou um pedido de desculpas. Quando se afastou, uma garçonete enfim resolveu que poderia anotar o nosso pedido.

– Sinto muito por tudo isso – falou ela, tendo o cuidado de manter a voz baixa para que ninguém, exceto nós, a escutasse. – O gerente adota a política de não servirmos negros no restaurante, mas disse que, pela primeira vez, poderíamos fazê-lo.

Qualquer que tenha sido a razão, alegrei-me por termos sido atendidos, porque eu estava morrendo de fome. Mais alguns minutos sendo ignorados e a situação teria ficado feia.

Chegando a Vancouver, fomos direto para a casa da tia Pearl, embora o empresário de Jimi houvesse lhe reservado uma suíte no hotel. Buster estava mais interessado em passar a tarde com nossos primos Diane e Bobby, vovó Nora e tia Pearl, pois não os encontrava havia anos.

Naquela noite Jimi fez outra apresentação incrível, no Pacific Coliseum lotado. Entretanto, acho que alguns parentes não sabiam o que estavam fazendo ali. Eles nunca tinham assistido a um grande concerto de rock e, para piorar, o *promoter* os acomodou na primeira fila, cometendo o erro de instalar vovó Nora na frente do maior dos alto-falantes. Talvez tivesse imaginado que, por ser velha, ela não ouvisse bem, o que não era o caso. O volume cortante surpreendeu vovó de tal modo que a coitada quase pulou da cadeira. Da coxia, observei-a cobrir as orelhas com as mãos. Por sorte papai percebeu o que estava acontecendo e deu um jeito para que a trocassem de lugar. Assim, sentada mais atrás, ela pôde desfrutar do espetáculo de Jimi. Como bônus, meu irmão lhe dedicou "Foxy Lady", no fim do *setlist*.

Eu só peguei metade da performance de Jimi, porque estava ocupado com os muitos amigos meus que haviam vindo de Seattle para conferir o show. Assim, dividi o tempo entre a coxia, o rega-bofe no camarim e a perambulação no meio do público. Uma festa ininterrupta.

Quando enfim retornamos à casa de tia Pearl, era quase meia-noite. Celebramos a reunião familiar com uma refeição maravilhosa, com direito a um peru preparado por tia Pearl. Para ela, era importante oferecer um jantar de Ação de Graças a Jimi, pois muito provavelmente ele já estaria na estrada, longe da família, quando a data chegasse. Conversamos sobre os velhos tempos, quando passávamos os verões ali. Jimi sentia-se feliz de estar conosco e quis ajudar tia Pearl e vovó Nora de alguma maneira. Também foi generoso comigo, insistindo em que eu aceitasse mais dinheiro. Pouco antes de se deitar, levou-me ao seu quarto e mostrou-me a mala repleta de dinheiro que Mike Jeffrey lhe entregara após o show. Devia haver pelo menos uns vinte mil dólares, divididos em montes de notas de cinco. Buster separou o dinheiro em quatro pilhas iguais e em seguida deu uma à tia Pearl e outra à vovó Nora. Ambas ficaram tremendamente agradecidas por Jimi auxiliá-las com as despesas. A vida delas não era nada fácil, e aquele gesto produziria uma enorme diferença. Para meu irmão, era o mínimo que podia fazer para retribuir as muitas vezes que as duas tinham cuidado de nós durante a nossa infância.

De volta ao seu quarto, Buster pegou uma bolsa de couro e a encheu com um punhado de notas. Então a entregou a mim, dizendo:

– Quero que você compre uma passagem de avião e me encontre em Los Angeles. Tenho um show marcado para o próximo sábado, no Hollywood Bowl, e gostaria que você chegasse uns dias antes.

Sentado na beirada da cama, dei uma olhada no interior da bolsa enquanto o escutava. Devia haver uns cinco mil dólares lá dentro. Creio que fora a terceira vez que Jimi me dera dinheiro, e sentia-me grato. A generosidade de meu irmão desconhecia limites, e ele sempre se dispusera a nos socorrer, a mim e a papai, nos momentos de maior necessidade. Portanto, eu atenderia a qualquer coisa que ele pedisse. De jeito nenhum o deixaria na mão.

– Não tem problema. Estarei lá – garanti-lhe.

Acordamos cedo pela manhã e, depois de uma despedida chorosa de nossa tia e avó, papai, June, Janie, Buster e eu pusemos a bagagem no carro e tomamos nosso rumo para Seattle. O tempo urgia, porque Jimi se apresentaria ainda naquela noite no Coliseum, em Spokane, Washington, e tinha um voo a pegar.

No aeroporto, aguardei até o avião de Jimi estar pronto para decolar. Quando a aeronave taxiou, constatei tratar-se de um pequeno avião a hélice, que não me parecia muito resistente. Com certeza eu teria minhas dúvidas sobre voar naquilo. Buster, porém, não demonstrou a menor preocupação. Afinal, saltara de todo tipo de aeronave quando servira ao exército.

Ao longo dos próximos dias, contei, a quem quisesse ouvir, sobre meus planos de viajar para a Califórnia. Estava cheio de expectativas, mal podia esperar para aterrissar em Los Angeles e conferir o cenário descolado que todo mundo dizia imperar nas ruas. Como de costume, papai me jogou um balde de água fria. Quando lhe dei a notícia, ele não se mostrou nada impressionado e procurou me convencer de que Jimi não me queria na Califórnia.

– Mas ele me pediu para o encontrar lá – expliquei.

– Você só irá incomodá-lo. Seu irmão está tentando trabalhar, e você vai atrapalhá-lo.

– Não vou, não. Buster me quer lá para ajudá-lo com algumas coisas – respondi.

– Estou apenas dizendo que seu irmão não o quer lá.

– Que negócio é esse? Lembra-se de todas aquelas vezes que Buster nos telefonou enquanto estava na estrada, em turnê com as bandas? Ele sempre afirmava que os bons tempos iam chegar. Pois os bons tempos finalmente chegaram. Estou cansado de você ver nisso um problema.

Apesar de papai sair do quarto pisando duro e resmungando, não me importei, porque não pretendia prestar mais a menor atenção aos seus comentários. Estava decidido a viajar e pronto. Porém, de repente parei de fazer a mala e a atirei no armário. Por que levar minhas roupas velhas quando poderia comprar outras novas e estilosas na Califórnia? Afinal, tinha cinco mil no bolso para torrar.

Na manhã seguinte, tomei um táxi até o Aeroporto Sea-Tac e comprei uma passagem da linha aérea Alaska para o Aeroporto Internacional de Los Angeles no valor de 48 dólares. Embora eu estivesse em liberdade sob fiança e logo devesse me apresentar ao tribunal, não deixaria passar o convite de meu irmão. Jamais me permitiria perder aquela oportunidade única.

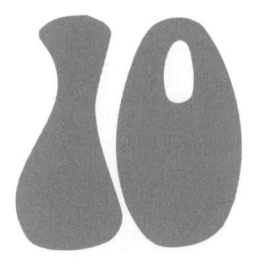

10
California Dreaming

— Em breve estaremos preparados para pousar no Aeroporto Internacional de Los Angeles. Por favor, certifiquem-se de recolher seus pertences — anunciou a aeromoça pelo alto-falante.

Seu comunicado me lembrou de que, na pressa de sair de Seattle, não me dera ao trabalho de sequer trazer uma mala. Simplesmente pegara o táxi para o aeroporto e embarcara no avião. Não que isso importasse; ainda tinha um maço considerável de dinheiro no bolso do paletó para comprar roupas quando desembarcasse. Com sorte, Jimi me deixaria vasculhar seu armário e escolher algo bacana.

Em Los Angeles, tomei um táxi para o Beverly Hills Hotel, onde, segundo Gerry Stickells, meu irmão estaria hospedado. Entretanto, nem sinal de Buster. Zanzei pelo saguão, tentando decidir o que fazer. Os funcionários da recepção pouco me ajudaram. Insistiam não poder me informar se Jimi já se registrara e tampouco sabiam quando chegaria. Pelo visto eu ficaria sozinho por algum tempo.

Sem muito com que me ocupar no hotel, resolvi sair para conhecer a cidade. Não havia sentido me plantar no saguão e aguardar Jimi cruzar a soleira da porta. E, quando meu irmão por fim aparecesse, não queria que me visse metido nas mesmas roupas velhas. Precisava descolar uns trajes legais, se pretendia me encaixar na cena de Hollywood. Entrei num táxi e rumei para as lojas sofisticadas de Rodeo Drive, mas logo constatei que não me serviriam. Cada peça custava entre quinhentos e mil dólares. Um assalto. De jeito nenhum jogaria meu dinheiro fora. Por não estar familiarizado com Los Angeles, nem imaginava por onde começar. Decidi tomar outro táxi até a avenida Melrose e, durante grande parte da tarde, perambulei pelas lojas de lá, como a horda de turistas. Acabei comprando um belo par de botas de couro de crocodilo, algumas camisas e uma calça de couro. Então o taxista me deixou no museu de cera de Hollywood, de onde segui para o famoso Musso & Frank Grill, atrás de uma deliciosa refeição.

De volta ao hotel, em Beverly Hills, ainda nada de Buster, mas deparei com uma nova funcionária na recepção.

– Você sabe que seu irmão deixou uma limusine estacionada em frente ao hotel? – ela me perguntou. – Creio que o veículo está à sua inteira disposição.

Foi difícil não rir. Eu passara o dia pulando de táxi em táxi enquanto uma limusine estivera à minha disposição. Ao longo dos anos, jamais esperara qualquer coisa de alguém, e demoraria um pouco para me acostumar com esse novo padrão de vida privilegiado.

– Como vai, senhor? – O motorista abriu a porta traseira para mim. – Para onde gostaria de ir?

– Para falar a verdade, não tenho a menor ideia – retruquei, me acomodando no banco de couro macio. – Basta dirigir por aí. Cara, me leve para qualquer lugar.

Do hotel, partimos para um tour pela cidade. Cruzamos a Sunset Boulevard e Beverly Hills, passamos pelas mansões de Bel Air e, por fim, retornamos a Sunset Strip, rumando para o leste. As horas voaram e, quando olhei o relógio, eram oito da noite. Não havia mais o que fazer.

– Para onde agora, senhor?

Como já escurecia e nem sinal de Jimi, achei melhor encontrar um lugar para dormir.

– Leve-me para um hotel barato no centro – pedi.

No momento, aquela me pareceu minha única opção. No entanto, à medida que avançávamos mais para o leste pela Wilshire Boulevard, as ruas de Beverly Hills depressa iam sumindo e a paisagem refinada ia sendo substituída por bairros dilapidados e prédios em ruínas. Como eu me servira de alguns copos de rum e me sentia algo atordoado, não me importei tanto com a mudança de cenário. O motorista, provavelmente, sabia o que estava fazendo, de modo que não haveria razão para me preocupar. Ao pararmos diante de uma espelunca nas proximidades da avenida Figueroa, o motorista desceu e abriu a porta para mim. Em Seattle, o que não me faltara fora experiência em hotéis de última categoria, porém aquele ali estava num nível totalmente diferente. Apesar de começar a duvidar da minha brilhante decisão de fugir dos ambientes luxuosos de Beverly Hills, dispensei o motorista, dizendo-lhe para vir me buscar na manhã seguinte às nove. E dormi com um olho aberto no quarto de hotel mais infestado de baratas de todos os tempos.

Na manhã seguinte, a limusine chegou no horário combinado, e voltamos ao Beverly Hills Hotel. Por sorte, encontrei Mike Jeffrey numa das salas de conferência, onde a equipe de apoio estava tendo uma reunião operacional, e ele me forneceu o número do quarto de Jimi. Senti-me bastante aliviado, porque não conseguiria sobreviver a mais uma noite num hotel caindo aos pedaços.

O rosto de Buster se iluminou ao abrir a porta para mim.

– Por onde você andou? Estive à sua procura.

– Dormi num hotel do centro.

– Que história é essa? Eu lhe reservei uma *suíte* aqui.

– Bem, você não apareceu e eu não sabia ao certo o que fazer. O pessoal da recepção não me disse nada.

– Eu não lhe contei que estaríamos fora da cidade ontem à noite? Tocamos em Oakland e só chegamos a Los Angeles hoje cedo.

Quando entrei na suíte, Herb, o assistente pessoal de meu irmão, estava desfazendo as malas e organizando as roupas no armário. Também havia duas garotas lindas sentadas no sofá, a quem Jimi apresentou como Devon Wilson e Carmen Borrero. Ambas eram as mais belas mulheres que eu jamais vira. Buster, com certeza, sabia viajar em grande estilo. Carmen, natural de Porto Rico, além de parecer modelo, tinha um ar mais refinado que Devon, uma garota negra e arguta, que dava a impressão de estar sempre em outro mundo e meio mamada. Nós quatro não nos demoramos muito no hotel, porque Jimi planejara se encontrar com algumas pessoas no Rainbow Room, na Sunset Boulevard, e então seguir para o Hollywood Bowl, a fim de fazer a passagem de som.

Antes de rumarmos para Hollywood, fui à recepção me registrar no hotel e aproveitei para subir à minha suíte e trocar de roupa, vestindo as que comprara nas lojas da avenida Melrose. Quando apareci no saguão usando as botas de couro de crocodilo e a calça de couro boca de sino, a expressão constrangida de meu irmão deixou claro que meu traje não o agradava. Depois de me olhar de cima a baixo, Jimi sorriu-me e continuou caminhando até a limusine. Senti-me um tanto deslocado, mas procurei não me incomodar com isso. Minhas roupas novas não refletiam o estilo que eu, em geral, adotava nas ruas de Seattle, mas as julguei adequadas a Beverly Hills e Hollywood, o lar do brilho e do glamour. Todo mundo ali tinha um perfil chamativo. De certa forma, eu estava tentando me misturar e me destacar ao mesmo tempo, se tal coisa fosse possível.

Na limusine, enquanto nos servíamos das bebidas do minibar e dividíamos um baseado, experimentei a sensação de que Buster e eu nos lançávamos em novas aventuras, como quando éramos crianças. Nós dois não poderíamos nos sentir mais felizes, apenas pelo simples fato de estarmos juntos. Tudo fora tão difícil no início de nossas vidas que, agora, anos depois, a vida não poderia ser melhor. Todos os sonhos de meu irmão haviam se tornado realidade, e tive a sorte de estar ao seu lado para compartilhá-los.

Sunset Strip transformara-se por completo desde a tarde do dia anterior, quando eu passara por ali. O lugar estava *vivo*. Enquanto nos dirigíamos para o norte, pela La Cienega Boulevard, e entrávamos na Sunset, hippies de cabelos compridos apareciam por toda a parte, andando pelas ruas com flores nos cabelos e vestindo roupas incríveis. No Rainbow Room lotado, reinava o caos. O bar pululava com o "quem é quem" do *show business*. Todos os presentes eram alguém conhecido. Pelo menos segundo Jimi. Recém-egresso das ruas de Seattle, eu desconhecia os superastros do pop. Durante os últimos anos, estivera ocupado ouvindo artistas como The Supremes, Wilson Pickett e os clássicos da Motown. De modo que olhava ao meu redor procurando-os, pois não conhecia o resto.

Mal nos sentamos e pedimos as bebidas, começou a peregrinação de belas garotas até nossa mesa, na esperança de conhecer Jimi. Uma após outra, aproximavam-se, transbordantes de um entusiasmo nervoso. Meu irmão mostrava-se respeitoso e gentil, porém desinteressado de levar o contato adiante porque passaria a noite com Devon e Carmen. Buster estava contente por relaxar um pouco, bebericar seu Johnnie Walker "on the rocks" e ouvir música. Quanto a mim, não parava de circular. Não via sentido em ficar plantado na nossa mesa reservada, sendo observado como se fosse um bicho no zoológico. As lindas mulheres só olhavam para mim porque eu estava com Jimi. Entretanto, muitas me deram seu telefone, anotado em guardanapos de coquetel, os quais tratei de meter nos bolsos. Após algumas voltas pelo bar, meus bolsos estavam repletos.

Ao regressar à mesa, notei que Buster estava impaciente.

– Escute, tenho que ir ao Hollywood Bowl para a passagem de som – disse-me ele, levantando-se. – Mais tarde, antes do show, você se encontra comigo nos bastidores, o.k.?

– Claro.

– Você vai ficar aqui?

Passeei o olhar pelo salão, admirando as belas garotas.

– Sim, acho que consigo aguentar – brinquei, com um sorriso.

Após a partida de Jimi na companhia de Devon e Carmen, permaneci no Rainbow Room mais uma hora e então liguei para o hotel, pedindo que a limusine fosse me buscar.

Apenas quando chegamos ao portão dos fundos do Hollywood Bowl, percebi que não pegara meu ingresso VIP para o show. O motorista se ofereceu para estacionar e ir resolver a situação com os seguranças, mas eu estava um pouco chumbado e muito sem paciência para esperar no banco de trás do carro.

– Não se preocupe – falei, saindo do veículo. – Largue-me aqui mesmo que dou um jeito de me virar.

Abri caminho no meio da multidão até o segurança postado junto à entrada do portão. No princípio tentei atravessar, casualmente, os cordões de isolamento de veludo, como se não os percebesse.

Porém o sujeito conhecia o truque. Encostando seu braço gigantesco contra o meu peito, obrigou-me a parar.

– Ei, aonde você pensa que vai?

– Não se preocupe, está tudo bem – respondi, sorrindo. – Sou Leon Hendrix, irmão de Jimi, cara.

– Não tenho tempo para essa merda, garoto. Você acha que sou idiota ou algo assim?

– Mas estou dizendo a verdade – teimei.

– Que seja. – Ele sacudiu a cabeça. – Já barrei, pelo menos, cinco irmãos e irmãs de Jimi, dez de seus empresários, alguns de seus advogados e, provavelmente, uma meia dúzia de mulheres e namoradas. Tem sempre um monte de garotas afirmando estar grávidas de Jimi e insistindo que precisam vê-lo. Não posso deixar você entrar.

Obviamente eu precisava de outro plano. De repente, um cara com um cabelão afro surgiu ao meu lado e, munido de baquetas, pôs-se a batucar na estaca do cordão de isolamento. Enquanto eu o observava, distraído, tentando imaginar uma maneira de entrar no show, uma limusine preta passou rente a nós e parou em frente ao portão. Dois seguranças arrastaram o cercado para lhe permitir a entrada. De repente, o veículo deu um solavanco e a porta de trás abriu-se. Jimi saiu e apontou para mim. Acenei-lhe de trás dos cordões de isolamento.

– Ei, aquele é o meu irmão caçula! – Buster gritou, apontando para mim. Então indicou o fulano de cabeleira afro. – E aquele outro é o meu amigo Buddy Miles! Deixem os dois entrarem!

Enquanto Buddy caminhava para o portão, corri até a limusine e pulei no banco de trás, juntando-me a Buster, Devon e Carmen. Já no local do show, conduziram-nos por um labirinto de corredores até o camarim. Ali, deparei com um bufê interessante. Sobre a mesa encostada na parede, trouxas de cocaína e maconha misturavam-se às travessas de sanduíches, batatas fritas e frutas. Embora Jimi jamais solicitasse drogas nos bastidores antes de um espetáculo, elas sempre apareciam. Ao fornecê-las, em geral as pessoas pensavam estar lhe prestando uma homenagem. Talvez aquilo fosse uma parte essencial da cultura do rock na época, porém meu irmão não costumava se drogar antes dos shows. Ele não precisava disso. Precisava apenas de sua guitarra e de um amplificador para viajar com sua música. Jimi não queria nada se intrometendo na conexão entre ele, seu jeito de tocar e seus fãs. Jimi não desejava a interferência de nada, nem de ninguém, antes de pisar no palco. Não me entendam mal – depois do show a história era diferente. Jimi fazia de tudo um pouco aqui e ali, mas nunca se isso custasse sua performance.

Meu avião podia ter aterrissado em Los Angeles na manhã anterior, mas eu ainda me sentia flutuando no ar. Tudo no Hollywood Bowl parecia surreal, e não conseguia me desvencilhar daquela sensação nem pôr a cabeça no lugar. Depois de Jimi me apresentar aos colegas e seguranças, tive carta branca. O pessoal simplesmente abria passagem e não me interrogava mais.

Devon, Carmen e eu ficamos juntos enquanto Jimi e a banda discutiam detalhes da apresentação pouco antes do início do show. Munidas de seus ingressos VIP, as garotas foram se sentar na primeira fila, logo atrás da fonte, enquanto eu me instalava na coxia. Contudo, devido ao modo como o Hollywood Bowl fora projetado, era difícil enxergar alguma coisa da minha posição. Assim, desci até a área VIP, em frente ao palco. Aos primeiros acordes de Jimi – e, em especial, quando ele atacou "Foxy Lady" – os fãs começaram a correr e a pular na fonte, espirrando água para todo lado, sobre as pessoas sentadas na área VIP e no palco. Os bombeiros não tinham como agir e entreolhavam-se, confusos. Ninguém deveria entrar na fonte, porém a única solução naquele momento seria cortar a energia do palco e encerrar o show. Chegou-se a um ponto em que tanta água voava para o palco que Jimi parou de tocar no meio da introdução de "Little Wing" e encarou a plateia. Noel pegou o microfone e pediu à multidão que tivesse cuidado e não eletrocutasse Jimi. Então as dezoito mil pessoas que lotavam o espaço puseram-se a aplaudir, e a banda retomou a canção.

Terminado o show, Jimi, Devon, Carmen e eu fomos retirados pelo portão dos fundos e metidos na limusine. Eu me esquecera por completo da minha limusine; porém, por sorte, o motorista – não tendo mais notícias minhas – retornara ao hotel. Nós quatro rumamos para o Rainbow Room, mas, quando o lugar ficou lotado, resolvemos andar até o Whiskey a Go Go, onde Carmen trabalhara como garçonete antes de conhecer meu irmão. Aqueles dois quarteirões pela Sunset Boulevard foram os mais demorados que jamais percorri. Devemos ter levado uns trinta minutos, tão grande era o número de fãs cercando Buster atrás de um autógrafo. Quando enfim chegamos à porta do Whiskey a Go Go, o segurança nos fez passar à frente da fila de pessoas aguardando para entrar. Também não foi difícil encontrar um lugar para sentar – havia uma mesa reservada num canto com um cartaz: JIMI HENDRIX.

Buster pôs a mão no meu ombro e me puxou mais para perto quando atravessamos o salão. Discreto, apontou para uma mesa:

– Olhe, aquela ali é Janis Joplin.

– Legal – respondi, embora pensasse: "Quem é Janis Joplin?" Achei que ele estivesse apenas mostrando uma garota. Grande coisa. Caramba, o bar estava apinhado delas! Durante toda a noite, meu irmão continuou indicando cada um dos roqueiros famosos que apareciam no Whiskey. Sempre que eu não sabia quem era a pessoa ou dizia desconhecer sua música, Jimi balançava a cabeça, desapontado. Minha falta de conhecimento dos astros do rock'n'roll o frustrava de verdade. O fato é que só me preocupava com o crescente número de garotas lindas que nos cercavam. Bastava um grupo se afastar para outro tomar o espaço.

– Escute, Leon, você precisa tentar manter algumas dessas meninas longe de mim – Buster disse ao meu ouvido, encobrindo o som da música alta.

– De que jeito? São muitas.

Assim, me esforcei ao máximo para proteger meu irmão das mais exaltadas, embora fosse uma tarefa quase impossível. Estávamos sitiados, e as garotas não eram os tipos comuns que se veem nas ruas, mas sim as mais belas modelos e atrizes do mundo. Mesmo as namoradas de outros astros famosos do rock tentavam de tudo para chamar a atenção de Jimi. Durante todo o tempo em que estive em Los Angeles, não encontrei nenhuma mulher que não quisesse ficar com ele.

O fato de Carmen e Devon serem suas companhias constantes não significava que ele não podia dormir com outras. Porém, quando Buster não tinha tempo ou não estava interessado nelas, eu me tornava a segunda melhor opção. Ainda que quisesse, não existia a menor possibilidade de Jimi sossegar com uma única mulher, devido às constantes turnês e viagens. Carmen e Devon sabiam como funcionavam as coisas e, ao que me constava, não viam problema nisso. Estávamos na era do amor livre dos hippies. Algumas vezes, Devon chegou a trazer outras meninas para apresentar a Jimi, achando que faziam o tipo dele.

Quando Buster anunciou estar pronto para ir embora, resolvi não segui-lo. Por que voltar ao hotel com tantas mulheres bonitas ao redor? Algum tempo depois, acompanhei uma bela garota até seu luxuoso apartamento, na Sunset Boulevard. Provavelmente ela só se interessara por mim por eu ser irmão de quem era. Mas não me incomodei. Transar era transar. Não havia por que achar ruim.

A despeito de ter sido uma noite incrível, acordei na manhã seguinte com uma ressaca dos diabos e descobri não ter mais um único centavo na carteira. Enquanto desfilara feito um figurão no Whiskey, gastara o resto da grana que Buster me dera em Vancouver. Creio que paguei uma bebida para metade das meninas no bar.

— Não se esqueça de contar ao Jimi que você comeu a melhor boceta de todas ontem à noite — afirmou, da cama, a garota com quem eu ficara. — Conte a ele como sou gostosa, assim ele ficará sabendo de mim.

— Sabe de uma coisa? É melhor eu experimentar mais uma vez — respondi, pulando de novo na cama.

Sem dinheiro para o táxi, me arrastei pelos dois quilômetros que me distanciavam da suíte do Beverly Hills Hotel e apaguei. Algumas horas depois, o toque do telefone me despertou. Gerry Stickells me comunicou que Jimi já viajara para Sacramento, onde se apresentaria naquela noite no Memorial Auditorium, e explicou que eu poderia pegar uma carona com o resto da banda e os *roadies* no ônibus da turnê, previsto para partir dentro de quinze minutos.

– Sim, claro – resmunguei. – Estarei no saguão daqui a pouco. – Então me levantei e me servi de uma dose de Jack Daniel's do minibar, para aliviar a dor no corpo.

O ônibus assemelhava-se a uma suíte de hotel de luxo sobre rodas, e não hesitei em me esparramar num dos sofás de veludo. A equipe de apoio e eu não conversamos muito porque passei a maior parte da viagem até o norte da Califórnia dormindo. Quando, enfim, saí do torpor, já entrávamos no estacionamento do Memorial Auditorium. Logo depois, me reencontrei com Buster, e ele comentou que gostaria de ir visitar nossa prima Gracie, tia Pat e tio Buddy, que moravam em Stockton, a cerca de vinte quilômetros de Sacramento. Concordei na hora, pois também não os encontrava havia anos. Assim, entramos na limusine, deixando a equipe de apoio ocupada na montagem do palco.

À noite, naquela que seria a última etapa da turnê, Vanilla Fudge, Fat Mattress e Eire Apparent abriram o show para Jimi no Memorial Auditorium. Como de hábito, passei a maior parte da apresentação nos bastidores, curtindo, ou então na coxia, assistindo ao espetáculo. Encerrada a performance, Buster e eu tomamos a limusine e voltamos para a casa de tia Pat, em Stockton, onde dormimos. Conforme fizera com os outros parentes, Jimi deu algum dinheiro à tia Pat e à prima Gracie antes de nos despedirmos e pegarmos a estrada para Los Angeles. No caminho, almoçamos em Big Sur e depois paramos em Santa Barbara, para conhecer a cidade.

Na Califórnia, minha vida em Seattle parecia tão distante que meu problema iminente com a justiça nunca me vinha à cabeça e, portanto, não sentia necessidade de abordar o assunto com meu irmão. Só me interessava farrear dia e noite. Felizmente, estávamos em contínuo movimento, e sobrava pouco tempo para me debruçar sobre a situação.

No Beverly Hills Hotel, fui acordado pelo toque estridente do telefone.

– Alô – atendi.

– Sr. Hendrix, é do serviço de despertador – anunciou uma mulher.

– O.k. – respondi, desligando. Serviço de despertador? Será que eu o solicitara? Não, devia ser Buster brincando comigo. Dali a instantes, o telefone tornou a tocar. Quando atendi, meu irmão ria do outro lado da linha. Ele sempre gostara de bancar o palhaço. Jimi me mandou anotar um endereço e explicou que me aguardava lá, na bela casa que alugara recentemente na Benedict Canyon Drive, em Beverly Hills.

Me arrumei e zarpei para aquela parte chique da cidade. A mansão tinha espaço mais do que suficiente para abrigar a banda e a equipe de apoio. Ao cruzar a soleira da porta da frente, deparei com um gigantesco órgão de tubos na sala de estar, as tubulações atravessando o teto e se estendendo além do telhado. Reparei na bateria montada e em diversos amplificadores e guitarras de meu irmão. Noel, Mitch e Buddy Miles perambulavam pelo lugar.

Desde minha chegada a Los Angeles, eu quase não os vira. Mitch e Noel não costumavam circular conosco em Hollywood, preferindo ficar sozinhos ou se reunir com os *roadies*, a maioria ingleses como eles. Não é que os dois não quisessem sair com meu irmão. Primeiro: não era fácil acompanhar o pique de Jimi, mesmo pertencendo à banda dele. Segundo: Buster estava mais interessado em se cercar de garotas do que em passar o tempo com os amigos. Essa verdade se aplicava a nós dois. Desde o princípio, gravitáramos ao redor das mulheres e buscáramos o seu afeto, pois sempre foram elas que estiveram ali, prontas para cuidar de nós e nos acalentar.

Depois de vagar pela mansão, cometi o erro de surpreender Jimi com duas lindas loiras na cama.

– Diabo, Leon, falo com você mais tarde! Estou ocupado! – rosnou ele.

– Desculpe, Jimmy.

Acanhado, saí do quarto, andei a esmo e retornei à sala, onde o equipamento da banda estava montado. Peguei uma das guitarras de Jimi, ainda ligada e zunindo, e comecei a tocá-la feito um doido, estrangulando as cordas no braço e dedilhando no mais absoluto descontrole. Quando passei na frente das caixas, a microfonia foi absolutamente ensurdecedora. O som que saía dos alto-falantes assemelhava-se a um furacão sonoro. Era como se a guitarra estivesse possuída. De repente, no meio do pandemônio que eu estava criando, ouvi algo e parei de tocar.

– Porra, Leon! Largue a minha guitarra! – Buster berrou do quarto.

– Opa – gritei de volta. – Desculpe, Jimi.

Na minha cabeça, supus haver criado um turbilhão de sons únicos, porém meu irmão tinha uma opinião diferente. De repente, outras pessoas apareceram na sala, com uma expressão confusa no rosto.

Quando voltei à piscina, deparei com pelo menos umas vinte garotas desfilando de maiô para lá e para cá. A área parecia uma sala de espera repleta de mulheres bonitas, que aguardavam sua vez de poder ficar com o grande Jimi Hendrix. As meninas estavam ali com um único propósito em mente: transar com ele. Demorei um pouco a me acostumar com a ideia de uma piscina que se debruçava sobre um penhasco. Ao olhar para além das grades, constatei que estávamos uns quinze metros acima do nível do solo. Apesar ter andado por ali inúmeras vezes, nunca me senti muito bem.

Uma tensão palpável permeava a casa. Notei que Noel, Mitch e alguns *roadies* ingleses preferiam ficar isolados numa ala, enquanto Jimi, Buddy Miles, eu e outros membros da equipe de apoio permanecíamos na ala oposta da mansão. Até tentei puxar conversa com Noel e Mitch; porém, sempre que batia à porta de seus quartos, os dois estavam – por incrível que pareça – assistindo a desenhos animados na tevê e nem um pouco interessados em papear. Tal comportamento fez mais sentido quando Jimi me explicou que ambos andavam cada vez mais ressentidos com o acordo de divisão de dinheiro da banda. Em inúmeras oportunidades, escutei Noel e Mitch queixando-se com Gerry, que não hesitou em lembrar-lhes que era Jimi quem gerava os milhões de dólares, e os dois não passavam – nas suas palavras – de "funcionários contratados". Cada vez que ouviam isso, ambos não tinham muito mais a argumentar.

Buddy Miles também se mostrava descontente com a situação e, ocasionalmente, extravasava sua frustração, sobretudo quando nós dois estávamos sozinhos, à beira da piscina, ou num clube noturno. Pelo fato de eu não estar associado aos empresários de meu irmão e, portanto, fora de seu círculo de influência, Buddy sentia-se mais confortável para conversar comigo.

– Por que é que Jimi não está tentando montar a nossa banda? – ele me perguntou em diversas ocasiões. – Chega disso tudo. Ele diz que quer seguir em frente e que devemos nos juntar, então por que está demorando tanto?

Muita gente imaginava que eu tivesse alguma influência sobre Jimi, mas esse nunca foi o caso. Claro, éramos irmãos, nos amávamos e confiávamos um no outro, porém eu jamais exercera qualquer pressão para que Buster fizesse algo que não quisesse. Livre, dono de si, meu irmão não tomaria nenhuma atitude por causa de uma opinião minha. Além do mais, ele já estava sendo suficientemente pressionado por seus empresários de todas as formas possíveis. A última coisa de que Buster precisava era que eu começasse a dar palpites sempre que surgisse uma oportunidade. Eu jamais me converteria num lobista para atender aos interesses dos outros. Jimi faria o que bem entendesse.

Tenho certeza de que, no início, Buster achou uma ótima ideia mudar-se para aquela mansão luxuosa em Beverly Hills. Provavelmente pensou que seria o ambiente perfeito para relaxar no fim do dia. Todavia, a casa na Benedict Canyon Drive depressa se transformou num point. Assim que se espalhou a notícia de que Jimi estava residindo ali, os tipos mais duvidosos passaram a frequentar o lugar, entrando e saindo a qualquer hora. Na maioria das vezes, quando Buster e eu chegávamos em casa após uma noitada no Sunset Strip, deparávamos com um bando de estranhos.

Conforme acontecera em Seattle, meu irmão acabou me abrindo seu guarda-roupa, em parte porque estava cansado de me ver zanzar pela cidade vestindo as mesmas velhas roupas de sempre. As peças que eu comprara ao desembarcar em Los Angeles podiam até ser descoladas para alguém que tinha vindo das ruas, mas não se comparavam às usadas pelo pessoal do meio que frequentávamos. Por sermos do mesmo tamanho, tudo me servia, como se tivesse sido confeccionado sob medida para mim. O estoque de camisas de Jimi era maior que o de muitas lojas.

– Onde você arrumou tanta roupa? – indaguei.

– A maior parte das blusas ganho de amigas. Ou Devon e Carmen compram na seção feminina das lojas de departamentos.

Seus armários transbordavam de blusas femininas, em geral coloridas e vibrantes. E, na Los Angeles daquela época, andar pelas ruas metido numa camisa de seda estampada de flores não significava que você estava fazendo o estilo "cafajeste/cafetão". Assim, vesti uma e me observei no grande espelho do quarto. Se em meu irmão aquelas roupas pareciam *cool*, talvez funcionassem em mim também.

Algumas noites depois, estávamos à toa no Beverly Hills Hotel, quando resolvemos dar uma conferida no Whiskey a Go Go. Jimi, Carmen e eu entramos na limusine e rumamos para Hollywood. Mas a notícia da presença de Jimi já se espalhara antes mesmo de sua chegada, e todo mundo estava esperando para vê-lo. Na calçada diante da casa noturna, reinava o caos – uma multidão enlouquecida de hippies. Os manobristas já não aceitavam mais veículos. Por sorte, um cara baixinho emergiu da entrada, entupida de gente, abriu caminho por entre a multidão e caminhou até o local onde nossa limusine estava estacionada.

– Tudo bem, vamos para a minha casa – o sujeito anunciou.

Enquanto o via se afastar correndo, Buster virou-se para mim.

– Aquele é um amigo meu, Eric Burdon, dos Animals. Acho que nem vou perguntar se você sabe quem são – ele completou com um sorriso.

Quase no mesmo instante, o povaréu na frente do Whiskey a Go Go deu a impressão de sumir e seguir Eric até sua casa, no alto de Hollywood Hills. As ruas estreitas estavam tão congestionadas de limusines e carros que o bairro inteiro ficou intransitável. Cada vez que uma limusine desembarcava passageiros, precisava dar a volta atrás da encosta para retornar ao começo da rua e aguardar até a hora de ir buscá-los.

Ao entrar com Jimi e Carmen, avistei mais de uma dezena de coelhinhas da Playboy, vestidas a caráter. A cocaína rolava solta. Todos estavam abrindo seus papelotes e espalhando o pó em qualquer superfície horizontal disponível. Como eu não conhecia ninguém na festa, aspirar coca era um jeito fácil de me enturmar. O fato de eu nunca tê-la ingerido não me impediu de mergulhar fundo. Assim que a primeira carreira foi cortada na minha frente, mandei ver. Além do mais, Jimi e Carmen tinham se reunido a um pessoal ao redor da piscina, e eu não fora àquela festa apenas para ficar grudado nos dois e atrapalhar o lance deles.

Creiam-me, parti para a azaração e passei cantadas em todas as garotas. Era difícil escolher alguém, por serem tantas. Eu não queria levar apenas uma comigo para o hotel; queria levar *todas*.

Quando, enfim, larguei o pó para falar com Jimi na piscina, ele me disse que estava indo embora. Combinamos de nos encontrar no dia seguinte, na mansão da Benedict Canyon Drive. Terminada essa breve pausa na minha devassidão, voltei para o interior da casa – e para a cocaína. Rodeado de estranhos, dediquei o resto do tempo a cheirar carreiras. No fim da noite – ou melhor, no início da manhã – chamei meu motorista e o aguardei na calçada, cambaleando para a frente e para trás. Quando atravessei o saguão do hotel, lá pelas três da madrugada, ainda havia garotas *esperando* para conhecer Jimi. Não hesitei em convidar uma delas para a minha suíte.

No vicejante cenário hippie da Sunset Strip, logo descobri que os traficantes eram quase tão persistentes quanto as garotas. Como elas, eles disputavam a nossa atenção. Buster e eu tínhamos à disposição qualquer substância que desejássemos. As pessoas simplesmente se aproximavam e nos entregavam papelotes ou trouxinhas de drogas. Bastava eu me identificar como o irmão de Jimi em clubes como Whiskey a Go Go e Rainbow Room para os traficantes correrem em minha direção. Não só queriam saber do que eu precisava, como se prontificavam a me dar amostras grátis das coisas boas que porventura tinham consigo naquele momento. Eu nunca fiquei tão chapado por tanto tempo seguido na minha vida. Estar sob a influência de álcool ou drogas dia e noite só fazia acentuar a natureza surreal da minha viagem a Los Angeles.

Após anos de turnês pelo mundo, enfim foi concedida ao meu irmão a chance de relaxar e se divertir em Los Angeles. Com somente alguns shows agendados para os últimos dias do mês, Jimi pôde desfrutar de algumas semanas à toa. Entramos na rotina de ficar nos clubes de Hollywood até as primeiras horas da manhã e acordar tarde. Buster era um *superstar* mesmo entre os outros *superstars* e, na cidade, éramos tratados como a realeza. Todas as principais figuras do *show business* procuravam se encontrar com meu irmão. Toda noite frequentávamos festas particulares em Hollywood Hills e saíamos na companhia das celebridades mais importantes. Nessas noites nebulosas, regadas a álcool e drogas, Jimi costumava me apresentar a pessoas legais, a maioria com sotaque inglês. Essas reuniões se desenrolavam num ritmo frenético em casas noturnas barulhentas, ou em festas apinhadas de gente. Depois Buster me explicaria que os caras eram membros de bandas famosas como os Beatles, Rolling Stones, Steppenwolf, The Doors e The Who. Fazendo um retrospecto, é estranho pensar que conheci Ringo Starr, Paul McCartney, Jim Morrison, Jerry Garcia, Johnny e Edgar Winter, John Kay e Mick Jagger sem ter absolutamente nenhuma ideia de quem fossem. Assim era Hollywood naquela época.

Ainda sonhando

Pouco mais de duas semanas após minha chegada a Los Angeles, de uma hora para outra perdi contato com Jimi. Ele havia encerrado sua conta no hotel, e, quando telefonei para a mansão da Benedict Canyon Drive, ninguém quis me informar de seu paradeiro. Por fim, consegui falar com Mike, que me contou que meu irmão ficaria alguns dias em San Diego, e só. A possibilidade de me entediar em Hollywood não me preocupou. Sem notícias de Buster, curti as noites no Whiskey a Go Go, sentado à sua mesa cativa e me comportando como um membro da realeza pop.

Os dias se passaram e, quase uma semana depois, Jimi ligou para a minha suíte no Beverly Hills Hotel, querendo saber de mim. Quando indaguei sobre sua viagem a San Diego, ele me interrompeu no meio da frase.

– San Diego? Quem disse que eu estava em San Diego?
– Mike.
– Cara, eu estava fazendo um show no Havaí. E pedi a Mike para avisar você.

Pelo visto, eu incomodava Mike a tal ponto que o sujeito me enganara de maneira intencional, com o objetivo de me manter afastado de Jimi. Mike estava começando a jogar sujo e, evidentemente, eu precisava observá-lo com ainda mais cautela. Aliás, nunca deixei de ficar de olho nele por causa do modo como ele e Gerry tratavam meu irmão. Desde que os conhecera, naquele primeiro show de Jimi em Seattle, eu me tornara uma pedra no sapato de ambos. Nosso relacionamento seguiu um rumo semelhante em Los Angeles. Talvez eu fosse apenas um garoto de vinte anos aos seus olhos, mas por outro lado era um trambiqueiro mais experiente. Se sentisse cheiro de condutas duvidosas, não ia ficar de bico calado. Tal certeza enlouquecia Gerry e Mike. Os dois estavam acostumados a controlar cada detalhe dos shows e das atividades de Jimi. Agora que meu irmão me inserira na equação, o negócio já não funcionava mais assim.

Numa ocasião, Buster me dissera:

– Lembre-se sempre, Leon, se você não entrar na onda, não conseguirá tocar música nenhuma.

Como eu não "entrava na onda", continuava soando como uma nota dissonante na percepção de seus empresários. Gerry e Mike mantinham um domínio absoluto sobre as finanças de Jimi, sendo quase impossível arrancar algum dinheiro deles. Jimi era o músico mais popular do mundo, e seus empresários lhe davam uma diária de *cinquenta dólares*. Na maioria das vezes Buster se mostrava generoso o bastante para dividir esse dinheiro comigo. Não era difícil perceber que alguma coisa estava errada. Mas Jimi nunca quis esclarecer essa questão. Pela própria personalidade dele, meu irmão jamais gostara de entrar em confrontos e desejava apenas dedicar-se à sua música. O lado material, as finanças, não o interessavam. Eu, por outro lado, se sentia cheiro de algo podre, reclamava para os empresários a toda e qualquer oportunidade – e eles sempre respondiam que a grana estava curta. Mike, por exemplo, tinha uma frase pronta: "Está tudo contabilizado". Mentira.

– Cara, acabei de ver você entrar no escritório do *promoter* depois do show e sair com *oitenta mil dólares* – interpelei Mike certa feita. – Se meu irmão quer um pouco do seu próprio e suado dinheiro, dê a ele.

Gerry e Mike ficaram putos naquela vez, mas não me importei. Tampouco Buster, que me abraçou quando lhe contei a história mais tarde. Embora tanta gente pertencesse à sua comitiva – seus dois companheiros de banda, os *roadies* e os empresários –, ninguém era do seu sangue. Assim, senti ser aquela a oportunidade de defendê-lo. Jimi sempre estivera presente para me proteger durante a nossa infância, e me alegrou saber que poderia lhe retribuir o favor em Los Angeles. Os empresários cuidavam de cobrir todos os nossos gastos; porém, em última instância, era Jimi quem pagava tudo. Meu irmão tinha acesso a carros, suítes de hotéis, aviões e casas alugadas, todavia nada disso lhe pertencia. No fim do dia, cada centavo saía do bolso de Jimi.

Mas a festa não podia parar. Para a segunda semana de outubro, estava agendada uma série de shows no Winterland, em San Francisco. Na manhã de 10 de outubro, entramos na limusine para um percurso de seis horas e meia rumo ao norte da Califórnia. Assim que chegamos e fizemos o *check-in* no hotel, Buster e eu resolvemos caminhar até as ruas Haight e Ashbury a fim de conferir o que estava rolando na região. Ao perceberem meu irmão circulando por ali, os hippies simplesmente surtaram. Quando Jimi parou e pediu emprestada a guitarra de um dos músicos de rua para tocar, achei que o sujeito ia desmaiar.

A cocaína havia se tornado a minha nova droga preferida, porém o LSD não ficava muito atrás. Como eu estava tomando o ácido com assiduidade, longos períodos de tempo, às vezes dias inteiros, se tornavam nebulosos. À deriva, eu entrava e saía da órbita de Jimi, e não raro sumia por alguns dias, para explorar o terreno. Foi exatamente isso o que aconteceu em San Francisco. Numa tarde, no Golden Gate Park, chapado de LSD, me separei de Buster quando ele estava indo se encontrar com Buddy Miles em algum lugar da cidade. Pouco depois, esbarrei com um grupo de lindas garotas hippies que pretendiam assistir a uma apresentação do Grateful Dead no clube Matrix, à noite, de modo que me pareceu uma ideia incrível entrar na Kombi e acompanhá-las. Eu ia para onde a maré me levava. Além de tudo, Jimi andava ocupado demais cuidando de seus próprios assuntos. Naquela noite, as meninas e eu nem sequer aparecemos no show do Grateful Dead. Ficamos na Kombi, no meio do estacionamento, farreando até as primeiras horas da manhã.

Para mim, os três dias em San Francisco foram um borrão – uma névoa espessa de maconha, LSD e sexo com as minhas novas amigas hippies. Gastei tanto tempo consumindo drogas e rodando pela cidade na Kombi psicodélica, que não assisti a um único show de Jimi no Winterland. Tampouco regressei a Los Angeles com meu irmão, na limusine. Decidi que as hippies me levariam de Kombi, porque eu não queria que a festa acabasse jamais.

De volta a Los Angeles, Buster passou a frequentar o TTG Studios todas as noites para a gravação do material de seu novo álbum. O estúdio ficava em Hollywood, na North McCadden Place, 1.441, não muito distante da Sunset e da Highland. Ao entrar lá pela primeira vez, fiquei surpreso, de tão pequenino que era o local. A sala de controle era bem estreita. Não que isso impedisse Jimi de promover suas festas ali dentro. Depois da viagem a San Francisco, Devon e Carmen seguiram cada qual o seu caminho, portanto mais mulheres passaram a gravitar ao redor do meu irmão. Contudo, se no princípio elas não constituíram nenhum problema, acabaram se transformando numa grande distração quando Jimi tentava se concentrar no trabalho. As garotas simplesmente queriam badalar no Whiskey a Go Go, e a maioria não demonstrava o menor interesse pela arte que Jimi se empenhava em criar.

Enquanto Buster se atinha à programação de comparecer ao TTG Studios para gravar, continuei minha ronda pelos clubes noturnos da cidade. No início, entrava na limusine e rumava para Hollywood sozinho; no entanto, com o tempo, comecei a deparar sempre com os mesmos rostos nos mesmos locais. O pessoal em geral se concentrava no Rainbow Room, o point para ver e ser visto. A conversa, não raro, girava apenas em torno de onde encontrar drogas – e a gente nunca precisava correr muito atrás. Se alguém tinha LSD, tomávamos LSD. Se era coca, cheirávamos algumas carreiras. Se fosse maconha, fumávamos uns baseados.

Como de hábito, uma profusão de músicos, atores, modelos e executivos importantes da indústria do showbiz lotavam o espaço. Minha vida se resumia a farrear. Todo mundo se dopava nas casas noturnas. Púnhamos cocaína sobre a mesa como se fosse um aperitivo, semelhante a pãezinhos e patês. Aquilo fazia parte da cena, e não havia quem não carregasse um ou dois papelotes consigo. Receber uma nota de cem dólares enrolada para aspirar drogas era tão comum quanto ganhar um aperto de mãos. Bastava eu cruzar a soleira da porta, e já me ofereciam umas carreiras. Verdadeiros montes de cocaína espalhavam-se em todas as mesas – e não eram simples montinhos. Estou falando de carreiras grossas e intermináveis. Numa ocasião, comentei:

– Cara, essa aí parece que vai até o Alasca!

A partir de então, passamos a chamar as carreiras gigantes de "carreiras do Alasca".

Não só me converti num sucesso entre as garotas, como também entre os agentes e empresários superambiciosos à espreita em cada canto do Rainbow Room e do Whiskey a Go Go. Assim, não havia razão para me sentir um peixe fora da água, pois, com a minha experiência de rua, eu sabia como navegar em águas repletas de malandros e figurões. Além do mais, não tive nenhum problema para lidar com as mulheres. É difícil não se achar o máximo desfilando com uma mulher elegante em cada braço. As pessoas disputavam alguns minutos da minha atenção porque desejavam, desesperadamente, achar um jeito de entrar em contato com meu irmão. Ansiavam se apossar de um pouco da magia que ele criava com a sua música. Costumavam me contar alguma ideia para um show que gostariam que Jimi fizesse, ou falar de como queriam contratá-lo para uma nova turnê. Embora eu ouvisse todo mundo e fosse cordial, nunca me senti confortável para abordar Buster e lhe sugerir qualquer tipo de negócio. Jamais tivera esse tipo de atitude e não me via agindo de maneira diferente num futuro próximo. No fim da noite, às vezes eu saía dos clubes com uns cinquenta cartões de visita, que acabavam no lixo tão logo eu regressava à minha suíte no hotel ou à casa na Benedict Canyon Drive.

Percebi que muitos astros do rock invejavam meu irmão. Buster era considerado o número um. Apesar de tantos outros roqueiros também se vestirem de maneira extravagante e possuírem uma altivez natural, Jimi sempre se sobressaía quando estavam todos juntos num mesmo local. Os enciumados pareciam desconfortáveis e pouco à vontade logo que meu irmão entrava. Notei, em particular, uma certa tensão em Arthur Lee, o vocalista da banda Love, e sua equipe. Arthur considerava-se o primeiro artista negro de rock com uma banda branca e sentiu-se ofuscado quando Jimi entrou em cena e roubou as atenções. Buster e Arthur haviam se conhecido no início da carreira, em Hollywood, quando Jimi tocava com Little Richard. Entretanto, quando meu irmão o apresentou a mim, não tive a impressão de que fossem próximos. Aliás, Buster não dava a mínima para isso. Ele cuidava da própria vida e não se julgava competindo com ninguém.

Quando voltávamos à mansão da Benedict Canyon Drive, noite após noite, sempre encontrávamos garotas bonitas à nossa espera. Mas, por sorte, durante o dia tínhamos alguns períodos de descanso. Jimi e eu passamos muitas tardes relaxando à beira da piscina, e esses são os momentos da minha estada em Los Angeles de que mais me lembro, porque não nos víamos obrigados a lidar com nenhuma distração. Apenas dois irmãos fazendo companhia um ao outro. Era fácil constatar que aquele estilo de vida estava lhe cobrando um preço alto. Recordava-me bem de seus telefonemas animados nos idos de 1966, quando Buster chegara a Nova York, e como soara verdadeiramente feliz então. Agora que se tornara mais famoso do que nunca, aquela alegria tinha quase desaparecido.

Jimi me contou todas as dificuldades que vinha encontrando na criação do Electric Lady Studios em Nova York. Disse-me que o empreendimento se convertera num pesadelo. Para começar, descobrira que o edifício ficava em cima de um rio subterrâneo e sofria de constantes inundações. Também me contou que fora obrigado a tomar um empréstimo para manter o projeto em andamento, o que parecia ridículo. Os empresários insistiam em que todo o seu dinheiro já estava aplicado e, portanto, não lhe restava escolha. Como de hábito, os acordos financeiros não faziam muito sentido. Seria difícil para qualquer um explicar como uma das estrelas do rock mais bem-sucedidas do planeta precisava tomar um empréstimo para qualquer coisa. Mas, como sempre, quando insisti em saber os detalhes, ele não quis levar o assunto adiante. A situação toda obviamente o deixava arrasado, e não havia sentido em pressioná-lo.

Certa tarde, acendemos nosso primeiro baseado do dia e, pela primeira vez, tivemos oportunidade de conversar sobre seu jeito de tocar.

– Como você produz todos aqueles ruídos? – perguntei. – Como consegue criar aquele som selvagem?

– São os pedais: o *wah-wah* e o *fuzz*. Os amplificadores Marshall que uso hoje têm uma sonoridade muito potente, e a Fender Strat é uma grande guitarra. – Buster acomodou-se na cadeira. – Sabe, Leon, depois de todos aqueles anos em bandas, com pessoas me dizendo o que tocar e tendo que obedecer minuciosamente aos arranjos, a coisa se tornava automática. O que faço está além dessas fronteiras. Sou livre. Desde que o baixista permaneça na linha, posso fazer o que eu quiser. Se surgir microfonia, ótimo. As cordas, as notas e os tons brigam entre si, mas, com a guitarra afinada em mi, não soará dissonante. Posso estar solando nos agudos enquanto o mizão continua soando. Então há dois tons simultâneos. É como se você estivesse tocando duas guitarras ao mesmo tempo. Tem que deixar fluir, embora permanecendo no controle. A guitarra é um instrumento muito aberto. Não se pode tocar uma nota realmente errada, a menos que você não saiba dar um *bend* e moldar a nota dentro das outras melodias e tonalidades que estão rolando. É tudo uma questão de recuperação. É a parte mais importante de solar e improvisar. Você entende o que estou dizendo?

Eu entendia, sim. Quando Buster explicava, tudo sempre fazia sentido.

Uma das minhas músicas favoritas de Jimi na época era "Bold as Love", de seu segundo álbum, *Axis: Bold as Love*. Quando comentei o que sentia quando ouvia essa faixa, ele me contou detalhes sobre as ideias que tinha usado na composição da letra. A relação entre as emoções, as cores e as notas musicais intrigava meu irmão, que citou um conceito denominado Energia Som Cor Dinâmicas – o qual, num tom brincalhão, às vezes chamava de $E = sc^2$, bem no estilo da teoria $E = mc^2$, de Einstein.

A conexão entre as sete notas da escala musical e as sete cores do arco-íris fascinava Jimi. Sem falar no fato curioso de que o vermelho, o amarelo e o azul – a primeira, a terceira e a quinta cores do arco-íris – são cores primárias, enquanto a tônica, a terça e a quinta – a primeira, a terceira e a quinta notas de uma escala maior – constituem um acorde maior. Se existisse algo como "ouvir em cores" ou "tocar em cores", era exatamente o que meu irmão pretendia realizar (ou talvez já o tivesse realizado). Independentemente disso, Buster estava interessado em praticá-lo. Sentia que, se não podia agarrar a música fisicamente, podia pelo menos descrevê-la em cores e torná-la, de algum modo, tridimensional. Meu irmão levou o fascínio pelas frequências de rádio da sua infância para um patamar superior. Não só havia o som e a cor para moldar e configurar em suas composições, como também a energia – a alma, o espírito e a emoção. Os três elementos juntos tinham um poder incomparável. Jimi tentou vincular tudo num único formato: sua música. Eu estava sempre aprendendo com ele. Para mim, ele tinha todas as respostas, e esse sentimento era libertador.

– Estou feliz por você ter vindo para cá, Leon – disse Jimi, recostando-se e acendendo um cigarro.

– Eu sei. Aqui é ótimo, Buster. – Levantei-me e me debrucei sobre o parapeito para contemplar o cânion lá embaixo.

Os dias que meu irmão e eu passamos juntos em Los Angeles foram extraordinários. Durante horas a fio, sentados à beira da piscina, conversamos sobre tudo o que acontecera em nossa vida. Não éramos mais meninos, porém a sensação ainda perdurava.

Naquele dia, seguiu-se uma longa pausa em nossa conversa. Jimi tirou um cigarro do bolso, acendeu-o e se ajeitou na cadeira.

– E então? O que você quer fazer? – indagou.

Sentei-me em silêncio e refleti sobre a pergunta. Só tinha certeza de uma coisa: não queria que a festa acabasse nunca mais. Sentia-me plenamente satisfeito em ser apenas o irmão mais novo do astro do rock mais famoso do planeta. Garotas, festas, drogas, mesas reservadas em áreas VIP – aquilo funcionava bem para mim. Porém, o que não compreendi então, durante aquela nossa conversa à beira da piscina, era aonde Buster queria chegar. A pergunta que ele fizera e a que eu ouvira eram diferentes. Meu irmão queria que eu considerasse a questão a longo prazo, ponderasse sobre o que desejava fazer no futuro. Ele estava com turnês e gravações agendadas. Eu não podia ficar para sempre à margem de tudo, não me dedicar a nada exceto farrear.

– Você quer tocar um instrumento, trabalhar num estúdio, ou talvez se tornar um engenheiro de som?

– Quero trabalhar com você, Buster.

Ele puxou sua cadeira para mais perto de mim.

– O lance é o seguinte: ainda preciso cumprir dois meses de contrato e então vou começar um negócio novo. Tenho mais alguns shows agendados e depois partirei para Nova York, para montar minha própria gravadora.

– Parece um ótimo plano. Quero ir também. Ou me encontro com você lá. Nunca estive em Nova York, será legal conhecer a cidade.

– Tudo vai mudar, Leon. Pretendo fazer algumas coisas diferentes e ir numa direção nova. Quero escrever sinfonias com naipes de cordas, violinos e instrumentos de sopro. Quero compor. Depois dos shows no Havaí, nós dois vamos nos encontrar em Nova York para começar a cuidar das nossas coisas.

Sentado ali com meu irmão, à beira da piscina, sob o sol maravilhoso da Califórnia, mais uma vez não fui capaz de contar a ele que deveria retornar a Seattle para ouvir minha sentença. O futuro nos parecia tão promissor que preferi não estragar a visão que estávamos criando em conjunto. Eu ainda estava preso em um sonho.

Jimi também se mostrou frustrado em relação ao rumo de sua carreira. Na opinião dele, Mike e Gerry preocupavam-se unicamente em conservar a máquina de dinheiro Hendrix funcionando. Faziam-no trabalhar até cair de cansaço e o mantinham em constante atividade. Buster estava claramente esgotado.

– Sabe, Leon, vou demitir esses caras. E ambos sabem que serão demitidos. É por isso que estão me fodendo tanto agora. É só repetir, repetir, repetir a mesma coisa. Cara, já não aguento mais tocar "Foxy Lady" e "Purple Haze".

Jimi desejava apenas criar, e seus empresários o estavam destruindo. Ele queria ir para o estúdio, entretanto sempre surgia algo que o impedia de montar uma agenda tranquila.

Em 26 de outubro, meu irmão fez um show em Bakersfield, no Civic Auditorium, mas pouco – ou nada – do evento me vem à memória. Lembro somente que o lugar parecia mais adequado a uma festa de peões do que a um concerto de rock. Viajamos uma hora e meia de limusine, Buster se apresentou, entramos na limusine e voltamos para Los Angeles.

Mais de um mês já havia transcorrido desde minha chegada a Los Angeles, e eu estava começando a pirar. O ritmo frenético das farras me consumiu. Também não ajudou muito minha overdose de cada um dos vícios que Tinseltown[3] oferecia: sexo, drogas e rock'n'roll – *principalmente* sexo. Meu corpo entrou em colapso, e transar se tornou algo quase impossível. Nunca pensei que chegaria o dia em que as garotas não me deixariam excitado.

Quando contei meu problema a Buster, ele sorriu.

– Basta maneirar com as meninas. Não se preocupe. Você ficará bem em algumas semanas.

Era evidente que eu precisava de uma pausa. Além de tudo, estava cada vez mais difícil continuar ignorando a realidade da minha situação em Seattle. Tinha de ir embora e enfrentar o que me esperava. Antes de Jimi partir para seus shows em Kansas City, Minneapolis e St. Louis, nos despedimos em casa. Peguei um táxi para o aeroporto e tomei um avião para Seattle.

---

[3] "Cidade de Brilho Falso", apelido dado a Hollywood. (N. da T.)

12 Passagem pelo exército

De volta a Seattle, demorei um pouco para desacelerar depois do tempo curtindo Los Angeles como se fosse um astro do rock. Não foi fácil me ajustar após viver o sonho de Jimi. Enfim me entreguei ao sono tão necessário e acho que passei dois dias inteiros na cama. Sentindo-me recuperado, minha nova realidade lentamente se definiu. Embora houvesse prometido me encontrar com Buster em Nova York em breve para cairmos na estrada juntos, nada daquilo iria acontecer.

No período em que me preparava para me apresentar ao tribunal, recebi uma correspondência: convocação do exército. Eu fora sorteado e não tinha remédio. Quando levei a carta para o meu advogado, o homem ficou eufórico.

– Sabe de uma coisa? – falou, com um largo sorriso. – Você é um garoto de sorte. Tem ideia do que isso aqui significa? É seu bilhete para se livrar da cana.

Meu advogado convenceu o juiz a deferir minha sentença e me permitir prestar o serviço militar e defender meu país, conforme acontecera com Jimi no passado. A boa notícia: eu não iria para a cadeia. A má notícia: seria mandado para a porra do Vietnã. Eu não sabia muito sobre a guerra, mas, pelo jeito, estava prestes a aprender em primeira mão.

Na manhã de 5 de dezembro de 1968, meu pai me levou ao mesmo edifício onde deixáramos meu irmão sete anos atrás. Papai estava, inclusive, com a mesma expressão severa ao pararmos na entrada.

– Eu servi ao exército, seu irmão serviu ao exército, e agora você está indo servir ao exército, filho. Faça o melhor possível.

Meus dias de vestir blusas extravagantes e sapatos de couro de crocodilo tinham acabado. A mesa reservada no Whiskey a Go Go havia muito se fora. E não restara nenhuma garota elegante à vista.

Fui enviado para o Forte Lewis, onde me rasparam a cabeça, me enfiaram numa farda e me deram uma cama ordinária. Não houve absolutamente nenhum trote no meu primeiro dia no quartel. O oficialato sabia que tínhamos quase cem por cento de chance de irmos para o Vietnã; assim, quando os recrutas chegaram à base, tudo era tratado com seriedade.

– Se um de vocês for para o Vietnã e acabar morto porque não foi capaz de matar, então a culpa é sua, trouxa! – gritou o sargento no primeiro dia, logo que nos perfilamos. De fato, uma instrução para não esquecer. Percebi a importância de me preparar, mental e fisicamente, para entrar na batalha e tirar a vida de alguém. Nunca me considerei uma pessoa violenta, e tampouco um tipo atlético, de modo que precisei cavar fundo dentro de mim para descobrir uma força interior que não só me ajudasse a enfrentar o treinamento rigoroso, como também a guerra.

Curiosamente, à medida que o treinamento da infantaria avançava, a experiência revelou-se um desafio bem-vindo para mim. Por mais que fosse uma aventura maluca, eu estava determinado a ir em frente, seja lá para onde aquilo me levasse. Uma vez adaptado à nova e exigente programação, não tive nenhum problema em acordar às quatro da manhã para encarar os desafios diários. Desde o início, me superei e fui um dos primeiros do nosso pelotão capaz de desmontar um fuzil M16 e remontá-lo no escuro sem muita dificuldade. O treinamento começou com instruções sobre minas terrestres e construção de bombas. Também nos fizeram entrar numa casa cheia de gás lacrimogêneo sem usar máscara. Para que sentíssemos os efeitos do gás, obrigaram-nos a cantar canções como "Sino de Belém" durante todo o tempo em que estivemos lá dentro. Se a gente prendesse a respiração e atravessasse o local correndo, apenas os olhos ardiam. Mas se cantávamos, inspirando e expirando, os pulmões pareciam pegar fogo.

Logo no princípio, descobri que tinha uma habilidade natural para a liderança. Os meus superiores também perceberam isso e me converteram em líder de esquadrão. Minha responsabilidade consistia em garantir que os homens sob os meus cuidados aprendessem tudo o que fosse necessário para passar nos testes. Pela primeira vez na vida eu tinha sido agraciado com uma posição de liderança, e abracei a oportunidade. Quando fosse mandado para o Vietnã, se o fato de ser um líder de esquadrão aumentasse minhas chances de sobrevivência, então isso valeria toda a minha dedicação.

Cerca de oito semanas depois de entrar para o exército e não muito depois de completar o treinamento de infantaria, consegui uma licença de uma semana. O fato de haver permanecido no Forte Lewis por dois meses não me impediu de me readaptar depressa ao ambiente do centro de Seattle. O exército talvez se acreditasse no controle da minha vida, porém eu não tinha a menor intenção de abandonar a malandragem. A licença de uma semana renovou meu gosto pela ação.

Tão logo regressei ao quartel, descobri que, se vestisse roupas civis e me comportasse de maneira calma e despretensiosa, podia sair andando tranquilamente pelo portão da frente e caminhar até o ponto de táxi sem que os guardas me impedissem. De forma que comecei a ir de táxi ao centro quase todas as noites, gastando vinte dólares na corrida de ida e mais vinte de volta. No final da noite, geralmente chegava trazendo algumas trouxinhas de maconha comigo. Pouco mais de dez gramas da erva custavam uns dez dólares, e eu vendia baseados para o pessoal do meu pelotão por 2,50 cada um. Um lucro decente. Havia muita grana para faturar na base, e não tardou para que meu pelotão vivesse chapado. Em geral, quando saíamos para os treinos, todo mundo estava drogado.

Os caras mais chegados sabiam que Jimi era meu irmão, mas os oficiais não tinham muita ideia disso, até se espalhar a notícia de que Buster costumava tocar uma versão do hino nacional em seus shows. A informação chamou a atenção de meus superiores e não os agradou nem um pouco. Ter uma "celebridade" sob seu comando tornou-se um tremendo incômodo. Eles passaram a afirmar sua autoridade sobre mim na frente do pelotão inteiro quando estávamos em campo, além de constantemente me discriminarem. Os oficiais procuraram me transformar num exemplo e sentiam uma necessidade incessante de me diminuir. As forças armadas enfatizavam que a vitória resultava da unidade, e eu entendia isso, tanto que não tinha a intenção de ressaltar a minha individualidade e aparecer mais que os outros.

– Você chama aquilo de música, Hendrix? – um dos sargentos gritou para mim certa manhã, no meio dos treinos. – Pois sabe como eu chamo aquilo? Chamo de profanar o nosso hino nacional. É um deboche! Você acha que alguém pode fazer aquilo impunemente? Sem chance, trouxa!

No entanto, nada do que os oficiais dissessem afetaria minha popularidade na base. Se aquilo surtiu algum efeito, foi o de me destacar, o que levou mais soldados a saberem quem eu era. Ainda assim, os oficiais jamais perderiam uma oportunidade de me censurar na frente de uma plateia.

Até um general de uma estrela se meteu na história. Certo dia, numa assembleia, o sujeito exibiu uma foto de Jimi com um fuzil numa das mãos e a bandeira americana na outra.

– Esta não é uma arma do exército, homens! – gritou ele, mostrando a arma que Buster segurava. O fulano estava irritadíssimo, andando para lá e para cá diante do nosso pelotão. De repente parou e apontou para o lugar onde eu estava sentado, algumas fileiras atrás. – E Leon Hendrix não é um general neste exército. Tratem de não se esquecer disso! Temos apenas um general nesta base, e seu nome, com certeza, não é Hendrix! Jimi Hendrix desrespeita a bandeira americana e tem profanado o nosso notável hino nacional tocando do jeito que toca!

Embora aquilo soasse cômico aos meus ouvidos, ninguém estava rindo. O exército não conseguia entender que os soldados simplesmente amavam Jimi. Quase toda uma geração estava indo para a guerra embalada por sua música. Suas canções eram parte essencial da trilha sonora do Vietnã. Nada do que qualquer um dos chefões dissesse ou fizesse mudaria a cabeça de seus subordinados. Os soldados não teriam uma visão diferente da música de Jimi, ou de sua mensagem, por causa disso.

Após o discurso do general, fui imediatamente rebaixado e designado a trabalhar durante três semanas inteiras na cozinha, realizando os serviços de limpeza e faxina mais duros e cansativos. O termo KP podia até significar *kitchen police* ("polícia da cozinha"), porém eu não ocupava ali nenhuma posição de autoridade. Minha função era preparar os vegetais para o cozimento e depois limpar o chão. Devo ter descascado pelo menos umas dez mil batatas. Quando terminava, a pilha beirava a altura dos meus ombros. Uma tarefa esgotante. Às vezes me arrancavam da cama às três da madrugada para ir descascar batatas por horas a fio. Todos sabiam que o oficialato desejava fazer de mim um exemplo. Contudo, nem que eu fosse KP para sempre isso afetaria minha popularidade junto à minha unidade. Naquela altura, creio que não havia um único soldado do quartel que desconhecesse minha identidade. Ainda que eu não estivesse fazendo nada de errado (de que os oficiais tivessem conhecimento), exceto continuar sendo eu mesmo, a situação continuava enfurecendo meus superiores.

Um deles resolveu me dar mais detalhes:

– A questão é que você está causando muita confusão, Hendrix. Está perturbando toda a unidade, e nós simplesmente não podemos tolerar tal atitude. Vamos colocá-lo na cadeia por algum tempo, para que você esfrie a cabeça.

E me colocaram. Decididos a me esmagar por quaisquer meios necessários, insistiam em que eu estava "atrapalhando o progresso militar", seja lá o que isso significasse. De modo que passei os dois meses seguintes na choça, também conhecida como prisão militar. Quando, enfim, me libertaram, devolveram minhas insígnias e me reintegraram à tropa. Porém, os oficiais me queriam fora de sua base o mais rápido possível. Traduzindo: minha próxima parada seria o Vietnã.

Meu esquadrão foi deslocado para um hangar da Base Aérea McChord. De lá, seríamos despachados para fora do país tão logo determinassem o local exato para onde nos enviariam. Será que eu seria destacado para disparar canhões? Dirigir tanques? Talvez lidar com as comunicações? Enquanto o exército decidia o nosso destino, recebemos o nosso equipamento. Quando nos instruíram para levar três granadas cada um, agarrei seis. Quando nos disseram para carregar duas centenas de cartuchos de munição, peguei *quatrocentos*. Se eu estava indo para a batalha, ia com tudo. Quando me afastei do paiol com o dobro de granadas, o dobro de munição, um fuzil M16, uma faca de 25 centímetros e uma pistola calibre 45, estava o mais pronto possível para a viagem.

E foi então que esperamos no hangar. E esperamos mais um pouco. Dormimos naquele espaço sufocante por quase dois meses, e nada de ordens para partir. A espera era insuportável, e tudo o que eu queria era chegar ao Vietnã e fazer o que deveríamos fazer. Nosso pelotão estava pronto para lutar. Havia muito estávamos preparados. Mas, semana após semana, recebíamos a mesma notícia de nossos superiores: ainda não seríamos mandados para o exterior. Então, numa tarde, nos perfilamos para uma grande assembleia ao ar livre. Todos os coronéis e majores estavam presentes, além de cerca de dez mil soldados. Parecia ter chegado a nossa vez: Vietnã, aqui vou eu.

– Homens – anunciou o general no pódio. – Temos ordens para descansar e voltar às operações normais em nossas bases.

Um pesado silêncio caiu sobre cada um dos soldados no campo. Confusos, nos entreolhamos, até que a realidade das palavras nos atingiu. Começamos a gritar a plenos pulmões e a lançar nossos capacetes no ar. Alguns soldados desabaram no chão e puseram-se a agradecer a Jesus pela boa sorte. Por enquanto, estávamos salvos e seríamos despachados de volta para o Forte Lewis.

O exército não sabia o que fazer conosco, porque a base estava superlotada. O período que passei na cadeia do Forte Lewis não contara como tempo de serviço, de forma que ainda me restava muito a cumprir.

Ao saber que meu irmão voltaria a Seattle para tocar no Coliseum em 23 de maio de 1969, pedi uma licença para que pudesse assistir à apresentação. O comandante também estava sabendo do show e deixou bem claro não ter a mínima intenção de me conceder a licença.

Quando meu pedido foi prontamente rejeitado, cheguei ao auge da frustração e expressei meu descontentamento de todas as formas possíveis. A resposta militar: um ciclo interminável de KP e trabalhos de jardinagem. A intenção deles era me obrigar, por quaisquer meios necessários, a entrar na linha como um bom soldado. Mas isso não iria acontecer de jeito nenhum. Quanto maiores as dificuldades que me impunham nesse sentido, maior a minha vontade de superá-las. Eu não pretendia deixar que me vencessem.

Apesar da insistência com que havia defendido meu requerimento, eles permaneceram irredutíveis. Aliás, minha insistência em obter a licença só servira para irritá-los. Um tenente chegou a me levar para trás de uma barraca numa noite e me bater.

– Eu quero você fora do nosso exército, Hendrix! – gritou ele. – Você acha que é algum figurão? Pois você não é nenhum figurão!

Depois daquela noite, resolvi não me submeter mais ao abuso físico e mental dos militares. E, talvez até o mais importante para mim, não iria perder as visitas de meu irmão. Nada do que o exército dissesse ou fizesse me impediria de me encontrar com Jimi quando ele viesse à cidade. Após considerar minhas opções, tomei uma decisão precipitada: se o exército não pretendia me conceder uma licença, eu não tinha alternativa senão ausentar-me mesmo assim, ou seja, AWOL (Away WithOut Leave, "ausente sem licença").

Alguns dias antes da chegada de Jimi, troquei a farda pelas roupas civis, coloquei meus pertences numa mochila e, como em tantas outras noites anteriores, saí andando tranquilamente pelo portão da frente até o ponto de táxi. Entrei no veículo e coloquei a mochila no banco de trás, ao meu lado. Pela janela, vi um transporte do exército passar, barulhento, e parar em frente ao portão da base. Também observei uma massa de soldados correndo em formação pelo campo, sob a chuva. Embora sua cantilena rítmica fosse quase inaudível, eu sabia muito bem o que cantavam. Inspirei fundo e soltei o ar com força.

– Para onde, amigo? – indagou o taxista, fitando-me pelo retrovisor.
– Leve-me para Seattle, avenida Seward Park, 7.954 – pedi.

Enquanto o táxi trafegava pela rodovia interestadual 5, senti que um peso gigantesco de súbito fora tirado dos meus ombros. Não que alimentasse dúvidas quanto às repercussões de meus atos, mas não era algo tão incomum soldados saírem sem permissão. Eu vivia escutando histórias de caras que tinham se ausentado do quartel por curtos períodos. O que poderia me acontecer de pior? Talvez algumas semanas na choça?

Eu me considerava capaz de lidar com esse tipo de punição. Já a enfrentara antes e poderia aguentar de novo. Não era como se eu fosse encarar um pelotão de fuzilamento. Talvez o meu raciocínio não fosse muito consistente na época, porém me pareceu suficiente para justificar minha conduta.

Meu pai ficou surpreso ao me atender à porta.

– O que você está fazendo aqui, filho?
– Estou de licença, pai. Está tudo bem.

Sem nenhum motivo para não acreditar em mim, papai sentiu-se feliz por eu estar em casa. No decorrer dos dias seguintes, deixei crescer o cabelo e o bigode. Achei que tinha tudo sob controle e que o exército nunca iria me pegar. Diabos, depois de algum tempo, talvez até se esquecessem de mim por completo. Tudo me parecia possível.

Quando Jimi chegou à cidade, fomos buscá-lo no aeroporto, como nas ocasiões anteriores, e o ajudamos a passar pelo mar de jornalistas curiosos e fãs excitados. Papai, June, Janie e eu o levamos do Aeroporto Sea-Tac para casa, a fim de que relaxasse um pouco antes do show daquela noite no Coliseum. Pude perceber, pelo comportamento de Jimi, que a sua prisão por porte de drogas em Toronto – três semanas atrás – ainda o estava perturbando, porém eu não pretendia incomodá-lo com esse assunto. Não que houvesse muito o que dizer sobre o incidente. Pelo que ouvi nos noticiários, a história da prisão não fazia sentido. As autoridades tinham focado as atenções apenas na heroína que supostamente fora encontrada, o que não me parecia lógico. Se também houvessem relatado a apreensão de maconha, LSD ou até mesmo uma pequena quantidade de cocaína, faria sentido. Mas a heroína era, e é, o mal supremo, o que, sem dúvida, sempre forneceu manchetes mais fortes aos jornais, capazes de chamar mais atenção. Se existia um jeito de as autoridades tentarem jogar as pessoas contra Jimi, seria alardeando ter encontrado heroína no meio de seus pertences. A última coisa que eu queria era começar a bombardear meu irmão com perguntas assim que o visse descer do avião. Achei mais importante deixá-lo descontrair-se e relaxar junto da família.

Como de hábito, seus empresários estavam sempre à espreita, onde quer que fôssemos, nos espiando e observando cada um de nossos movimentos. Apesar de não nos virmos desde minha passagem por Los Angeles, alguns meses atrás, Gerry e Mike continuavam chateados comigo. Com certeza eles não eram meus fãs, nem de ninguém da minha família.

Jimi surgiu no Coliseum vestindo calça de veludo laranja-escuro e blusa dourada. Parecia uma bola de fogo no palco. Já no fim da apresentação, agachou-se, e a calça rasgou atrás. Num instante, um dos *roadies* lhe entregou – por incrível que pareça – uma bandeira dos Estados Confederados para cobrir o rasgão. Assim, Buster tocou os últimos números com a bandeira na cintura. É até surpreendente que seu guarda-roupa não lhe tivesse causado mais contratempos nos shows. Os trajes de palco, em geral confeccionados de materiais delicados como veludo e cetim, acabavam forçados ao limite graças à atuação selvagem de Jimi. Porém, o objetivo deles era causar efeito sob a luz do palco, e não durar uma eternidade. Eu os chamava de "roupas descartáveis".

Além do palco rotativo, o Coliseum tinha uma cúpula de vidro, de maneira que a chuva forte que caía lá fora e os relâmpagos concederam ao show daquela noite uma atmosfera sobrenatural. Devido a uma falha elétrica ou mecânica, o sistema giratório quebrou e a banda ficou virada para um único lado. A multidão tentou se deslocar para ter uma visão melhor, entretanto o lugar estava tão lotado que ninguém conseguia se mexer.

Terminada a apresentação, Gerry nos levou até a suíte que reservara para Buster no Sherwood Inn, próximo ao campus da Universidade de Washington. Quando conversamos sobre o futuro, Jimi me contou que iria ao Havaí fazer um show e então retornaria a Nova York, onde seguiria gravando. Pude sentir que ele finalmente estava pronto para tomar uma direção nova, não só com sua música, mas com sua vida. Ele também estava farto da Jimi Hendrix Experience, com Noel e Mitch. Assim como enfim se cansara do modo como seus empresários manipulavam todos os seus passos e negócios. Foi reconfortante perceber que Buster afinal acordara.

– Esses caras que cuidam da grana têm me obrigado a assinar novos documentos jurídicos quase todo dia – queixou-se Jimi. – E eu só quero me concentrar na minha música. Está ficando impossível. Mas finalmente vou me livrar desses caras e começar a traçar meu próprio rumo; uma nova banda, novos empresários. Tenho o estúdio de gravação e estou abrindo uma nova gravadora.

Na manhã seguinte, meu pai nos pegou no hotel e, juntos, levamos Buster para o aeroporto. Papai sempre fazia questão de despedir-se de Jimi antes que ele pusesse os pés num avião. Nós o acompanhamos até o portão de embarque. Jimi partiu de Seattle para realizar shows no International Sports Center, em San Diego; no San Jose Pop Festival, no condado de Santa Clara, Califórnia; e no Waikiki Shell, em Honolulu, Havaí. Quanto a mim, ainda passei algumas noites com June, Janie e papai. Embora um maravilhoso mundo novo de possibilidades estivesse se abrindo para um futuro com Jimi, não fui capaz de reconhecer quão importante era voltar para o quartel e cumprir o meu tempo de serviço até o fim.

No princípio, pensei em só desfrutar de mais uns dias na companhia de minha namorada, Lydia. Depois, disse a mim mesmo que regressaria à base no começo da semana seguinte. Então prometi permanecer apenas mais uma semana na cidade. Porém, em vez de voltar ao exército para completar meu tempo de serviço e me focar no futuro brilhante que me aguardava, caí em cada um dos meus velhos hábitos. Após alguns meses fazendo promessas a mim mesmo e não as cumprindo, estava com muito medo de voltar. Havia chegado a um ponto sem retorno. O exército teria que vir atrás de mim.

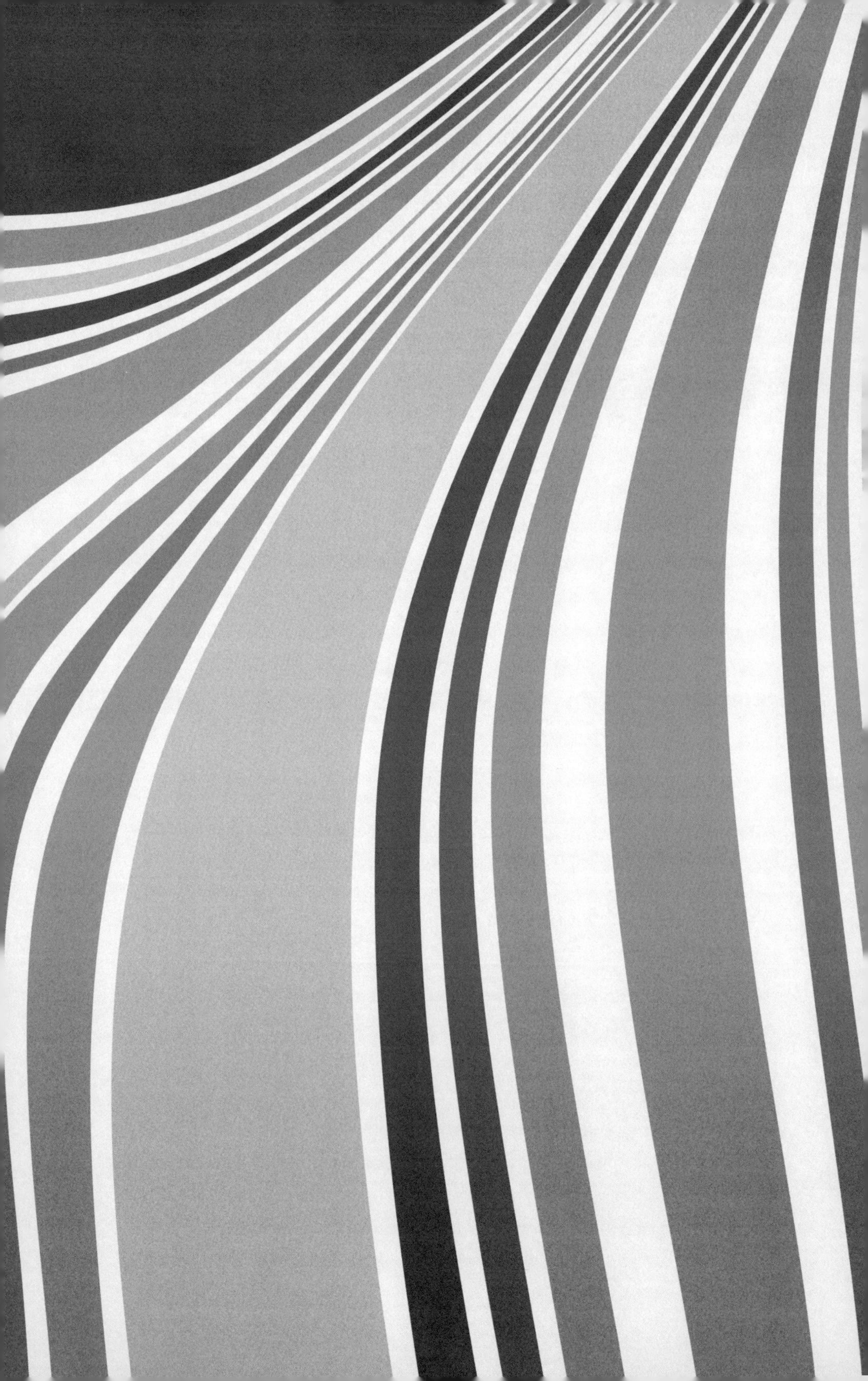

13
Os dias mais sombrios

Depois da última visita de Jimi a Seattle, liguei diversas vezes no seu apartamento em Nova York, mas nunca o encontrava. Quem atendia ao telefone dizia que ele não estava e que não sabia quando voltaria. Talvez houvesse mais alguém ali interessado em nos manter afastados, todavia é impossível afirmar com certeza. Eu não conseguia ignorar o apelo do dinheiro fácil, por mais que me esforçasse para resistir. Agora que a cocaína fazia parte do meu repertório (junto com a maconha, o álcool e o LSD), e depois de eu ter mergulhado de cabeça no pó durante minha passagem por Los Angeles, vivia chapado dia e noite. E, quando estava chapado, meu lugar eram as ruas.

No verão de 1969, me mudei da casa de meu pai, na avenida Seward Park, para um bom hotel, o Washington Plaza. Do quarto, podia operar com facilidade e ir e vir a qualquer hora da noite sem ser incomodado por papai. Embora ainda me restasse uma soma considerável do dinheiro que meu irmão me dera, continuei procurando outro esquema para faturar mais. Não que algo me impedisse de recorrer a Jimi, porém ele já tinha me dado mais do que o suficiente. O LSD se popularizara como nunca e parecia ser a droga do momento em Seattle. Todo mundo queria ficar doido. Meus amigos e eu começamos a fazer ponto nos locais de shows, como o Coliseum, e ganhar um bom dinheiro. O truque consistia em colocar algumas gotas de LSD numa pistola de água e preencher o restante com preparado de suco. Depois, perambulávamos pelo estacionamento cobrando seis dólares por esguicho, ou dois esguichos por dez dólares. Quando alguém queria, era só abrir a boca, e apertávamos o gatilho.

Os concertos eram uma oportunidade ocasional de faturar alto; o resto do tempo eu gastava nos salões de bilhar, bares e discotecas. Graças à generosidade de Jimi, meus bolsos estavam sempre cheios, o que me permitia circular pelas jogatinas da alta roda de Seattle. O ambiente me obrigou a andar com um segurança o tempo todo. Eu havia aprendido uma coisa sobre o jogo que meu pai jamais percebera: assim que ganhar alguns dólares, vá embora. É importante cair fora antes de acabar perdendo o seu dinheiro para alguma outra pessoa da mesa. No caso improvável de realmente ter sorte e faturar bem numa noite, eu precisava de proteção para sair do lugar antes que algum jogador, puto da vida, tentasse me roubar.

Meus conhecidos, espalhados pela cidade, me mantinham informados sobre a movimentação dos policiais militares e civis, que andavam me procurando e fazendo perguntas sobre mim. Houve ocasiões em que quase fui pego e precisei trocar de roupa com um amigo para escapar. Eu deveria ter imaginado o que ia acontecer, mas talvez meu ego fosse maior do que meu cérebro. Supus que não cometeria nenhum erro. Porém, só estava me enganando. Um homem inteligente teria, pelo menos, saído da cidade por algum tempo, ou então se entregado às autoridades. Não fiz nem uma coisa nem outra.

Evitar os policiais militares quando eles patrulhavam as ruas não era um grande problema, pois suas fardas nos permitiam identificá-los. Já os tiras de Seattle eram uma história diferente. Nunca fora fácil ficar longe de seu caminho porque eles estavam em todo canto, e muitos sem farda. Por fim, policiais civis à paisana me pegaram. Certa noite, depois de jantar no Kansas City Steak House, no centro da cidade, eu andava pela calçada da rua Pike com minha namorada, quando uns tiras saíram do beco e me algemaram. De tão rápida a operação, nem sequer os vi se aproximarem. Eles me meteram numa viatura e partiram para a delegacia, onde, na manhã seguinte, os policiais militares me buscaram e me levaram para o Forte Lewis.

Mal pus os pés no quartel, me jogaram na choça e não me permitiram sair dali exceto para as refeições e exercícios. O major Jackson, um negro velho e imponente que parecia estar no exército havia séculos, não me dava folga. Entretanto, eu continuava resistente à autoridade e me recusava a deixá-lo me dobrar. Cheguei até a me declarar oficialmente um *objetor de consciência* (ou seja, com princípios incompatíveis com o serviço militar), sob a alegação de liberdade de pensamento, e me recusei a cumprir o meu dever.

Assim, em agosto de 1969, enquanto Jimi novamente arrasava com a sua versão bela e áspera do hino nacional, numa apresentação lendária no Festival de Woodstock, eu estava na prisão militar. Minha vida resumia-se ao concreto frio e às barras de ferro. Tudo isso resultava de minhas ações, e eu não tinha ninguém a quem culpar, exceto a mim mesmo.

Depois de me largarem apodrecendo na cadeia por dois meses, o exército concluiu que, não importava o que fizessem, jamais conseguiriam fazer de mim um soldado. Certa noite, o major Jackson apareceu na minha cela para me comunicar o que haviam decidido.

— Você vai receber baixa, Hendrix.

— Legal — exclamei. Na minha cabeça, eu aguentara tudo e agora seria solto.

— Não, não é exatamente "legal" — respondeu o major, enfático. — Vamos entregá-lo à polícia de Seattle, e você vai para a prisão.

Poucos dias depois, levaram-me para a cadeia King County, na Quinta Avenida. O exército me concedeu um desligamento sob condições "não honrosas". Permaneci em King County por quatro meses, confinado numa solitária e comendo apenas mingau de aveia frio. Depois, me transportaram para a Penitenciária Shelton. Ali, realizava-se o que chamavam de "diagnóstico". Nos trinta dias seguintes, fui submetido a exames físicos e participei de reuniões com conselheiros a fim de determinarem para onde iriam me despachar em seguida. De Shelton me enviaram para o Reformatório Monroe, em 17 de março de 1970. Os guardas me puseram num cubículo individual, no Bloco C, uma área escura e enorme, com quatro andares de celas.

Quando enfim me devolveram meus limitados privilégios e pude passar algum tempo no pátio, quase tive a sensação de que voltava para casa, tantos os rostos conhecidos da minha época de malandro de rua. A notícia da minha chegada se espalhou e, conforme acontecera no exército, o pessoal me tratava com muito respeito.

Trambicar nas ruas era parecido com trambicar na prisão, só que a moeda preferida era o cigarro. Escambo e negociatas constituíam um estilo de vida, e, se você não soubesse fazer isso, não conseguia nada. O tabaco servia para negociar tudo – alimentos, maconha ou outras drogas. Minha namorada, Lydia, contrabandeava maconha para dentro do reformatório. Nas visitas, ela me passava a muamba e eu a colocava num copo de isopor. Antes de sair da sala, punha o copo no chão e dava uma olhada para um de meus amigos, que trabalhava como faxineiro. Depois que eu saía, ele varria a sala, não sem antes guardar o copo no bolso. Mais tarde, dividíamos a trouxa.

Nós nos empenhávamos ao máximo para fazer o tempo passar. E estar chapado era uma maneira perfeita. Até aprendi um jeito de produzir álcool com um dos detentos. Bastava colocar duas fatias de pão de trigo num copo de suco de fruta barato e deixar fermentar por duas semanas. Findo o prazo, tinha minha bebida na prisão. Talvez fosse rançosa e desagradável, mas já servia para ficar alterado.

Depois que fui preso, Buster me mandou um recado por nosso pai: ele queria fazer um show gratuito para os detentos no reformatório. No ponto de vista dele, isso talvez me ajudasse aos olhos da justiça, possibilitando uma redução da pena. Seus empresários, entretanto, descartaram a ideia. Meu irmão já havia passado por sua provação no Canadá quando, supostamente, encontraram drogas na sua bagagem. Naquele caso, Jimi conseguira se livrar da polícia, e seus empresários não queriam que ele se envolvesse com o meu caso. Na prisão, nunca conversei diretamente com Buster ao telefone; em geral, papai intermediava nossa comunicação.

Quando Jimi voltou a Seattle pela quarta vez, em 26 de julho de 1970, para tocar no Sicks' Stadium, os empresários não quiseram que ele fosse me visitar e se mostraram totalmente decididos a protegê-lo de qualquer publicidade negativa. Assim, ele esteve na cidade, fez seu show e eu não tive nenhuma oportunidade de vê-lo. Embora não houvesse me visitado na cadeia, Jimi estava comigo quase todos os dias. Sua música dominava todas as estações de rádio na época, e lembro-me em especial de ouvir "Crosstown Traffic" e "If 6 Was 9" quase sem parar.

O fato de Buster não me telefonar nem me visitar jamais me irritou, porque eu sabia com o que ele tinha de lidar todo dia. Durante o período em que caíramos na estrada juntos, pude presenciar o que se passava nos bastidores e testemunhei a pressão contínua à qual os empresários o submetiam. Além disso, eu não demoraria muito a sair dali, e então nos encontraríamos. Meu ânimo andava elevado porque, dia após dia, detentos com penas mais pesadas que a minha recebiam liberdade condicional. Sentia-me capaz de lidar com a situação sozinho. A decepção não me chateava, porque a minha vida inteira fora de decepções, e eu já me acostumara àquilo. Talvez estivesse acostumado até demais. Fora eu quem me colocara na posição em que estava agora, e precisava suportar o tranco até o fim.

Pelas minhas conversas telefônicas semanais com papai, eu me informava sobre o que Jimi estava fazendo e sobre os rumos de sua carreira. Quando papai mencionou que Buster, enfim, começara a montar a banda com a qual sempre sonhara – a Band of Gypsys –, com Buddy Miles e Billy Cox, fiquei feliz por ele. Também imaginei quanto Buddy devia estar contente por passar a tocar oficialmente com Jimi. Ele desejava essa oportunidade havia muito tempo e se mantivera firme para que isso acontecesse. Buster, por sua vez, vinha lutando para recuperar o controle sobre sua carreira e sua música; parecia que, finalmente, conseguiria isso com seu novo grupo.

★

Na manhã de 18 de setembro de 1970, acordei na minha cela e me arrumei para iniciar meu turno na cozinha. Alguns detentos haviam ligado seus rádios e estavam acompanhando o noticiário.

– Ei, cara, Jimi Hendrix morreu de overdose! – alguém gritou de repente de uma das celas do andar inferior.

– Não diga isso, cara!

– Estou falando, Jimi Hendrix morreu! Acabou de dar no rádio.

– Cale a boca, cara! Você sabe que o irmão caçula dele está lá em cima.

De vez em quando, circulavam boatos de que Jimmy morrera, então não dei muita bola quando ouvi aquilo. Porém, pelo sistema de som, num volume alto e distorcido, o comunicado ecoou pela prisão:

– *Detento Leon Morris Hendrix, número 156724. Compareça ao gabinete do capelão.*

Após essa chamada, meu coração se apertou. Quase todos os presos da minha ala já estavam acordados, entretanto o silêncio rapidamente dominou o pavilhão. Um silêncio como nunca antes ali dentro. Ao principiar a longa caminhada pelo corredor, os outros detentos, calados, me olhavam através das grades de suas celas. Depois de atravessar o portão, os guardas me conduziram ao gabinete do capelão. Quando ele me passou o telefone, papai já estava na linha.

– O que está acontecendo, pai? – indaguei.

– Odeio lhe contar isso, mas Jimi se foi, filho. Disseram-me que ele morreu ontem à noite – continuou meu pai baixinho, em meio às lágrimas. – Mas não se preocupe. Vai ficar tudo bem.

– O.k. Eu entendo – foi só o que consegui articular.

Eu queria desesperadamente acreditar que ia ficar tudo bem, mas não tinha tanta certeza. Entorpecido, arrastando os pés, voltei para a minha cela, lutando para manter as emoções sob controle porque, se agisse de forma diferente e começasse a gritar e esmurrar a parede, eles me mandariam para a solitária por sabe-se lá quanto tempo. Não que eu estivesse em condições de surtar, pois uma dormência pesada se alastrara pelo meu corpo. Aquele foi o momento mais terrível da minha vida. Confinaram-me à minha cela por um período de 72 horas. Era o procedimento padrão quando um preso recebia más notícias do mundo exterior, para evitar que a intensidade de suas emoções causasse distúrbios que afetassem os outros prisioneiros.

Desenhei e escrevi poesia durante o resto da manhã. De vez em quando, ao cruzar o corredor, algum detento me jogava cigarros, ou um pedaço de papel amassado com um pouco de maconha, através das grades de ferro.

Eu me agarrava a qualquer coisa capaz de me ajudar a sufocar a dor. Assim, enrolei um pequeno baseado e o fumei em uma ou duas tragadas. No reformatório, aquilo se chamava "dar um pega e acabar", porque, se os guardas nos pegassem no ato, sofreríamos não apenas uma medida disciplinar, como haveria um acréscimo da pena. E eu não tinha a menor intenção de ser despachado para a solitária ou de ficar no Reformatório Monroe mais tempo do que a lei exigira.

Sentado na beirada do colchão esfarrapado, fitei a parede por horas a fio. Enquanto recordava os anos que meu irmão e eu havíamos partilhado – os tempos bons e os maus –, minha mente se recusava a compreender sua morte. Nunca mais veria Buster sorrindo para mim. Esses dias tinham se acabado para sempre.

Notei que, um por um, os outros presos haviam desligado seus rádios. Desde a minha chegada ao reformatório, talvez aquela fosse uma das raras ocasiões em que tamanho silêncio se estendera sobre o meu pavilhão. Significou muito para mim que os outros caras agissem com tanta consideração. Foi uma demonstração de respeito. Cinco fileiras de celas, cheias de detentos, permaneceram em silêncio a maior parte da tarde. Nunca se ouvira falar de acontecimento semelhante no Reformatório Monroe. Provavelmente fora a primeira vez que tal coisa ocorrera na história do lugar.

Eu não sabia o que fazer. Não parava de chorar, e, por mais que reclamasse, não me permitiram sair do meu cubículo. Através das barras de ferro, contemplei as janelas arqueadas no alto da parede de concreto. O sol se punha lentamente. Seria uma noite insone.

Na manhã seguinte, canalizei minha dor escrevendo um poema intitulado "Star Child of the Universe" (Filho Estelar do Universo). As palavras jorravam da minha mente, e as escrevi tão rápido quanto surgiam. Estava de luto e queria dizer o meu derradeiro adeus a Jimi da minha própria maneira. Meu irmão sempre me parecera ungido, escolhido por um poder superior. Desde o princípio, fora destinado a ser uma estrela. Ele possuía um quê – aquele algo especial que o fazia diferente de todos os outros. Enquanto vivo, Jimi estivera à frente de seu tempo, e eu sabia que se tornaria ainda maior na morte. Os últimos versos de meu poema diziam tudo...

Ele sabia que encontraria a paz e o amor em algum lugar,
Então compôs música para nos guiar.
Eu sei que você está tocando aí em algum lugar
E, quando eu tiver minha experiência, irei te encontrar.

Durante toda a minha vida, lutei para atravessar incontáveis fases difíceis – porém, pela primeira vez, sentia não haver esperança. Quando, por fim, três dias depois, me permitiram sair da cela e jantar no refeitório, os outros detentos demonstraram grande respeito por mim. Meu irmão era um herói para uma geração de jovens, e muitos deles estavam ali presos, ao meu lado. Naquela noite, me ofereceram mais sorvete e bolo do que eu poderia comer, num gesto bonito de generosidade. Percebi que muitos prisioneiros estavam enfrentando um momento importante de luto também.

Eu não tinha certeza do que faria se não me dessem licença para comparecer ao enterro. Restara-me esperar e torcer pelo melhor. O fato de o corpo de Jimi só chegar da Inglaterra quase um mês depois acabou me ajudando. A favor do meu advogado, diga-se que ele usou esse período para obter a devida autorização para minha licença. Alguns dias antes da minha saída temporária, telefonei-lhe, e ao meu pai, pedindo que me arrumassem um terno bonito para o enterro. Em 1º de outubro de 1970, o dia do funeral de Jimi, meu terno de seda chegou, e desci à sala onde os pertences dos detentos ficavam guardados para me trocar.

Uma das condições impostas para me liberarem fora papai contratar três delegados federais para me acompanhar. Já de terno, caminhei pelo corredor do pavilhão, novamente imerso no mais completo silêncio. Inúmeros detentos mantiveram o punho erguido no ar à minha passagem, um sinal de respeito naquele dia importante. Mesmo do estacionamento do reformatório, sentado no banco traseiro da viatura, pude ver os caras no pátio, perfilados junto à cerca e me olhando.

Durante o trajeto de uma hora até a região sul de Seattle, eu ainda não conseguira absorver a realidade de estar indo para o funeral de Buster, e mal pude pronunciar algumas palavras. No estacionamento da Igreja Batista Dunlap, na avenida Rainier, os delegados se mostraram sensíveis com a minha causa.

— Ouça — disse um deles, me ajudando a sair da viatura. — Vou tirar suas algemas para a cerimônia.

— Obrigado, senhor. Agradeço muito.

— Mas preste atenção — continuou ele, tirando um conjunto de chaves do bolso interno do paletó para abrir as algemas. — Nós vamos estar na sua cola o tempo inteiro. Não nos faça nos arrepender de termos tirado suas algemas tentando ir a algum lugar.

No instante em que removeram as algemas, meu pai e minhas tias estavam ali para me acolher e abraçar. Foi uma experiência surreal caminhar pela igreja, repleta de centenas de pessoas. A emoção fluía aos borbotões. Sempre que eu via um de meus parentes, meu coração se despedaçava ainda mais. Senti uma tristeza profunda, como nunca antes. Meu pai e eu entramos juntos pela nave e nos sentamos na primeira fileira de bancos, junto de June, Janie, vovó e vovô. Nenhum de nós conseguia segurar o pranto. Toda a igreja chorava. Noel Redding e Mitch Mitchell estavam lá, e Buddy Miles, Johnny Winter e Miles Davis. Até o prefeito de Seattle, Wes Uhlman, compareceu. Num determinado momento, quando olhei para trás, reparei na presença de umas cinquenta jovens vestidas de preto, enlutadas por causa de meu irmão. Conhecendo Buster, não seria difícil concluir que eram suas ex-esposas, ou namoradas. Todavia, reconheci apenas algumas das garotas.

Coube ao reverendo Harold Blackburn conduzir a cerimônia, e um solista cantou cânticos tradicionais. À direita do púlpito, fora colocada uma guitarra maravilhosa, de quase dois metros de altura, feita de flores brancas e roxas. Uma das melhores amigas de mamãe, a sra. Freddie Mae Gautier, levantou-se e dirigiu-se às mais de duzentas pessoas reunidas. Após dizer algumas palavras gentis, leu um poema que Jimi escrevera poucos meses antes de sua morte, intitulado "Angels", e, em seguida, declamou minha poesia, "Star Child of the Universe". Assim que ela terminou, os presentes irromperam em "améns" e "aleluias".

Minhas pernas pareciam de chumbo quando caminhei até o caixão cinza e prata para o meu último adeus. Eles o haviam vestido num brocado de seda verde, e Jimi tinha uma expressão calma e serena, como se estivesse dormindo, ou apenas de olhos fechados, pensando em seu próximo projeto musical. Eu gostaria de acreditar que fosse assim. Após uma breve oração, dobrei o papel com meu poema e o coloquei junto de Buster.

Terminada a cerimônia, papai e eu rumamos, em silêncio, para o cemitério Renton, não muito distante da igreja. As notícias sobre o funeral de Jimi estavam em todas as rádios, e as pessoas saíam de suas casas e iam às ruas, acenando para nós quando passávamos na limusine. Ao entrarmos no cemitério, dei uma olhada nos arredores e não tive uma boa impressão. Tudo tinha um aspecto descuidado, e o saguão principal mais se assemelhava a uma choupana dilapidada. Não me senti à vontade sabendo que, depois de todas as coisas espetaculares que meu irmão fizera em vida, aquele seria o lugar de seu descanso final.

— Por que você está enterrando Buster num local como este? — perguntei a papai em voz baixa.

— Porque sua mãe está enterrada aqui.

— Está?

— Sim. Ela está neste cemitério, mas não sei onde. Ainda não a localizamos. Contudo, decidi que aqui será o jazigo de nossa família, filho.

Resolvi não estender o assunto. Não era a hora, nem o lugar, de uma discussão acalorada. Por isso, deixei passar.

Alguns dos amigos de infância de Jimi – Eddy Rye, Donnie Howell e Billy Burns – carregaram o caixão, além de James Thomas, líder da primeira banda de meu irmão, e Herb Price, seu assistente particular. Juntos e cuidadosamente, colocaram o caixão no chão, ao lado da cova. E, quando o baixaram à sepultura, foi sob uma chuva de palhetas e bilhetes. Houve também quem atirasse baseados. Toda a minha família nos cercou – a mim e ao meu pai –, e nós nos abraçamos apertado. Eu não queria soltá-los nunca mais.

Meus amigos de malandragem acharam que o funeral seria a oportunidade perfeita para a minha grande escapada da prisão. Assim, elaboraram um plano e um carro já me aguardava do outro lado do cemitério. Porém meu coração e minha mente estavam em outro lugar. Meu irmão se fora, e eu resolvera focar no cumprimento da minha pena, aguentando a situação da melhor maneira possível. Fugir e passar por cima dos delegados federais só iria piorar as coisas. Até eu conseguia entender isso. Meus amigos, embora nada satisfeitos quando lhes contei que não pretendia escapar, me deram dois pacotes de cigarros Pall Mall para levar comigo para a cadeia. Só que os cigarros não tinham tabaco. Eles o haviam substituído por maconha e então refeito, meticulosamente, a embalagem individual e o pacote. Era impossível perceber quaisquer sinais de adulteração.

Lancei um olhar rápido para o outro lado, onde os três delegados me esperavam, os braços cruzados sobre o peito. Quando um deles acenou para mim, me chamando, desviei o olhar, evitando estabelecer contato visual. O dia passara muito depressa e eu queria que durasse mais algumas horas. Porém chegara o momento de regressar ao último lugar da terra onde eu queria estar: a cadeia. Ignorei os delegados, até um deles me abordar e colocar a mão em meu ombro.

– Vamos, Leon – disse ele, calmamente. – Está na hora.

Senti-me como se o ar tivesse sido sugado dos meus pulmões.

– O.k., o.k., espere só mais um pouco. Por favor, deixe-me pelo menos me despedir de meu pai.

Apesar de sua paciência estar se esgotando, o delegado assentiu.

– Tudo bem. Vá se despedir, então.

Aproximei-me de meu pai e nos abraçamos.

Meu único desejo era permanecer junto da minha família naquela fase tão terrível, mas esse dia só chegaria depois que eu cumprisse a minha pena e resolvesse a minha vida.

Os guardas do reformatório não deram atenção aos meus dois pacotes de cigarros ao me conduzirem de volta à cela. De modo que, graças aos meus companheiros de trambique, meu pavilhão passou *meses* chapado. Ninguém conseguia descobrir como todos os detentos conseguiam ficar tão chapados. Apesar de pressionados, nenhum de nós abriu o bico. A festa continuou rolando até que, certa tarde, um dos guardas me viu fumando um baseado no pátio. Corri para a minha cela e joguei o resto da erva no vaso sanitário. Quando, à noite, os rapazes apareceram para me dar o que chamavam de "uma enquadrada" e vasculhar minha cela, não encontraram nada. Reviraram tudo, inclusive minha cama, e não acharam um único baseado para contar história.

Charles Pascal, o advogado que papai contratara para ajudá-lo com os negócios de meu irmão, foi me visitar a fim de me colocar a par de tudo o que estava acontecendo. Devido à proximidade da minha audiência de condicional, Charles fez algo importante: me arrumou um emprego na Fundação Jimi Hendrix, empresa criada por meu pai e Freddie Mae Gautier. O fato de eu ter um emprego, um endereço fixo (a casa de papai) e uma estrutura me aguardando do lado de fora me ajudou a marcar pontos junto ao conselho de liberdade condicional.

Felizmente a diretoria aprovou o meu pedido; contudo, só dali a trinta dias eu seria solto. Estava decidido a não permitir que nada ficasse entre mim e o portão de saída do Reformatório Monroe.

– Caras, me deixem trancado na minha cela o mês inteiro – pedi aos guardas. – Não quero nenhuma encrenca. Não preciso ir ao refeitório nem receber visitas. Apenas me deixem na cela até o dia da minha saída.

Eles riram em resposta, apesar de eu ter falado sério. Nada importava mais para mim do que cumprir o tempo que faltava e, enfim, ser autorizado a me reunir à minha família.

14 O primeiro dia do resto de nossa vida

Em janeiro de 1971, cruzei os gigantescos portões de ferro do Reformatório Monroe vestindo o mesmo terno que havia usado apenas três meses atrás, no funeral de Jimi. Finalmente pude respirar o ar lá fora como um homem livre. Minha estada na cadeia durara pouco menos de dez meses, entretanto parecera muito mais. Regressei à residência de meu pai, embora não desejasse morar com ele, June e Janie. Infelizmente, isso era necessário para que eu cumprisse as determinações do conselho de liberdade condicional e me fixasse em um endereço. Em casa, papai estava constantemente cobrando que eu me dedicasse a um emprego em período integral e andasse na linha. Meu cargo na Fundação Jimi Hendrix não era algo para ser levado a sério. Papai me concedera o título oficial de "vice-presidente" (vice-presidente do que, nem imagino), o qual, na prática, só existia no papel. Apesar de eu ter meu próprio escritório, não havia nada lá, exceto uma mesa e uma cadeira. O objetivo era conferir estabilidade à minha situação perante o conselho, evitando que pensassem em revogar minha liberdade condicional.

Não sendo responsável por nada, eu simplesmente não precisava aparecer na fundação. Assim, para agradar meu pai, arrumei um emprego na lavanderia da Universidade de Washington, que não durou muito. Aliás, ninguém se surpreendeu com o fato de que atividades como lavar roupas e engomar lençóis fossem incapazes de me manter no emprego. Ganhava-se dinheiro fácil na marginalidade e, para mim, seria quase impossível me contentar com um trabalho regular que pagava um salário mínimo. Depois de meses apodrecendo no reformatório, eu poderia ter aprendido minha lição, porém ainda era jovem demais para captar a mensagem.

No momento em que o corpo de Jimi baixou a sete palmos do chão, naquela tarde triste, o verdadeiro frenesi começou. Apesar de a herança de Buster ter ficado com nosso pai após sua morte, logo descobrimos que não havia muito a receber. Mike Jeffrey tentou explicar a papai que a maior parte do espólio de Jimi estava "presa" em diversos investimentos, principalmente em imóveis e ações espalhados em diferentes locais ao redor do mundo. Minha tradução da desculpa de Mike: "Tenho desviado malas de dinheiro com o que Jimi ganhou ao longo dos últimos anos e guardado tudo em paraísos fiscais. Boa sorte na tentativa de localizar a grana". De todas as malas de dinheiro que vi Jeffrey retirar das bilheterias depois dos shows, eu sempre me perguntara quantas delas nunca haviam encontrado o caminho das contas bancárias de Jimi. Como se esse pensamento já não fosse ruim o suficiente, Jeffrey também insistiu em que havia somente 25 mil dólares nas contas bancárias do meu irmão.

Papai percebeu que Jeffrey efetuara muitas transações escusas. Desde o primeiro dia, quando o conheci, achei-o suspeito. Agora que Buster partira, esperávamos que os segredos dele fossem expostos. Papai contratou um advogado, Ken Hagood, para descobrir onde a maior parte do dinheiro de Jimi fora parar. Essa busca complicada e as negociações com Jeffrey se arrastaram por meses, e os meses logo se converteram em anos. Os procedimentos legais pareciam não ter fim. Papai e eu continuamos tocando a vida, nos indagando se um dia tudo aquilo acabaria.

Numa tarde, quando os pertences pessoais de Jimi nos foram entregues em casa, não sabíamos por onde começar. Mal havia espaço para armazenar a maioria das caixas – no início, deixamos quase todas na sala de estar. Ainda que papai me dissesse para pegar o que eu quisesse, era difícil entender o significado de tudo o que havia ali: pilhas intermináveis de fitas máster, cadernos e roupas. Por fim, estocamos a maior parte das caixas sob uma velha mesa de pingue-pongue na garagem.

Apenas uns poucos anos depois do famoso Verão do Amor, a cultura hippie, outrora pujante, estava morta e enterrada. Após o falecimento de Janis Joplin, Jim Morrison e Jimi, parecia que a geração jovem mudara de vida de vez. De repente, todo mundo tinha esposa, filhos e contas para pagar. Não dava mais para simplesmente passar o dia chapado e transando. Aquela época havia acabado, e os hippies integravam agora a classe trabalhadora, procuravam emprego e buscavam um rumo para a vida.

No meu caso, cometi o erro de não escolher uma nova direção e retomei o antigo hábito de frequentar um ambiente familiar: o centro da cidade. Poucas pessoas podem dizer que ganharam a vida com a pilantragem, mas funcionou para mim... na maior parte do tempo. Até consegui comprar um Cadillac zero quilômetro. Embora estivesse entusiasmado com o meu carro novo, papai não ficou nada satisfeito quando pôs os olhos no veículo pela primeira vez.

– Você, com certeza, não comprou esse carro com o trabalho de suas mãos, menino – disse ele, abanando a cabeça cheio de desgosto. Papai sabia muito bem no que eu andava metido.

Não apenas consegui comprar o carro, como também usava as roupas da moda – das botas de couro de crocodilo às camisas de seda e calças de veludo. Enquanto estivesse ocupado com meus negócios escusos, não teria tempo para parar e pensar na trágica morte de Jimi. Porém, não poderia fugir disso para sempre, não importava quanta atividade eu arranjasse nas ruas.

Alguns meses depois de sair do reformatório, minhas emoções em relação à perda de meu irmão finalmente começaram a vir à tona. Durante uma pausa nas minhas atividades, o peso de tudo o que sucedera enfim desabou sobre mim. De certo modo, papai estava passando por uma experiência semelhante. As únicas duas vezes em que o vi chorar foram ao receber a notícia de que mamãe, a sua Lucille, falecera, e no dia em que Buster foi levado até o local do seu derradeiro repouso. Como papai jamais gostara de demonstrar suas emoções, depois daquele dia no cemitério ele nunca deixara transparecer muito a intensidade do baque causado pela perda de Jimi, mas eu percebia que seu sofrimento era tão grande quanto o meu. Nós dois estávamos, finalmente, sucumbindo à dor.

Não tenho ideia do que aconteceu com meu irmão naquele quarto de hotel em Londres na noite fatídica. Ninguém soube o que ocorreu de fato e, provavelmente, ninguém jamais saberá. Mike Jeffrey sabia que estava prestes a ser demitido. Mas estaria ele realmente por baixo? Talvez não pretendesse cair sem antes tirar meu irmão de circulação e reclamar ainda mais dinheiro por meio de uma apólice de seguro de vida. Desde que o conheci, considerei-o um sujeito mentiroso e sem caráter. Não sei se ele teria sido capaz de ir tão longe; porém, com certeza, parecia decidido a matar Jimi de tanto trabalhar. No fim das contas, quem é capaz de saber realmente o que houve?

Ao longo dos anos, inúmeras pessoas que participaram daquela festa em Londres me contaram que muita gente passou mal e saiu da farra para procurar um médico. Jimi, porém, decidiu voltar para seu quarto no hotel. De acordo com a autópsia, no estômago dele havia alguns comprimidos para dormir, vinho, um sanduíche de peixe e só. Sobraram pontas soltas demais para que essa história fosse completamente esclarecida. Cada relato que ouvi de certa forma contradizia o anterior. A verdade nunca será conhecida, e o que resta são boatos e especulações. Ninguém, inclusive eu, tem provas para respaldar qualquer teoria sobre a causa da morte de Jimi.

June visitava seu túmulo com regularidade, enquanto papai e eu não nos interessávamos em ir ao cemitério. Não precisávamos ver uma lápide para nos lembrar de Buster. Para nós, aquilo não era nada, exceto uma grande pedra sobre a grama. Na minha mente, o espírito de meu irmão deixara a terra no instante em que seu coração parou naquela trágica noite em Londres. Ainda assim, a cada dia de Finados, papai considerava ser seu dever ir ao cemitério e me pedia para acompanhá-lo. Mas eu me recusava. Preferia ficar em casa, escutar algumas músicas de Jimi e recordar os bons tempos. Quando sua guitarra rasgava os alto-falantes, era como se ele estivesse ali no quarto comigo.

Enquanto Buster estava vivo, eu me ligara mais à vibração de sua música. Porém, após sua morte, reconheci a força de suas letras também. O mesmo aconteceu com muitos de seus fãs. As pessoas ficavam tão hipnotizadas pelo poder de seu jeito de tocar e de sua atuação no palco que, às vezes, não prestavam a devida atenção à sua poesia.

Meus amigos e eu ouvíamos os discos de Jimi por horas a fio. Compreensivelmente, as canções que considero as mais autobiográficas e sinceras de meu irmão, como "Castles Made of Sand", "The Wind Cries Mary", "Manic Depression" e "Little Wing", são as que mais me atraem, porque, para mim, são uma homenagem a todas as mulheres maravilhosas e amorosas que cuidaram de nós ao longo dos anos. Buster escrevera aquelas letras para suas namoradas, as nossas tias e, em especial, para nossa mãe, que tomou conta de nós lá do alto. Suas letras mais fantásticas e remotas, como "Burning of the Midnight Lamp", também me despertavam a atenção por me lembrarem das histórias que ele costumava me contar quando éramos meninos.

O material de *Band of Gypsys* me interessou talvez porque fosse incrivelmente emocional. A banda era exatamente aquela que Buster sempre quisera montar para transmitir a sua visão sem a interferência alheia. O material do álbum gravado ao vivo mostrava meu irmão no auge de sua liberdade criativa. Enquanto Billy Cox e Buddy Miles mantinham o groove de base, Jimi partia para qualquer direção que sua guitarra o levasse. Ele podia deixar de ser um astro pop e se concentrar, novamente, em manter sua integridade de verdadeiro artista. A primeira faixa do álbum, "Power of Soul", se destacava. Na longa e fluida improvisação de "Machine Gun", eu podia sentir o medo de Buster e sua paranoia. A música funcionava como a trilha sonora de um campo de batalha, a microfonia remetendo a tiros e explosões. A letra falava de alguém tentando alvejá-lo e matá-lo. Muitas pessoas de seu círculo queriam destruí-lo, e Jimi, com certeza, sentiu isso na pele todos os dias. Ouvir aquela música me assustava, pela forma como tudo ocorrera. Era quase como se meu irmão pressentisse o fim próximo. A banda foi um passo importante na direção certa depois de Buster deixar a Experience, mas aquela não teria sido a última etapa de sua jornada musical. Ele sempre insistira em que desejava compor sinfonias e reger orquestras.

Considero "Angel" – do álbum póstumo *The Cry of Love*, lançado em fevereiro de 1971 – uma de minhas canções favoritas. Essa faixa parecia uma continuação do que ele criara em "Little Wing". Outra vez, Jimi cantava sobre uma mulher que lhe dá apoio, proteção, amor, o observa do alto e enfim o visita para salvá-lo do resto do mundo.

Para mim, a música de Buster ganhou uma dimensão totalmente diferente depois de sua morte. Não raro, me dominava a sensação de que meu irmão era muito infeliz. Não o percebi enquanto ele estava vivo; porém, depois que se fora, parecia óbvio. Talvez Jimi estivesse procurando uma maneira de escapar do jugo de seus empresários e dos compromissos de negócios, mas jamais faria isso tirando a própria vida.

A maioria de nossos amigos e familiares ficou inconsolável com a morte de Buster. Entretanto, à medida que o tempo passava, encontrei, inesperadamente, uma força interior que me sustentava. O espírito de Jimi estava sempre comigo. Sentia sua presença aonde quer que eu fosse, e tal sentimento me ajudou a superar a tristeza de não tê-lo mais por perto.

Não que a vida estivesse exatamente fácil. Todo mundo só queria falar sobre meu irmão. Isso não me incomodava nem um pouco quando ele vivia, porém, após seu falecimento, tornara-se na maior parte das vezes um fardo.

Em toda a cidade, era a mesma coisa:

– Ei, cara, você não é o irmão de Jimi Hendrix?

– Não, não sou, amigo. Você deve estar me confundindo com outra pessoa.

Eu queria seguir em frente com a minha vida e poder andar pela rua, ou tomar uma bebida num bar, sem ser perseguido por um bando de curiosos. Não queria entrar em discussões profundas com estranhos a cada cinco minutos. Era desgastante demais. Sempre que me envolvia numa conversa sobre Jimi, todo o pesadelo voltava à superfície. Além disso, não importava o que dissesse a respeito do meu irmão, os outros nunca pareciam satisfeitos. Mesmo quando eu admitia ser irmão de Jimi, havia aqueles que não acreditavam em mim: "Ah, não venha com essa", retrucavam, ríspidos.

Também havia – e há – gente correndo atrás do nome Hendrix. Em cada esquina, parecia existir alguém tentando se aproveitar de papai e de mim. Empresários de todo o mundo insistiam para que autorizássemos uma infinidade de ofertas e patrocínios. Pessoas queriam comprar os direitos autorais da história de nossa vida para produzir documentários ou filmes. E insistiam em nos dizer que ganharíamos dinheiro com o "excedente". Pura conversa. Nas ruas, nós chamávamos isso de "se foder", e nada de bom resultava de um acordo desse tipo.

As demonstrações de respeito e gratidão por Jimi após sua morte eram constantes. No ano seguinte, papai me ligou contando que Bob Dylan lhe telefonara dizendo que iria mandar um carro buscá-lo, e a mim, para assistir ao show dele. Achei um gesto gentil. Entretanto, eu não fazia ideia de que ele iria enviar uma limusine à casa de papai para nos pegar e, como se não bastasse, estaria sentado no banco de trás.

Bob era um artista reservado, afável, e foi incrivelmente cortês conosco. Destacava-se pela discrição. Não se vestia nem agia como a maioria das estrelas do rock que eu conhecera durante o período que passei com Jimi. Usava chapéu, óculos escuros e não falava muito. Por isso, quando resolvia abrir a boca, todo mundo fazia questão de prestar atenção. A caminho do Paramount Theatre, ele até nos perguntou se gostaríamos de acompanhá-lo num jogo de boliche mais tarde. E, quando mencionou que me conhecera em Hollywood, no Pantages Theatre, alguns anos atrás, eu não soube o que responder. Na realidade, estava tão chapado na ocasião que pouco me lembrava do fato.

– Eu era um grande fã de seu irmão, Leon. – Essa foi uma das poucas coisas que Bob disse no decorrer daquela conversa, e me lembrarei disso para sempre. Significou muito para mim escutá-lo elogiar Buster, porque Bob Dylan é uma das maiores lendas do rock de todos os tempos.

Infelizmente não tivemos a chance de acompanhá-lo no jogo de boliche.

Continuei com meu estilo de vida vigarista, e, em 1972, o dinheiro jorrava em cima de mim. Durante um curto período, tudo o que eu tocava parecia virar ouro, fosse vendendo pílulas nas ruas, fosse jogando sinuca ou dados. As pessoas começaram a me chamar de "Leon Sortudo". A maré de sorte também me permitiu mudar para uma suíte no Washington Plaza por algum tempo. Mas, no fundo, eu sabia que aquilo não poderia durar para sempre. Seria impossível manter um ritmo tão frenético e conservar a sanidade mental. Eu precisava ter olhos nas costas para garantir que ninguém tentaria me roubar ou fazer algo ainda pior. Quando a maior parte de meus amigos começou a ir para a cadeia, não foi difícil perceber que a festa tinha acabado.

Decidi mudar de ares e procurar um meio legal de dar conta de minhas despesas. Como já sabia tudo a respeito da vida noturna de Seattle, fundei a Hendrix Productions para agenciar bandas que quisessem tocar nos clubes – mas não levei a iniciativa muito a sério. A única alternativa seria trabalhar com meu pai, na empresa de jardinagem dele. O que tampouco me interessou. Aliás, os negócios de papai estavam bombando, e os gramados, que ele antes cortava por oito ou nove dólares, agora giravam em torno de cinquenta. Visitávamos seus locais de trabalho o dia inteiro para vistoriar o serviço dos empregados e conversar com os clientes.

O processo referente ao espólio de Jimi tomou um rumo ainda mais complicado em 5 de março de 1973, quando meu pai e eu soubemos que Mike Jeffrey havia morrido num acidente aéreo. Seguiu-se uma história sensacional de que seu avião colidira em pleno voo com outra aeronave, sobre a França ou sobre a Espanha. Era difícil convencer-se da veracidade da versão oficial porque o corpo de Jeffrey jamais foi encontrado. A situação ficou ainda mais interessante quando surgiram relatos na televisão e nos jornais sobre o passado de Jeffrey no M15, o serviço de inteligência do governo britânico, e suas possíveis ligações com a CIA. Noel Redding contou, em mais de uma entrevista, que achava possível Jeffrey ter encenado a própria morte e escapado com alguns milhões de Jimi para alguma ilha remota. Essa série de acontecimentos parecia mesmo ter saído de uma história de James Bond.

Uma vez que Jeffrey foi retirado (ou retirou-se) da equação, nossa "tia" Freddie Mae Gautier recomendou a papai um renomado advogado do ramo de entretenimento, Leo Branton, que representara inúmeros clientes famosos, como Nat King Cole e Dorothy Dandridge. No início, meu pai considerava Leo Branton um cara confiável não só por causa dos clientes célebres, mas também por seu envolvimento em defesa dos direitos civis, na década de 1960. Enquanto se empenhava em proteger o espólio e a herança de Buster, Branton contatou Alan Douglas, produtor que trabalhara com grandes nomes do jazz, como Duke Ellington e Miles Davis, para supervisionar a música de Jimi. Papai, basicamente, concedeu aos dois homens o controle total sobre os bens de meu irmão e foi cuidar da própria vida. Ele supôs que, com Leo e Alan instalados, estava livre para se concentrar no seu negócio de jardinagem.

Na época em que eu agenciava bandas na cidade, conheci uma linda garota ruiva de olhos verdes chamada Christine Ann, por quem logo me apaixonei. Não tardamos a ir morar juntos num apartamento e, em 3 de fevereiro de 1974, nos casamos. Papai ficou muito alegre por mim e acabou nos ajudando a pagar o sinal de uma casa perto do lago Washington. Pouco depois de nos mudarmos, Christine e eu fomos abençoados com o nascimento de uma menina, a quem demos o nome de Leontyne, ou Tina. As coisas estavam indo bem, e a nossa vida era boa.

Apesar de, no princípio, meu pai se sentir feliz por poder ajudar a mim e à minha família, June começou a se importar demais com a forma como ele gastava seu dinheiro. Depois de papai pagar os 25 mil dólares da entrada da minha casa, June me ligou:

– Seu pai não pode comprar uma casa para você! – ela berrou ao telefone. – Pare de se aproveitar dele!

Foi risível. Desejei gritar: "O dinheiro é dele! O que você tem com isso?" Eu nunca incomodava meu pai para lhe pedir coisas; era ele quem as oferecia. Também me dava dinheiro quando julgava necessário, e fazia questão de prover os netos. Estava feliz por fazer por mim o que não pudera quando eu era mais novo.

Ao receber visitas em minha casa nova, eu precisava ficar atento, pois as pessoas estavam sempre tentando encontrar algo de Jimi para roubar. Até mesmo alguns bons amigos meus não mediam esforços para tentar levar um souvenir.

– Por acaso você tem um par de meias velhas de seu irmão? – um amigo meu teve a pachorra de me perguntar um dia. Meias. O cara estava sempre me enchendo para descolar qualquer item capaz de ser classificado como "lembrança". Naquela ocasião, vi um bom momento para dar o troco.

– Claro, cara – falei, apontando para um par de meias sujas caídas ao lado do cesto. – Bem ali, no canto. Aquelas eram as favoritas de Jimi.

Provavelmente eu não teria acreditado se não tivesse visto com meus próprios olhos. Sem dizer nada, meu amigo correu para a cozinha atrás de um saco plástico para colocar as meias, que manuseou como se fossem de ouro. Sentei-me no sofá, observando-o erguer o saco plástico e admirar as meias com um sorriso idiota no rosto.

– Nunca mais vou abrir este saco! – ele exclamou.

– Tudo bem – respondi. – Estou me sentindo generoso hoje, então vou deixar que você as leve de graça. O par de meias é todo seu, amigo.

Porra, o sujeito deve ter o saco plástico com as meias na cornija da lareira até hoje.

Mesmo se eu tivesse sido sincero e confessado que as meias não eram de meu irmão, o fulano provavelmente não teria acreditado e as teria levado do mesmo jeito. As pessoas queriam acreditar que alguns itens haviam pertencido ao Buster e não desejavam que a verdade atrapalhasse suas fantasias. Todo mundo ansiava estabelecer algum tipo de conexão com Jimi. Chamo isso de "vodu Hendrix". Uma vez contraída a doença, não havia antídoto.

Em fins da década de 1970, Christine e eu tivemos mais dois filhos. Uma menina, LeAnne, e um menino, Alex. Pela primeira vez na vida, eu estava me esforçando ao máximo para me manter na linha. Consegui um emprego de entregador em meio período que me pagava um salário de período integral. Dia após dia, gastava horas levando documentos confidenciais aos bancos da cidade. Até me deram as chaves da maioria das principais agências para que eu pudesse retirar os pacotes após o expediente. Depois de todos aqueles anos da adolescência fazendo de tudo para tentar arrombar bancos, de repente eu podia entrar neles pela porta da frente. Era cômico. Se meus velhos amigos pudessem me ver... E você está se perguntando por que um serviço de encomendas contrataria alguém com uma ficha corrida como a minha? Digamos apenas que meus antecedentes criminais foram arquivados no lugar errado por um amigo da família.

Durante a maior parte do tempo, os Hendrix eram uma família feliz. Passávamos todas as férias e aniversários juntos. Papai simplesmente adorava Christine por ela ter lhe dado netos tão lindos. Seu rosto se iluminava sempre que entrava em nossa casa e as crianças o cercavam. Papai gostava de mimá-las com presentes e se empenhava em lhes dar tudo o que fosse necessário. Quando minha esposa e eu enfrentávamos algum aperto financeiro, lá estava meu pai para nos apoiar.

Ele continuou tocando o seu negócio de jardinagem, que crescia mais a cada ano. Embora durante a semana o emprego de entregador me ocupasse bastante, nos fins de semana papai me buscava para visitarmos juntos seus diversos locais de trabalho espalhados pela cidade. Entretanto, por mais que eu lhe explicasse a sua atual situação financeira, ele não conseguia entender que nunca mais precisaria voltar a trabalhar. Sozinho, papai detinha os direitos sobre a música e o dinheiro de Jimi, porém jamais se sentiu confortável com isso. Para ele, aquela experiência fora uma mania passageira. Sentia-se como um mero empregado a serviço dos bens de Jimi e punha sua confiança nos advogados e contadores. Mesmo depois de tudo, parecia que ainda se recusava a acreditar no que Buster realizara. O maior problema foi meu pai haver acreditado em tudo o que os advogados lhe diziam. Ele assinava o que lhe mandavam assinar e aprovava o que lhe pediam para aprovar.

Poucos anos depois de entregar o controle dos bens de Jimi a Leo Branton e Alan Douglas, papai finalmente me confessou que só estava recebendo cerca de cinquenta mil dólares por ano. Quando ouvi a notícia, meu queixo caiu. Papai acreditaria em qualquer coisa que lhe dissessem sobre o rendimento anual proveniente do espólio de Buster. Além do mais, ele nunca vira tanto dinheiro assim antes. Ele achava que já estava rico, de modo que não via razão para questionar a condução dos negócios.

– Do que você está falando? – perguntei-lhe. – Os álbuns de Jimi ainda estão nas paradas e faturam milhões. As fotos dele estão em todas as revistas.

– Branton sabe o que está fazendo, e não pretendo causar problemas – papai retrucou. – Não quero ouvir mais nem uma palavra sua a esse respeito. Não aguento Branton gritando em um de meus ouvidos e você e June gritando no outro.

A dinâmica de nossa família começou a mudar não muito depois do nascimento de meu filho Jason, em 1980. Meu relacionamento com June passara a deteriorar lentamente desde o dia em que constituí minha própria família, mas desde então só piorara. No início foi difícil entender a razão de tudo aquilo, pois June costumava ser sempre gentil. Depois que passara a morar com papai, muitas vezes a chamei de mãe. Entretanto, ela não se mostrava nem um pouco animada com o tempo e o dinheiro que meu pai gastava com os netos. Lembro-me muitíssimo bem de ter telefonado para a casa de meu pai um dia e June atender com extrema agressividade.

– Você não ser meu filho! – gritou ela, com seu sotaque japonês. – Jimi meu filho, não você!

Numa noite, apareci na casa de papai e descobri que June fora ao salão e tingira os cabelos naturalmente pretos de roxo-escuro. Notei que ela vinha agindo de maneira cada vez mais esquisita. Também adquirira o hábito de andar pela casa vestindo as blusas brilhantes e coloridas de meu irmão. Não sei exatamente o que estava acontecendo com ela. Só consigo imaginar que talvez houvesse contraído o vírus do "vodu Hendrix". June vivia com os nervos à flor da pele, focada apenas na fama de meu irmão e preocupada com as finanças da família. Foi então que passou a dirigir toda a sua frustração contra mim e minha família. De repente, de um jeito estranho, todas as nossas fotos sumiram da casa de meu pai. Não restou uma única fotografia para provar que minha família existia. Um amigo meu chamou aquilo de "morte japonesa", quando alguém vai sendo vagarosamente apagado da vida diária até que essa pessoa seja esquecida por completo. Quando confrontei papai a respeito, ele penou para encontrar uma boa explicação para o comportamento de June. Vendo-se como mediador do problema que havia entre nós dois, ele não quis tomar partido.

– June e Janie só não gostam mais de você – disse ele.
– Por quê?
– Não faço ideia. Não sei.

June se comportava feito uma criança e emburrava quando papai brincava com os netos. Também atormentava meu pai quando ele me dava algum dinheiro, gritando-lhe que eu não era seu filho biológico.

O ressentimento de June gradualmente começou a se refletir na atitude de sua filha, Janie, em relação a mim. Antes, nós dois tínhamos uma relação próxima, e cuidei muito dela quando era criança. Afinal de contas, morei na casa da rua Seward Park por um bom tempo antes de me mudar para um apartamento com Christine Ann. Muitas manhãs, levava Janie para a escola e tomava conta dela quando June e papai estavam ausentes. Mas, depois que constituí minha própria família, os sentimentos de Janie mudaram. Até hoje, não sei o motivo.

Segui com a minha vida enquanto June começou a fazer a cabeça de papai, dizendo que eu não prestava. Nos feriados, a casa ficava cheia de japoneses... e papai no meio deles. Quando minha família e eu aparecíamos, não nos encaixávamos, de modo que deixamos de visitá-los. Caso meu pai desejasse ver os netos, ia à minha casa. June se recusava a falar comigo ao telefone e esculachava papai por ele manter contato comigo. A situação tornou-se ridícula. Janie também ignorava a mim e à minha família. Eu não conseguia compreender o que estava havendo, porque, na minha percepção, não fizera nada para merecer tal tratamento. Mas não tirei satisfação, já que não fazia sentido criar caso. Além disso, tinha meus filhos para cuidar.

Com o passar do tempo, meu pai também se cansou do comportamento de June, e os dois por fim se separaram. Ele comprou para ela uma casa perto do lago Washington e continuou a se dedicar à sua empresa de jardinagem, embora já estivesse ficando velho e não mais se movimentasse como antes. Todavia, apesar de seus sessenta e poucos anos, continuava gostando de beber e fumar.

Um momento decisivo aconteceu quando papai sofreu um enfarte, no final de 1983. De súbito, choveram advogados e financistas na casa e no hospital, carregando pastas repletas de documentos. Era quase como se todo mundo estivesse brincando de "dança da cadeira" e a música tivesse parado abruptamente. Cada um deles estava lutando para se garantir no caso de papai falecer.

Numa estranha sequência de eventos, papai foi internado para a cirurgia de ponte de safena no mesmo hospital onde Christine se encontrava em trabalho de parto. Eu me dividi entre os dois quartos até os médicos me avisarem que o bebê, nosso quinto filho, estava prestes a nascer. Nós nos tornamos, então, orgulhosos pais de outro menino. No corredor, após o nascimento de meu filho, me dei conta da data, 27 de novembro, o aniversário de Jimi. Assim, pareceu-me óbvio que deveríamos chamar nosso filho mais novo de Jimi Hendrix Jr. Era como se, lá de cima, meu irmão estivesse sorrindo para minha família naquela noite.

Após a cirurgia, os médicos insistiram na importância de papai abandonar o fumo e o álcool. Depois de anos de abuso desmedido, seu corpo não aguentava mais. Ele não ficou nada feliz com as recomendações. Teimoso, não gostava que ninguém, nem mesmo os médicos e cirurgiões, lhe dissessem como viver. E, com certeza, não iria mudar seu estilo de vida imediatamente. Demorou alguns anos até que conseguisse controlar a bebida, e sua luta para deixar de fumar sempre foi constante. Papai me ofereceu o comando de seus negócios de jardinagem, mas eu voltara a me dedicar à arte em meio período e estava produzindo pinturas em veludo preto para algumas empresas. Um empresário local também começara a me pagar uma boa grana mensal em troca de uns quatro ou cinco desenhos, que ele, então, reproduzia em massa e vendia pelo correio.

Quando tudo parecia estar se acomodando em minha vida, as coisas tomaram um novo rumo, para pior. Eu não cheirava cocaína havia anos, porém a droga entrou de novo na minha vida. Em 1985, sofri um acidente de carro horrível, no qual feri a cabeça e as costas. Apesar de um acordo ter me concedido centenas de milhares de dólares, levou anos até o dinheiro chegar às minhas mãos. Depois do acidente, precisei usar medicação pesada para aliviar a intensa dor nas costas. Não só estava tomando analgésicos e antidepressivos como, ainda por cima, estava cheirando coca. No início, um grama do pó durava umas duas semanas, e uma cheirada rápida bastava para me manter alerta enquanto eu trabalhava nos meus desenhos à noite. Mas, com o tempo, meu consumo aumentou, e um pouco da droga já não funcionava.

Minha situação só piorou quando o crack entrou em cena. A primeira vez que o experimentei foi um dos dias mais terríveis da minha vida. O que era para ser uma breve sensação de êxtase se transformou em dez anos de luta. Embora ainda conseguisse trabalhar em período integral e funcionar, eu sucumbira ao pior tipo de vício.

Tentei ir em frente e fazer algo de bom pela comunidade. Em 8 de março de 1988, papai e eu inauguramos, oficialmente, a Fundação James Marshall Hendrix – uma instituição de caridade sem fins lucrativos – em honra ao espírito generoso de meu irmão. Ele sempre fizera questão de nos dar tudo enquanto vivo, e queríamos garantir que seu legado de retribuição permanecesse vivo no futuro. A missão da fundação era inspirar e apoiar a criatividade e o entendimento na comunidade, visando, em especial, às crianças pequenas. O foco era a arrecadação de fundos para instaurar programas de arte e música que promovessem a diversidade, a compreensão e, sobretudo, a paz. Foi bom nossa família poder retribuir algo à cidade onde havíamos vivido por toda a nossa vida.

Não muito depois da inauguração da fundação, entrei em contato com meu primo Bobby e perguntei-lhe se estaria interessado em trabalhar para a instituição beneficente da família. Bobby estava se saindo bem no cargo que ocupava na Costco, e supus que poderia nos ajudar no dia a dia do escritório. Mas, quando ele veio de Vancouver para se encontrar comigo, a conversa não transcorreu como eu esperava. Quando o convidei para assumir a função de tesoureiro da fundação, ele não se mostrou interessado. Disse que ia bem na Costco e não queria fazer nada que pusesse sua carreira dentro daquela empresa em risco. Bobby teve até a ousadia de falar que não queria ser associado à má reputação de Jimi, que morrera de overdose. Bem, pelo menos eu fizera a minha tentativa, e aquele foi o fim da história.

Apesar de me esforçar para fazer algo de bom para o mundo e para os outros, minha situação dentro de casa não melhorou. É quase impossível consertar qualquer coisa quando há drogas envolvidas. Com todos os meus maus hábitos, minha esposa e eu já não fazíamos bem um ao outro. Quando Jonelle, nossa sexta filha, nasceu, Christine e eu percebemos que tínhamos tomado rumos diferentes, e nosso casamento não teria salvação. Raramente nos víamos, e cuidávamos de nossos filhos em turnos alternados. Christine saía, fazia suas coisas e, quando voltava, era a minha vez de ir para a rua. Não sinto orgulho de como tudo acabou, porém estava sob o completo domínio das drogas e só me preocupava com a minha próxima "viagem".

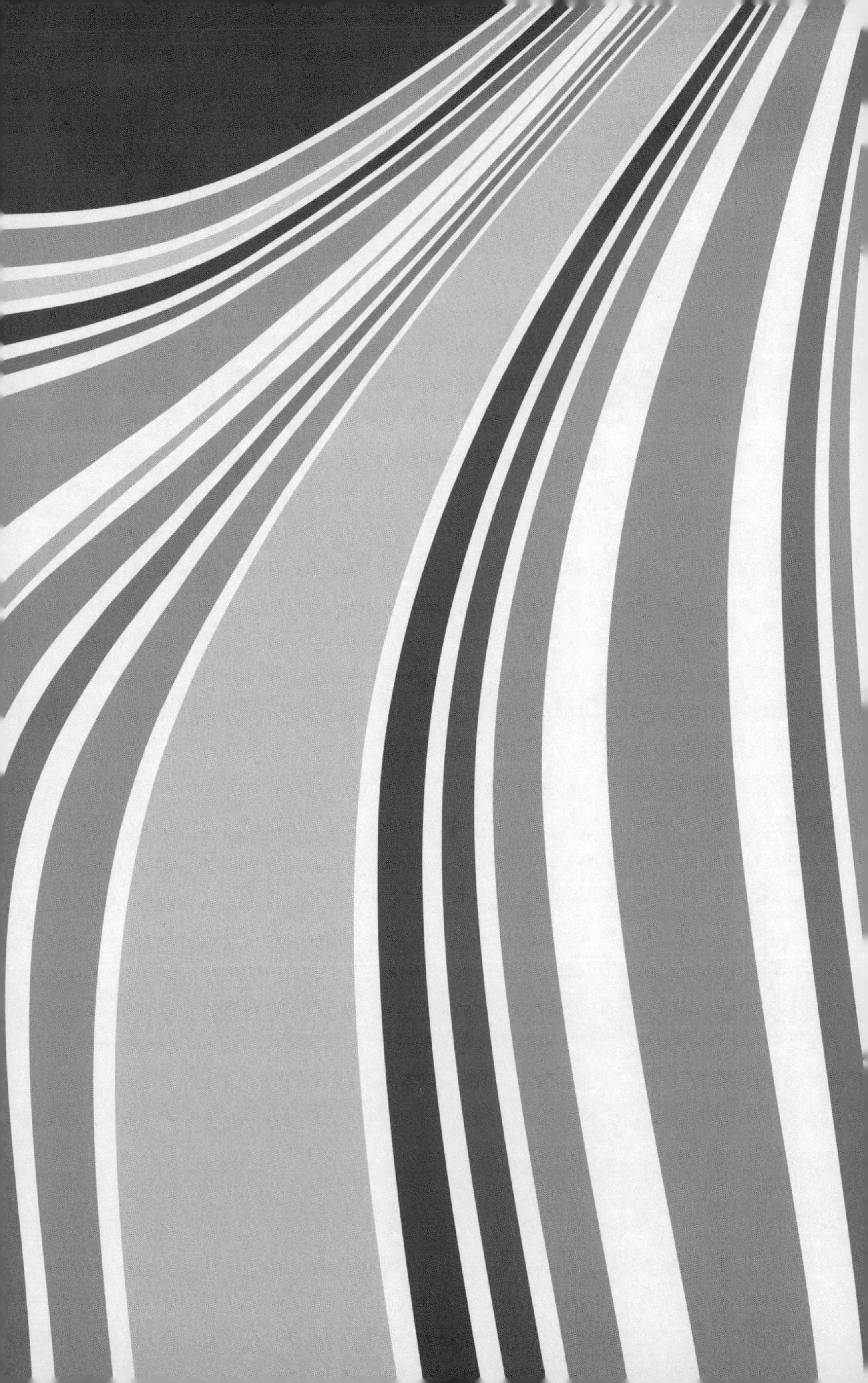

15 Trapaça no rock'n'roll

Ao longo de mais de duas décadas, papai ficara empolgado por receber seus cinquenta mil dólares anuais provenientes do patrimônio de Jimi. Quando Leo Branton subiu o valor para cem mil dólares, além de presenteá-lo com outros pagamentos de tempos em tempos, papai ficou ainda mais feliz. Como meu pai não se envolvia plenamente na administração do espólio do meu irmão, Branton jamais tivera alguém acompanhando seus movimentos de perto. Para meu pai, não havia necessidade disso, não importava quanto eu insistisse na importância de conhecer os detalhes da complicada situação financeira. Sempre que eu abordava o assunto, ou ele me ignorava por completo, ou respondia com um chavão:

– É melhor lidar com o diabo que você conhece do que com um diabo desconhecido.

De fato, era bom saber que o dinheiro estava lá, caso meus filhos precisassem. Meus filhos eram o orgulho e a alegria do meu pai, e ele faria qualquer coisa pelas crianças. De vez em quando, papai conseguia convencer Leo Branton a depositar um cheque na minha conta, para me ajudar no sustento da família.

Quando papai e eu estávamos em Hollywood, no final de novembro de 1991, para a inauguração da estrela em homenagem a Buster na Calçada da Fama, Leo me puxou de lado, explicando que precisava discutir algo importante:

– Queria lhe dizer que seu pai me autorizou a preparar um acordo para você. É só ter paciência, e terei algo para lhe enviar nas próximas semanas.

Eu não sabia por que Leo estava sendo tão vago, porém suas palavras me soaram positivas. Pelo visto, ele ia me mandar algum dinheiro, o que não me parecia ser nenhum problema. Após nossa breve conversa, não pensei muito mais no assunto até receber uma carta sua alguns meses depois. Segundo a carta, papai havia licenciado os direitos autorais da música de Jimi por um determinado período em troca de um retorno anual. Imaginei que fora daí que haviam saído os cinquenta e cem mil dólares anuais ao longo das últimas duas décadas. A carta também mencionava que o período do *copyright* original estava prestes a expirar. Leo Branton, então, expôs a intenção de papai de licenciar, mais uma vez, o que o advogado chamava de "direitos autorais reversíveis". Porém, agora, seriam necessárias não apenas a minha assinatura, mas também a de Janie. Pois, se algo acontecesse a meu pai, nós dois seríamos os próximos na linha de sucessão. Ao autorizar a transação, ambos receberíamos a bagatela de um milhão de dólares para ceder nossos direitos sobre a música de Jimi.

Apesar das suspeitas que sempre alimentei em relação a Branton ao longo dos anos, fui em frente e assinei. Meu vício em drogas era mais importante que qualquer coisa naquele momento, e estudar contratos de negócio minuciosamente pouco me interessava. Embora fosse um malandro de rua experiente, provavelmente cometi um grande erro na época, mas a coisa não era muito clara para mim. A maior parte do jargão jurídico da papelada não parecia fazer muito sentido. Porém, *um milhão de dólares*? Essa cifra falou mais alto. Na ocasião, eu queria montar fundos fiduciários para meus filhos e me empenhar no planejamento do futuro deles. Contratar um advogado para examinar aquele documento nunca me passou pela cabeça. Com bocas para alimentar e uma família para sustentar, me senti muito feliz com a oferta.

No momento em que Branton ligou para me notificar que o meu primeiro pagamento de cem mil dólares estava disponível, fiquei eufórico.

– Vou mandar-lhe o cheque por um mensageiro o mais rápido possível – avisou-me o advogado.

– Não, não, não – retruquei. – Não há necessidade. Farei uma viagem até aí especialmente para buscá-lo.

Dito e feito. Na manhã seguinte, embarquei num avião para Los Angeles e já aguardava Branton à porta de seu escritório antes mesmo do início do expediente. Fazendo um retrospecto, penso que receber o dinheiro foi, provavelmente, a pior coisa que poderia ter me acontecido, porque o meu vício em crack estava fora de controle. Assim que regressei a Seattle, comprei ainda mais drogas e passei a vender maiores quantidades.

Para minha surpresa, logo descobri a existência de uma cláusula relacionada à grana que Branton me daria: só iria recebê-la se me comprometesse a me internar para tratar do meu vício. Embora fosse algo que jamais houvesse constado dos meus planos, resolvi concordar com aquilo, apenas para satisfazer os outros. Escolhi um centro de tratamento em Oregon, que mais se assemelhava a um clube de campo do que a um centro médico. Pedia meu café da manhã ao meu próprio *chef* e dormia no meu próprio quarto. Era impossível levar qualquer coisa que os meus conselheiros falavam a sério, porque me sentia como se estivesse de férias, não em tratamento. Eu contava as horas até o fim da minha permanência de trinta dias. Apesar de quererem me mandar para outra instituição, em Minnesota, não existia a menor chance de que isso viesse a acontecer. Mal desembarquei em Seattle, entrei numa limusine e saí do Aeroporto Sea-Tac direto para o meu fornecedor de drogas local, a fim de realizar umas comprinhas. No estado mental alterado em que me achava, tudo em minha vida parecia maravilhoso.

Apesar de, tecnicamente, eu estar seguindo o plano traçado por Branton, Janie não estava totalmente satisfeita e contratou seu próprio advogado. Ela estava desconfiada demais para concordar com o arranjo que nos fora proposto. Janie me informou que, depois de algumas investigações, seu advogado encontrara o que considerava discrepâncias nos números que Leo Branton vinha nos apresentando ao longo dos anos sobre o valor da música de Jimi. Corriam rumores de que Leo estava cogitando vender os direitos autorais das músicas de Jimi ao MCA Music Entertainment Group por cerca de quarenta milhões de dólares. Graças a essa descoberta, meu pai já não poderia mais ignorar a situação.

O reinado de Leo Branton chegava ao fim. Com a ajuda de Janie, papai estava determinado a romper todos os laços com ele e assim contratou um advogado no início de 1993, que enviou uma carta a Branton revogando sua procuração. Pouco tempo depois, papai entrou com uma ação contra Branton e outros, alegando desde fraude e malversação legal até violações da lei de valores mobiliários e declarações adulteradas. À medida que Leo liberava registros e outras informações durante o processo, aprendemos mais sobre como o patrimônio de Jimi estava sendo gerido. Por fim, meu pai alegou que os réus haviam criado inúmeras empresas fora do país e tinham comprado uma propriedade no Havaí com os seus ativos, porém passado a escritura em nome de Branton. Pelo visto, nada ali era "limpo e honesto", conforme papai acreditara no decorrer daquelas últimas décadas. A esposa de Leo Branton, Geraldine, e seu filho, Chip, também foram arrolados na denúncia, bem como Alan Douglas.

A imprensa local acabou ficando a par da história, e o jornal *Seattle Post-Intelligencer* estampou a seguinte manchete: "Caso Hendrix – o pai da estrela do rock abre processo para reaver a propriedade dos direitos autorais". Quando Paul Allen, o bilionário de Seattle e da Microsoft, tomou conhecimento da situação, ofereceu-se para emprestar mais de quatro milhões de dólares a papai para pagar os honorários legais na tentativa de reaver os direitos da música de Jimi. O caso não era o assunto do momento só na cidade, mas também em toda a indústria fonográfica internacional.

Papai pouco ou nada sabia sobre sistema jurídico, tribunais e juízes. Além da dificuldade de lidar com aquela situação difícil, os depoimentos que precisava dar também estavam lhe pesando. Ele já tinha 75 anos na época, e sua memória nunca fora afiada. Papai procurava responder a todas as perguntas dos advogados da melhor maneira possível, apesar de, muitas vezes, parecer não satisfazê-los com o que conseguia se lembrar.

Janie, por sua vez, adorou ocupar o centro das atenções durante o andamento dos processos judiciais. Ela acreditava estar agora no comando do show da família Hendrix inteira e passara a "enfeitar", ou melhor, a reescrever a verdade. Uma dor aguda explodia em meu peito sempre que a escutava chamar Jimi de "meu irmão". A maior parte das pessoas não tinha a menor ideia da nossa dinâmica familiar, então acreditava em tudo o que Janie dizia. Às vezes ela chegava a insistir em que era irmã *biológica* de Jimi e não perdia oportunidade de mencionar quão próximos os dois haviam sido enquanto ele vivia, o quanto ele a amava e adorava. A ficção começava a se sobrepor aos fatos. A verdade era que meu irmão só a vira em três ou quatro ocasiões, quando Janie tinha seis, sete anos. Outras pessoas podiam engolir seu palavrório todo, porém, para mim, aquela história toda estava se transformando numa bobagem.

O caso Branton se arrastou por alguns anos, entrando pelo verão de 1995, sem nunca ir a julgamento. No final, a equipe de advogados de papai, por intermédio de uma sentença de reconciliação com Leo Branton e Alan Douglas, recuperou os direitos autorais das músicas de Jimi. Fiquei muito feliz por meu pai e por nossa família, porque era justo que os Hendrix tivessem o controle completo sobre o legado de Jimi. Papai também pôde devolver os mais de quatro milhões de dólares que Paul Allen lhe emprestara para levar o caso aos tribunais.

Dou muito crédito a Janie por ter se fixado num objetivo e o perseguido até o fim. Ela manteve a assessoria dos advogados que a ajudaram a fundar uma empresa, a Hendrix Experience LLC, para papai, em julho de 1995. Como presidente, papai licenciou os direitos autorais das músicas de Jimi para a MCA por algo em torno de quarenta milhões de dólares. Foi uma grande conquista para a família como um todo, mas o processo talvez tenha inspirado Janie a assumir uma participação ainda mais ativa nos negócios no decorrer dos anos seguintes. Quando lembro disso hoje, creio que deveria ter prestado mais atenção no andamento das relações comerciais – só que eu estava ocupado demais com a minha própria vida.

Mesmo depois de o caso com Branton e Douglas ter sido resolvido no tribunal, papai ainda manteve seu negócio de jardinagem, não raro fazendo rondas pelos seus diferentes locais de trabalho espalhados por Seattle, dando ordens aos empregados e conversando com os clientes. Ao longo da vida, fora o seu trabalho que o mantivera de pé, e ele jamais o abandonaria em definitivo, não importando o tamanho do faturamento que seus advogados anunciassem nas reuniões da empresa. Enquanto se dedicava aos seus negócios, papai entregou a Janie a responsabilidade de supervisionar o restante do patrimônio de Jimi. Tive a oportunidade de assumir um papel ativo dentro da empresa, mas não estava interessado naquilo. Nunca fui do tipo executivo, e provavelmente jamais serei.

Meu consumo de drogas já estava totalmente fora de controle havia algum tempo e, em 1996, atingiu um nível crítico. Apesar de já debilitado pelo vício em crack, eu fumava as pedras todo santo dia. Entretanto, mesmo vivendo numa espécie de torpor, ainda conseguia vender cocaína e faturar mais de dez mil dólares por semana. O fluxo constante de dinheiro me permitiu comprar uma cobertura luxuosa em Capitol Hill, Seattle, para usar como central de vendas. Podia ser um lugar bonito por fora, mas por dentro... O ambiente era horrível. Clientes iam e vinham a qualquer hora do dia ou da noite, atrás da próxima cheirada. Muitas vezes, permaneci trancafiado no apartamento por dias a fio, na companhia das minhas namoradas. A maioria delas faria qualquer coisa em troca de drogas – assim, um elenco variado de garotas estava sempre por perto, como as Michelles número 1, 2 e 3, além das russas Sasha, Tasha e Yasha. O circo de horrores durava 24 horas por dia, sete dias por semana.

Meus clientes negociavam de tudo para obter drogas, e meu apartamento de luxo acabou se assemelhando a uma casa de penhores. Eu tinha gavetas cheias de joias, roupas e aparelhos eletrônicos permutados por uma viagem. Uma mulher chegou a me oferecer um violão velho e gasto por um punhado de drogas. Sem pensar muito, peguei o instrumento e o larguei encostado contra a parede da sala.

Numa noite, meses depois, de tão chapado, creio que desmaiei no sofá. De repente, ouvi um zumbido, seguido por um tom grave. Abri os olhos e vi o violão se mexendo levemente no canto. As cordas começaram a vibrar, sacudindo a poeira e a sujeira acumuladas ao longo do tempo. Talvez fosse um pequeno terremoto e, possivelmente, eu estava drogado demais para percebê-lo. Mesmo assim, por algum motivo, o violão era a única coisa que se mexia na sala. Então, tive uma visão: no espaço, nuvens cinzentas se abriram e escutei uma música esvanecendo-se, belas melodias vocais e sons de guitarra ecoando de um outro mundo. No fundo da minha consciência, a voz de Jimi soou baixinho...

O que você quer fazer, Leon? Já se passou tempo suficiente... Está na hora de você pegar esse violão. É tudo o que lhe resta.

Vencendo o meu estupor, me obriguei a levantar do sofá e caminhar até o canto da sala. Deslizei a mão pelo instrumento e me lembrei de Jimi tentando dedilhar aquele uquelele desencavado na casa da sra. Maxwell quando éramos meninos. Passei a noite martelando as cordas. Ao segurar o violão nas mãos, experimentei algo que não sentia havia muito tempo: a sensação de ter uma direção, um propósito.

No início, mal conseguia tocar um acorde, mas comprei um livro de teoria musical para violão e me juntei a alguns músicos locais. Poucos meses depois, decidimos formar uma banda. Após anos procurando meu lugar no mundo, finalmente eu encontrara a música – ou, talvez, a música me encontrara. De qualquer modo, sou grato pelo que aconteceu, pois estava convencido de que a música iria me levar para fora da escuridão e me ajudar a consertar minha vida.

Assim que descobri o violão e a guitarra, eles preencheram o vazio deixado pelo uso das drogas. Pela primeira vez, tinha uma maneira de extravasar minha emoção e energia. Com meus esforços focados na música em tempo integral, não olhei mais para trás, porque me sentia no caminho certo. Havia aqueles que se preocupavam com meus sonhos musicais e, ainda, os que estavam verdadeiramente temerosos por mim. Eles sabiam como o negócio de gravação de discos comia as pessoas vivas. Porém isso não me importava. Nunca enxerguei o fato de ser irmão de Jimi como um obstáculo. Alimentava a esperança de me expressar artisticamente e prestar homenagem ao seu espírito musical.

Por meio da minha música, conheci um monte de astros do rock na área de Seattle, e alguns se mostraram bastante receptivos à minha entrada no meio. A maioria dos guitarristas, porém, não estava muito contente com a minha nova carreira. Para começar, acreditavam que eu não tinha nenhum direito de pegar numa guitarra, e também me invejavam porque eu era contratado para fazer shows com minha banda por toda a cidade, mesmo tocando mal. Sempre que alguém me dava uma dura por me atrever a tocar guitarra, eu sorria e dizia:

– Lamento que você se sinta assim. Só estou seguindo o meu coração.

Enquanto trilhava o caminho da música como uma saída das trevas do meu vício, eu lutava para ficar limpo. Todos sabiam disso, inclusive meu pai. Ele até mesmo decidiu ser o momento de intervir e tentar salvar minha vida, insistindo em que finalmente chegara a hora de me tratar. Meu pai me comunicou que estabelecera um fundo fiduciário para mim, denominado Fundo Bodacious, o qual representava 25 por cento do patrimônio de Jimi. E, como um incentivo extra para eu ficar limpo, me ofereceria dez mil dólares mensais daquele fundo. Mas nem assim consegui abandonar as drogas.

Demoraria pouco mais de um ano até eu chegar ao fim da linha. Não que eu tivesse, necessariamente, chegado ao fundo do poço, mas talvez, pela primeira vez, ficara evidente para mim que minha vida precisava mudar antes que fosse tarde demais. Meus filhos também percebiam quão sério meu vício se tornara. Juntos, ao longo dos anos, eles haviam testemunhado em primeira mão a minha degradação. Quando minha filha Tina me convidou para jantar certa noite, encontrei todos eles reunidos na sala de estar: Jimi, Alex, Jason, Lee Ann e até a minha pequenina Jonelle. Todos estavam com uma expressão séria no rosto. Era a hora da intervenção. Quando eles me pressionaram sobre meu uso descontrolado de drogas, não havia o que discutir. Até minha garotinha se postou diante de mim e me suplicou para limpar minha vida.

– Por favor, papai, por favor – disse Jonelle. – Todo mundo fala que você vai morrer se nós não o ajudarmos.

Aquela belíssima demonstração de amor e apoio me trouxe lágrimas aos olhos. Eu devia isso a meus filhos, me empenhar na reabilitação. Meus filhos não queriam me perder e se importavam tanto comigo que, mesmo depois de tudo o que lhes impingi ao longo dos anos, me ofertavam sua ajuda e amor incondicionais. Eles já haviam me registrado no Impact, um centro de tratamento para dependentes de drogas e álcool em Pasadena, na Califórnia, cheio de sol e palmeiras.

– Mas não tenho nenhuma roupa para levar comigo. Só me deixem voltar para casa para fazer a mala, e então...

– A reabilitação não é um desfile de moda – argumentou Tina. – Você tem que ir daqui direto para o aeroporto. Nada de voltar para casa e acabar chapado mais uma vez.

Não ofereci mais nenhuma resistência. Simplesmente fui. Não iria discutir com eles.

Felizmente meus filhos não podiam ver, exatamente, quão longe eu chegara naquele caminho criminoso, porque, de maneira geral, nunca deixei rastros. Nunca fui pego por tráfico de drogas ou qualquer coisa relacionada a isso. Não me interpretem mal, pois, provavelmente, não lhes dei um bom exemplo durante esse tempo. Mas tudo o que posso fazer agora é procurar recompensá-los, sendo um bom exemplo daqui em diante.

Lembro-me de, um dia, um de meus filhos me dizer:

– Quero ser como você, papai.

E eu lhe respondi:

– Não faça isso, filho. Trambicar não é jeito de viver.

Completados dois meses dos três programados para a minha permanência no centro de tratamento em Pasadena, convenci os diretores a me transferirem para a Genesis House, um centro de reabilitação no bairro de Cheviot Hills, em Los Angeles. Quando, somente duas semanas após minha chegada, pisei feio na bola e fui pego bebendo, eles me mandaram embora de lá. Apesar de conseguir ficar longe das drogas pesadas, em muitos aspectos eu tinha a impressão de haver voltado exatamente ao ponto de partida. No entanto, continuei determinado a não sucumbir aos velhos hábitos. Meu futuro parecia terrivelmente sombrio – até que fui apresentado a uma mulher incrível, Jasmin Rogg. Não muito tempo depois de nos conhecermos, ela me incentivou a frequentar com assiduidade as reuniões dos Alcoólicos Anônimos, realizadas em toda parte de Los Angeles. Nas reuniões, encontrei ex-viciados que sabiam muito bem onde o calo apertava. Logo percebi que eles entendiam o que eu vivera, bem como o meu potencial de seguir em frente.

Jasmin e eu passamos a morar juntos e assim seguimos, sem olhar para trás. Pela primeira vez em três décadas, eu estava completamente livre das drogas e a caminho de ter minha vida de volta. Muitas vezes, nas décadas anteriores, eu pensara que jamais conseguiria isso. Minha descoberta de mim mesmo fora um verdadeiro milagre.

Devido ao tempo e aos esforços dedicados para recuperar minha sobriedade, não dei nenhuma atenção ao patrimônio de Jimi ou aos negócios da Experience Hendrix. Na minha cabeça, não havia muita razão para tal. Para papai, era importante que o meu futuro e o de seus netos fosse assegurado, e eu compreendia perfeitamente que ele se empenhava em nos proporcionar isso, de forma que decidi deixar Janie e o primo Bobby, agora presidente da fundação, tocarem o negócio. Imagino que Bobby já não estivesse mais preocupado com que o legado Hendrix de sexo, drogas e rock'n'roll pudesse afetar sua posição na Costco. Seu comportamento não fazia muito sentido, mas eu não tinha intenção de implicar com a sua súbita mudança de atitude.

Enquanto o dinheiro jorrava no espólio de Jimi, Janie ia assumindo um papel cada vez mais ativo em todos os aspectos dos negócios. Infelizmente, muitos de nossos parentes foram excluídos, em especial tia Delores e alguns de nossos primos do lado da família de mamãe. Teria sido bom se ao menos eles recebessem uma oferta de emprego na Experience Hendrix, mas isso nunca aconteceu. Jimi teria ficado desgostoso pela forma como Janie se comportou em relação à família de mamãe. Nós jamais teríamos conseguido coisa alguma sem o amor e o apoio de tia Delores e de tantos outros. Agora que chegara o momento de todos eles poderem pedir um pequeno auxílio para simplesmente pagar suas contas, viam-se rejeitados.

Anteriormente, quando lutava para recuperar os direitos autorais sobre a música de Jimi do controle de Leo Branton, papai alegara ser incompetente para tomar decisões de negócios ou assinar documentos legais. Após o caso ter sido resolvido, eu me perguntava se alguém achava que agora seria diferente. Papai continuava tecnicamente incompetente e inepto para lidar com uma grande empresa como a que controlava o patrimônio de Jimi. O que eu queria saber era se meu pai ainda estava assinando papéis e documentos legais que não entendia.

Janie estava até morando com ele numa casa em Skyway, um agradável bairro de subúrbio situado entre Seattle, Tukwilla e Renton. Embora circulassem boatos de que papai se mudaria para uma residência maior, ele não se mostrava entusiasmado com a ideia. Além do mais, os condomínios milionários ao redor do lago Washington tinham estacionamentos com teto baixo – e, se meu pai não conseguisse entrar com seu caminhão, o lugar não lhe interessava. Em Skyway, ele podia deixar o veículo estacionado na frente da casa. No fundo, ele ainda achava que tudo podia lhe ser tirado a qualquer momento. Assim, enquanto estivesse com seu caminhão e suas ferramentas, seria sempre capaz de cuidar de si, não importando o que viesse a acontecer.

Sua saúde, porém, já não era a mesma. Desde a cirurgia cardíaca, na década de 1980, ele tinha seus altos e baixos.

Janie e Bobby o transferiram para uma clínica de repouso luxuosa, não muito distante do centro de Seattle. Quando minha namorada Jasmin e eu fomos visitá-lo, papai estava assistindo à tevê. Numa mesa ao lado da cama havia alguns CDs de músicas nas quais eu vinha trabalhando. Tão logo começou a dar ordens, foi fácil perceber que ainda estava o mesmo de sempre.

– Ei, menino, estique o braço e mude o canal da tevê – ordenou-me.

Então, virando-se para Jasmin:

– Querida, você poderia massagear os meus pés? Eles estão doloridos, como sempre. Muitíssimo obrigado.

Porém, no decorrer dos meses seguintes, a saúde de papai deu uma guinada para pior. Além de sofrer de insuficiência cardíaca congestiva, seu corpo estava rejeitando a nova válvula que lhe fora implantada. Os médicos chegaram até a colocar outro marca-passo. Como Janie tinha uma procuração de meu pai, não precisava me comunicar nada se não quisesse. Papai vivia sendo transferido da clínica de repouso para casa e vice-versa.

Meu relacionamento com Janie e Bobby talvez já não fosse bom desde o princípio, mas todo aquele vaivém, pondo e tirando meu pai da clínica de repouso, nos afastou definitivamente.

Em dezembro de 1999, Janie convenceu papai a lançar uma autobiografia intitulada *My Son Jimi* ("Meu filho Jimi") e o ajudou a publicá-la. Na melhor das hipóteses, a memória de papai podia ser descrita como nebulosa, e a maioria de suas lembranças sobre tudo o que acontecera em nossa infância simplesmente não exprimia a verdade dos fatos. São conhecidos os efeitos do álcool sobre a memória das pessoas. Embora houvesse muitas, e quero dizer muitas, completas invencionices e meias verdades, uma das passagens mais cômicas do livro é meu pai recordando como costumava trabalhar duro preparando "boas refeições" para meu irmão e eu, e como comíamos sempre cereais, leite, manteiga de amendoim com geleia, ovos mexidos e bacon, bananas, maçãs, laranjas, melancia, saladas, cachorros-quentes, bolos, tortas, pãezinhos de canela e sorvete. Quem lesse isso pensaria que Jimi e eu tínhamos crescido numa mercearia. Outras de minhas passagens favoritas é papai insistindo em que não houvera um acidente de carro comigo, Jimi e mamãe. Em outra, ele jura que meu irmão e eu jamais nos encontramos com Little Richard quando éramos meninos. Papai também tentou corrigir meus relatos de que, às vezes, nos levava para os salões de sinuca quando ia jogar. Entretanto, sua declaração mais ridícula, e que fez questão de publicar, era que "com uns sete anos Jimmy já não ficava muito com Leon".

Pouco depois de ler alguns trechos, liguei para papai a fim de lhe perguntar sobre algumas coisas que ele contara no livro.

– Livro? Não sei nada sobre livro nenhum – desconversou ele.

Só me restou sorrir. Deus, como eu amava meu pai. Não importava o que acontecera entre nós ao longo dos anos, ele era um homem muito bom. Apesar do quão decepcionado me sentira ao ler certas coisas em seu livro, eu não ia responsabilizá-lo por aquilo. Não fora culpa dele.

– Não se preocupe. Está tudo bem – falei. – Não importa o que você está dizendo no livro. Eu te amo.

– Também te amo, filho.

As impressões digitais de Janie saltavam de cada página do livro. Mais uma vez, ela estava se esforçando ao máximo para reescrever os fatos. Nas narrativas sobre os anos de nossa infância – minha e de meu irmão –, notei uma tendência alarmante de remover, gradualmente, o meu papel da história dos Hendrix. Por outro lado, Janie, a todo instante, ia se pintando como o membro ideal da família.

No decorrer dos dois anos seguintes, Bobby e Janie não quiseram nenhum contato comigo ou com minha família. E não apenas porque eu era crítico em relação à maneira como estavam tratando o meu pai. Analisando a situação hoje, só consigo pensar que me consideravam *uma pedra no sapato*.

Estive no hospital da Universidade de Washington algumas vezes para visitar papai, e lá me informaram que eu *não* tinha permissão de entrar no prédio. Quando, enfim, obtive acesso ao quarto de meu pai, encontrei-o com os meus CDs nas mãos e incapaz de falar, conseguindo apenas sorrir e acenar. Foi duro para mim testemunhar seu estado, mas procurei ser forte e apoiá-lo do melhor jeito possível. Ele tinha consciência de minha presença ao seu lado e não duvidava de que eu o amava. Janie fez questão de que todos soubessem que ninguém deveria me dar notícias sobre o estado de saúde de meu pai e desautorizou-me de manter qualquer contato com ele. Não sei se ela temia minha interferência ou se estava preocupada com a saúde de meu pai.

Até hoje não posso dizer que me sinto impressionado pelo modo como a herança musical de meu irmão tem sido administrada. Ao longo dos anos, foram tomadas inúmeras decisões que, acredito eu, não agradariam a Jimi. Por exemplo, Janie licenciou sua música "Are

You Experienced?" para a Reebok usar em um de seus comerciais. Tenho certeza de que, se dependesse de meu irmão, a resposta teria sido um sonoro "não".

Outros lançamentos musicais não vêm se saindo muito melhor. Diversas gravações lançadas no mercado nos últimos anos contêm canções e improvisações que Jimi nunca teria concordado em disponibilizar ao público em geral – disso estou convicto. Lembro-me de como fiquei pasmo ao constatar que Janie se autoconcedera o crédito de *produtora* numa caixa de CDs que fora lançada. No início, apoiei totalmente seus esforços para remasterizar as gravações de meu irmão e distribuí-las ao mundo. Porém, à medida que as coisas evoluíram, os lançamentos se revelaram repletos de material previamente excluído e mixes de material que Jimi nunca quis expor ao público. Os álbuns póstumos pareciam nada mais do que empreendimentos lucrativos.

Para mim, as pessoas responsáveis não tinham uma visão clara do que desejavam fazer. As novas embalagens, os relançamentos, a remasterização – tudo era superproduzido e excessivamente controlado. Eles saturavam o mercado com várias gravações das mesmas canções. As remasterizações não passam de truques para continuar a ganhar dinheiro com o mesmo material. Meu irmão lançou três álbuns de estúdio enquanto vivo: *Are You Experienced*, *Axis: Bold as Love* e *Electric Ladyland*. Esses álbuns são o que ele oficialmente aprovou. Portanto, à exceção desse material, os outros lançamentos foram decisões de terceiros. Quantas vezes alguém pode relançar e reembalar aquilo que é, essencialmente, o mesmo produto? Meu irmão jamais teria compactuado com isso. Posso ouvi-lo dizendo: "Por que eu iria lançar um monte de versões diferentes da mesma coisa? Qual o sentido disso?"

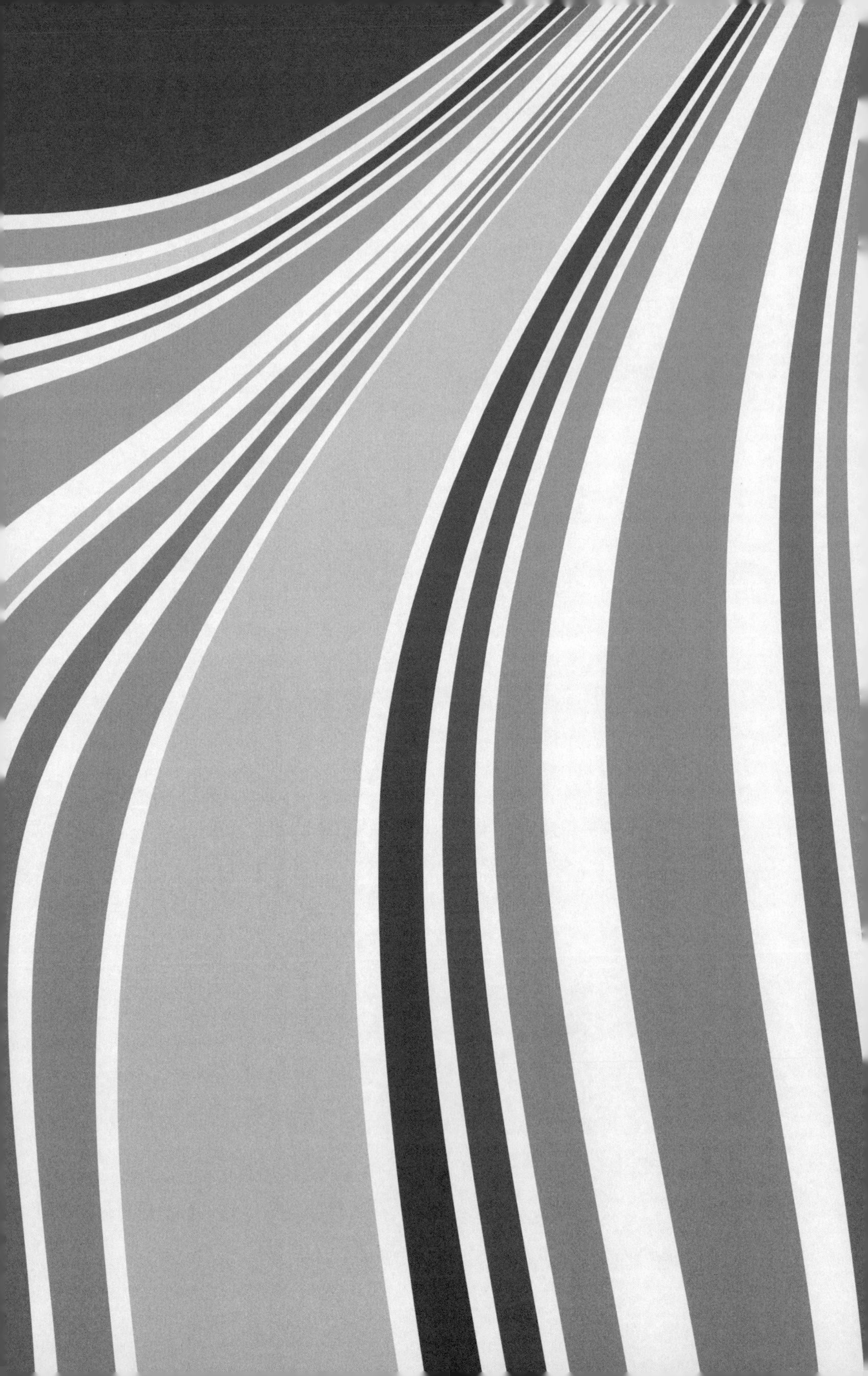

16 A perda de papai

Em 17 de abril de 2002, recebi a notícia de que meu pai falecera em sua casa, em Seattle. Eu estava em Los Angeles com Jasmin quando fomos informados do acontecido às primeiras horas da manhã. A empregada dele nos telefonou dando a notícia. Apesar dos problemas de saúde que enfrentara nos anos que antecederam a sua morte, papai ainda conseguiu chegar aos 82. Provavelmente, muitos se surpreenderam com o fato de ele ter vivido tanto, considerando seu estilo de vida.

Como se já não fosse difícil perder meu pai, passei a ver-me obrigado a ir para Seattle com meus filhos e me reunir com pessoas que me desprezavam. No momento em que entramos na Igreja Batista Mount Zion, já tive um vislumbre da situação dali em diante. Minha família e eu fomos colocados nos assentos em um canto do templo, enquanto Janie e sua família ocupavam a parte central. A mulher encarregada do elogio fúnebre parecia estar fazendo relações públicas em favor de Janie. Imediatamente a criatura começou a falar sobre a filha incrível que Janie fora, e como meu pai depositara toda a confiança nela. Precisei lutar contra o impulso de me levantar e gritar para todos: "Este é o funeral de meu pai, Al Hendrix, e não uma campanha de relações públicas para Janie".

A situação não melhorou muito quando chegamos ao Greenwood Memorial Park, o cemitério onde Jimi também havia sido enterrado. Janie e Bobby se instalaram na primeira fileira de cadeiras, e minha família não pôde se sentar em lugar nenhum. Como se não bastasse, os parentes de Janie também se espalharam sob a tenda, enquanto os familiares e amigos de papai foram deixados do lado de fora, na chuva. Bem, eu não ia permitir isso. Entrei na tenda e mandei o pessoal abrir espaço para a minha família. Acreditem-me, a multidão se mexeu rapidinho. Pela minha expressão, todos viram que eu falava sério.

A guarda de honra realizou a cerimônia destinada a veteranos de guerra na qual se dobra a bandeira, e, quando o militar se aproximou para entregá-la a mim, Janie se colocou no meio de nós e a tomou das mãos dele. Se o cônjuge do falecido não estiver mais vivo, a bandeira deve ser entregue ao filho – ou filha – *mais velho*, não à filha caçula adotiva. O comportamento de Janie foi um verdadeiro tapa na minha cara. Mal sabia eu que aquele era apenas um pequeno sinal do que estava por vir.

Não fomos convidados para a recepção oferecida por Janie após o funeral, nem gostaríamos de ter ido. Minha família se reuniu depois do enterro no centro da cidade. Num gesto de delicadeza, cheguei a entregar a Bobby e Janie alguns convites que havíamos mandado imprimir, mas os dois imediatamente os atiraram no chão. Quem saiu perdendo foram eles. Nossa recepção ficou absolutamente abarrotada de amigos e familiares, gente que eu não via fazia muito tempo. Foi uma bela despedida para meu pai.

A leitura do testamento aconteceu na manhã seguinte. Confesso que me senti mais do que apenas chateado quando não fui chamado para a reunião. Meu coração se apertou, porque era assustadoramente óbvio que as coisas não estavam transcorrendo como deveriam. Meu advogado só teve acesso ao testamento de papai alguns dias depois. Quando cheguei ao seu escritório, ele fechou a porta e disse:

– Eles mandaram sua herança para cá.

– Como é que é? – indaguei.

– É uma situação difícil de explicar, Leon. Sinto muito.

Meu advogado colocou uma caixa de papelão – que já estava aberta – sobre a mesa e tirou *um disco de ouro de um single* de Jimi.

– É alguma piada? – perguntei, levantando-me da cadeira.

– Acho que poderíamos dizer que sim. Já analisei todos os documentos e temos um grande problema. – Ele fez uma pausa e me olhou nos olhos. – Você foi retirado do testamento de seu pai.

Perdi a fala. Quando, enfim, tive a chance de examinar os documentos, constatei que meu fundo fiduciário, o Fundo Bodacious, representando 25 por cento do patrimônio de Jimi, estava *completamente ausente*. Meu advogado me explicou que meu nome constara em cada um dos testamentos de meu pai até o último que ele revisara, quatro anos atrás, em 1998. Fiquei no escritório do meu advogado quase uma hora, lendo e relendo as linhas sobre o que me caberia receber: "um disco de ouro de um single" *da escolha de Janie*.

Afastei a cadeira da mesa e fitei o teto, tentando achar algum sentido naquilo tudo. Então, um pensamento me ocorreu. Lembrei-me de que a questão do disco de ouro tinha antecedentes. Lá pelo fim da década de 1980, a casa de meu pai fora arrombada, e alguns discos de ouro de Jimi sumiram das paredes. Ao longo dos anos, Janie sempre me acusara de os ter surrupiado. A insinuação de que eu poderia arrombar a casa de meu próprio pai e roubá-lo era ridícula. Ainda assim, nada do que eu dissesse a fizera mudar de ideia.

O disco de ouro não fora uma herança, mas a vingança de Janie.

Meu advogado também me alertou para um adendo ao último testamento, segundo o qual papai deixava 48 por cento dos bens – quase a metade de tudo – para Janie.

A situação não podia ser mais ultrajante. De jeito nenhum eu iria permitir que me cortassem do testamento de papai. Infelizmente, na época, eu não tinha dinheiro para financiar nenhum tipo de ação legal. Estava quase falido e sem esperança quando um cara, Craig Dieffenbach, um empreendedor imobiliário de Seattle, apareceu e colocou dinheiro do próprio bolso para financiar minha batalha legal. Com o apoio financeiro de Craig, meu advogado, Bob Curran, e eu ajuizamos a ação em 16 de agosto de 2002, alegando que me fora negada a minha legítima herança. Afirmamos que Janie usara o que meu advogado qualificava de "influência indevida" para promover uma mudança do testamento de meu pai e do fundo fiduciário. Papai jamais teria me excluído completamente de seu testamento por conta própria. Éramos do mesmo sangue, dos Hendrix. Ele amava seus netos e a mim mais do que qualquer outra coisa no mundo.

Enquanto o caso progredia, descobri que Janie arranjara a transferência dos caixões de papai e de Jimi, no meio da noite, para outro cemitério. Tudo acontecera alguns meses atrás, e quando, por fim, tomei conhecimento da operação secreta – graças a um jornalista que me entrevistava – não havia nada que eu pudesse fazer. "Descanse em paz"? Sei... Eu me enojava de pensar que, enquanto Jimi e papai estavam num jazigo que custara um milhão de dólares, minha mãe estava numa cova onde não havia sequer uma lápide para identificá-la. Janie agia conforme queria e não via a mínima necessidade de trocar uma ideia comigo antes.

Meu caso se arrastou e entrou no ano seguinte com moções repetidamente apresentadas e novos depoimentos. Durante todo o processo, Janie e Bobby insistiram em ter ficado tão surpresos quanto qualquer um ao saber que meu pai me excluíra do testamento. Ambos afirmaram, repetidas vezes, não haver tomado parte da elaboração do último testamento assinado por papai antes de sua morte. Janie e Bobby citaram, sem parar, meu uso de drogas como o principal motivo de desgosto capaz de levar meu pai a, voluntariamente, me tirar do testamento. Talvez eles pudessem convencer o juiz, porém eu jamais acreditaria que meu pai tivesse feito isso.

A minha opinião sobre a maneira como Janie gerenciava o patrimônio Hendrix era compartilhada por Linda, irmã mais velha de Janie, e nossa prima Diane. As duas se juntaram a mim e entraram com um processo em separado, alegando que Janie administrava mal um fundo fiduciário criado por meu pai, em seu testamento, para os demais membros da família. Nós queríamos que Janie fosse destituída da administração do fundo e que ela e Bobby fossem demitidos dos cargos que ocupavam em todas as empresas da família. Além disso, queríamos que o tribunal os ordenasse a nos indenizar pelos prejuízos sofridos. Fazia mais de dois anos que papai falecera, e a ação alegou que os beneficiários do testamento ainda não tinham recebido os valores corretos. Janie insistia em não haver dinheiro disponível por causa do meu processo contra a Hendrix Experience. Como de costume, eu era o bode expiatório para tudo.

Meu caso só chegou às mãos do juiz em 28 de junho de 2004, quase dois anos após o início do processo. Também alegamos que Janie e Bobby haviam usado suas posições de controle da Experience Hendrix para obter vantagens pessoais desde o primeiro dia e desperdiçado milhões de dólares da empresa em benefício próprio. David Osgood, um dos advogados da prima Diane e de minha meia-irmã Linda, afirmou que Janie e Bobby não só tomaram dinheiro emprestado da empresa para comprar mansões luxuosas, como também haviam se concedido salários e bônus astronômicos no ano anterior. Enquanto tudo isso acontecia, a Hendrix Experience também falhara na distribuição do dinheiro para os beneficiários de um dos fundos criados para ajudar alguns de nossos parentes.

Ao longo dos meses seguintes, inúmeras testemunhas depuseram. Todas elas – de tia Delores a alguns amigos de infância de Jimi, como Jimmy Williams – testemunharam a meu favor, declarando que meu pai sempre prometera que seus netos e eu teríamos nosso futuro garantido. Creio que, se estivessem medindo a opinião popular, ninguém dentro daquele tribunal, exceto Janie, Bobby e seus advogados, pensava que eu deveria ter sido cortado do testamento.

Durante o julgamento, o juiz Ramsdell me mandou fazer um teste de DNA para determinar se eu era, de fato, filho biológico de meu pai. No entanto, o próprio juiz decidiu que o resultado do exame não importava e o manteve lacrado. Qualquer que fosse o resultado daquele exame, Al Hendrix seria sempre meu pai, e isso não mudaria nunca.

O julgamento se estendeu por sete semanas, período no qual me ocupei com a minha música e tentei não ficar nem muito exaltado, nem deprimido. Uma das maiores bancas de Seattle estava me representando, portanto eu estava em boas mãos. Apesar de meus advogados mostrarem-se confiantes, procurei pautar minhas reações pela calma e tranquilidade. Se vencesse, esperava ser agraciado com o fundo fiduciário que meu pai sempre desejara deixar para mim e para seus netos. Se a sentença não fosse a meu favor, simplesmente teria que seguir adiante com a minha vida. Não importava qual fosse o resultado, não permitiria que aquilo me dominasse ou me aniquilasse.

Em 24 de setembro de 2004, pouco mais de dois anos depois do início da batalha legal com Janie, o juiz Ramsdell notificou aos meus advogados que, finalmente, chegara a uma decisão. Entrei na sala de audiência lotada, cercado de muitos amigos e familiares que demonstraram seu apoio vestindo camisetas com os dizeres: O LEGADO DELE VIVE ATRAVÉS DE SUA FAMÍLIA E AMIGOS E O SANGUE DE JIMI CORRE EM MIM.

Todo mundo esperava pelo melhor. Porém, infelizmente, não ganhamos o dia.

Numa decisão de 35 páginas, o juiz julgou procedente o testamento de papai assinado em 1998 e declarou que eu não deveria receber nada além do meu disco de ouro. Quanto à alegação de que Janie malversava o fundo que fora criado para os outros beneficiários, o juiz acreditou haver argumentos suficientes e não apenas a destituiu do cargo de principal administradora, como a mandou pagar os honorários advocatícios dos beneficiários. Uma vitória pequena para o nosso lado, mas um passo na direção certa.

Eu estava mentalmente preparado para qualquer que fosse o veredicto. Recusei-me a deixar que a decisão de um juiz arruinasse a minha vida. Minha família era forte demais para que tal acontecesse. Durante o julgamento, preparei-me para o pior. Toda a minha vida, vi-me obrigado a enfrentar tempos difíceis, portanto aquilo não representava nenhuma novidade para mim. Talvez estivesse quebrado, sem um tostão, depois de gastar todo o meu dinheiro no processo, porém não me permitiria viver e morrer pautado pelo desfecho do caso.

Embora derrotados no tribunal, minha família e eu não nos abatemos. Permanecemos otimistas com a possibilidade de um recurso. Vendo-me sorrir ao sair do tribunal naquele dia, muitos dos jornalistas e curiosos pensaram que eu tinha perdido o juízo. Entretanto, pela primeira vez em anos, experimentei uma estranha sensação de encerramento após a decisão do juiz. Ainda apelamos da decisão ao Tribunal de Apelação do Estado – que sustentou a decisão – e, mais tarde, à Suprema Corte Estadual, que fez o mesmo. Minha percepção era de que meus advogados apenas cumpriam o rito. O que estava feito estava feito. Chegara a hora de seguir em frente.

Mesmo que alguns tenham achado que seria o fim da linha para mim, no final das contas perder o caso revelou-se uma bênção enorme para a minha família. A decisão final me liberou para continuar com a minha vida e não ter mais de lidar com questões jurídicas. Jasmin e eu permanecemos em Seattle por um breve período antes de retornarmos a Los Angeles e comprarmos uma casa. Ao longo da minha vida, de alguma maneira, eu sempre conseguira cair de pé – e dessa vez não seria diferente. Tudo o que eu tinha para nos sustentar eram a minha arte e a minha música e, para mim, estava ótimo. As dificuldades e os tempos duros me haviam concedido resistência e um espírito positivo. Não importa o que aconteceu, o que importa é que hoje estou em paz.

Epílogo

Quando relembro o passado, fico assombrado com o que meu irmão realizou em sua curta vida. Para milhões de fãs de todo o mundo, ele era Jimi Hendrix, o único, o mago canhoto da guitarra que explodira em cena após incendiar o palco no Monterey Pop Festival de 1967 e, em seguida, disparara para o estrelato. Foi um ícone do rock maior do que a própria vida e, em três breves anos, redefiniu o que era possível na guitarra, mudando o mundo da música para sempre. Seus álbuns de estúdio são clássicos da história da música e, até hoje, seu mito e seu legado crescem com cada nova geração de fãs.

Não importa o que digam, considero-me o guardião da chama Hendrix e pretendo continuar preservando o espírito e o legado musical de Jimi. Claro que não toco como meu irmão. *Ninguém* toca como ele. Mas estou constantemente trabalhando para desenvolver o meu próprio estilo, e as pessoas tendem a reagir positivamente diante da arte feita com paixão. É uma bênção enorme que os fãs venham assistir a mim e à minha banda. Hoje, estou tendo a oportunidade de viver uma segunda infância. A minha primeira foi perdida em lares substitutos e pilantragem nas ruas. A experiência é muito mais gratificante desta vez. Enquanto escrevo isto, acabo de retornar de uma série de shows na Itália, onde multidões surpreendentes apareceram, noite após noite, para me apoiar e à minha banda. Estou mais feliz e relaxado do que jamais estive.

Demorou muito para que eu me lembrasse de detalhes relativos aos períodos duros que enfrentei. Por décadas, apaguei da minha mente a vida nos lares substitutos e o período de encarceramento no Reformatório Monroe. Entretanto, me obrigar a recordar isso tudo me propiciou uma imensa sensação de conclusão. Também consegui reviver alguns dos bons momentos que ocorreram nesses anos. Uma das lições mais importantes que aprendi é que a vida é curta demais para guardar ressentimentos contra membros de minha família ou contra quem quer que seja. As pessoas sabem o que fizeram ou deixaram de fazer. Acredito que, no final, todos respondem por suas ações.

Sou o primeiro a admitir que não fui o filho perfeito durante os anos em que estive afundado no vício. Mas minha família não deveria ter sido cortada do testamento. Tenho certeza de que não era o que meu pai queria, e nada, nunca, me convencerá do contrário. O importante para mim, ao enfrentar tudo o que enfrentei, foi manter uma atitude positiva. Embora não me sinta feliz com o modo como minha família e eu fomos tratados ao longo dos anos, o passado não deve arruinar o nosso futuro. Com o tempo, tudo se encaminhará para melhor.

Isso posto, cada um recebe o que merece, portanto, em algum nível, só posso acreditar que um poder superior não me julgava merecedor de qualquer tipo de herança proveniente do espólio de meu irmão. Algumas pessoas talvez até digam que perder minha ação contra Janie salvou a minha vida. Se eu houvesse posto as mãos no fundo fiduciário, quem sabe o que teria feito. Para mim, uma grande parte do dinheiro já estava gasto. Primeiro iria garantir a segurança financeira dos meus filhos, mas fora isso minha intenção era comprar um iate enorme e passar o resto da vida velejando perto do Taiti e de outros paraísos tropicais. Se esse projeto se realizasse, porém, provavelmente jamais teria sido salvo pela música, permanecido limpo e passado a tocar em tempo integral. A guitarra nunca teria me tirado da escuridão e me ajudado a conservar a sanidade.

Faz treze anos que larguei as drogas, e cada dia é uma nova luta para permanecer limpo. Se eu, em algum instante, fraquejar e der a primeira cheirada, será o fim. É importante me manter distante de situações perigosas a qualquer custo. Um lapso momentâneo se transformaria em semanas, senão meses, correndo atrás da próxima viagem. Um deslize e eu estaria de volta ao ponto de partida. Por minha causa, e por causa de minha família, não posso deixar que isso torne a acontecer jamais.

Felizmente, após um histórico de derrotas nos tribunais, uma decisão judicial saiu a meu favor. Em fevereiro de 2011, um tribunal decidiu que o "direito de publicidade" do meu irmão (ou seja, o direito de explorar seu nome e imagem) não é passível de fazer parte de uma herança. Assim, Janie e sua empresa, a Experience Hendrix, não poderiam usar o direito de publicidade de meu irmão para me impedir de comercializar sua imagem ou outras representações similares, tampouco de utilizar os nomes "Hendrix" ou "Jimi Hendrix" para identificá-lo como a pessoa representada nessas imagens. É deplorável que tudo tenha de ser definido nas barras dos tribunais, porém, nos últimos anos, venho tentando me aproximar de Janie, na esperança de trabalharmos juntos. Lamentavelmente, até hoje ela não quis pôr de lado nossas diferenças do passado e aceitar uma reunião.

Após tantas batalhas legais, essa decisão mais recente é um pequeno consolo, mas pelo menos agora posso desenvolver uma parte da marca de meu irmão e conceder à minha família algum controle do legado de Jimi.

Hoje, quando meus netinhos caem e começam a chorar ou meus filhos enfrentam problemas, digo-lhes para se aprumarem e não se deixarem abater, porque, como meu pai me disse certa vez: "Muitos outros solavancos ainda virão". Para mim, o sucesso é definido pela maneira como você supera as coisas ruins que lhe acontecem, aprende com elas e segue em frente. É algo que não pode ser medido por carros e casas de luxo.

Muitas vezes, penso em tudo aquilo que Jimi e eu partilhamos – a infância difícil, perambulando pelas ruas de Seattle, e os tempos gloriosos, percorrendo Hollywood a bordo de uma limusine. A tarde em que limpamos a garagem da sra. Maxwell parece que foi ontem. Quando fecho os olhos, posso ver Jimi dedilhando a única corda do velho e gasto uquelele. Queria saber que fim levou aquela coisa. Infelizmente o instrumento pode estar em qualquer lugar, talvez até mesmo escondido no sótão ou na garagem de uma das minhas tias idosas. Ou então em algum canto do porão da casa de meu pai, enterrado no meio da sucata. Ou ainda vendido no meio de outras bugigangas que papai conservava guardadas em armários. É como caçar um tesouro perdido.

Felizmente consegui ficar com a guitarra Fender Stratocaster *sunburst* 1964 que meu irmão me dera nos tempos áureos. É uma guitarra que todo mundo gostaria de ter nas mãos. Um homem de negócios chegou a me oferecer um milhão de dólares. Mas não a vendo por dinheiro nenhum. É um dos meus bens mais preciosos, e farei de tudo ao meu alcance para que permaneça no seio da família Hendrix para sempre. Enquanto eu estiver aqui, essa guitarra jamais será vendida, pois é, literalmente, o que me resta dos meus pertences daqueles anos e, o mais importante, é o único item pessoal que tenho de meu irmão.

Apesar de tudo o que aconteceu, é difícil desejar mudar qualquer coisa na minha vida. Já viajei o mundo inteiro e vivi como um astro do rock. Há, porém, o outro lado da mesma moeda: estive trancafiado numa cela minúscula com nada além dos meus pensamentos e da esperança de continuar vivo. Minha maior realização na vida é simplesmente ter sobrevivido – consegui sair do inferno das drogas e encontrar uma maneira melhor de viver. Hoje, possuo uma família linda, cheia de netos maravilhosos. Posso não ter todo o dinheiro que a maioria das pessoas pensa, porém sou um homem incrivelmente rico no amor.

Completei 64 anos recentemente. Sei que perdi muita coisa durante aqueles tempos estúpidos em que vivia chapado e sem nenhum propósito além de embarcar na próxima viagem. *Arrependimento* sempre me pareceu uma palavra forte, entretanto, se pudesse fazer algo diferente, teria sido um pai mais presente para meus filhos enquanto cresciam.

Ao olhar para trás, acredito que deveria ter levado mais a sério a pergunta de meu irmão sobre o que eu pretendia da vida, porque por pouco já não era tarde demais quando, enfim, peguei a guitarra. Deveria ter me tornado músico há muito tempo, mas meu descontrole e a ausência de foco me impediam de pôr minha vida em ordem. Quando se fechou a janela de oportunidade da música, enfrentei uma batalha para encontrar o meu caminho. Ser músico e drogado simultaneamente nunca funciona. Muitos músicos acabam vítimas das drogas, e isso, quase sempre, arruína suas carreiras. Comigo aconteceu exatamente o contrário. Precisei de anos de abuso para compreender que minha paixão verdadeira era a música. Porém, de alguma forma, com a ajuda de Deus e do profundo amor e apoio de minha família e amigos, consegui dar a volta por cima. Apesar de meu estilo de vida, Deus não desviou seu olhar nem me abandonou. Por anos, sempre fugi dele. Quando recobrei o juízo e pedi sua ajuda e perdão, tudo mudou para melhor em minha vida.

Estou verdadeiramente convencido de que também é por causa de Buster. Lá de cima, ele está me guiando. Quando tenho algum problema no meio de um show, penso nele e peço auxílio. E quase posso ouvi-lo dizendo: "Dê um *bend* naquelas notas, Leon. Estique as cordas. Se você tocar uma nota fora do tom, dê um *bend* até voltar para o tom".

Ao descobrirem quem sou, a pergunta mais comum que as pessoas fazem é:

– Como é ser irmão de Jimi Hendrix?

Em geral apenas sorrio e retruco:

– Não sei. Ainda não cheguei ao fim da jornada.

Não se passa um dia sem que eu pense em meu irmão. Não importa o que aconteceu na minha vida, jamais me esquecerei de todas as histórias fantásticas que ele me contava e das lições que me ensinou. Acima de tudo, Jimi continua a viver na arte que criou e deixou para cada nova geração apreciar e desfrutar. Quando encontro seus fãs na estrada e partilhamos histórias sobre ele, é como se Buster ainda estivesse caminhando ao meu lado. A cada dia, continuamos a buscar juntos aventura e emoção. E essa viagem nunca vai acabar.

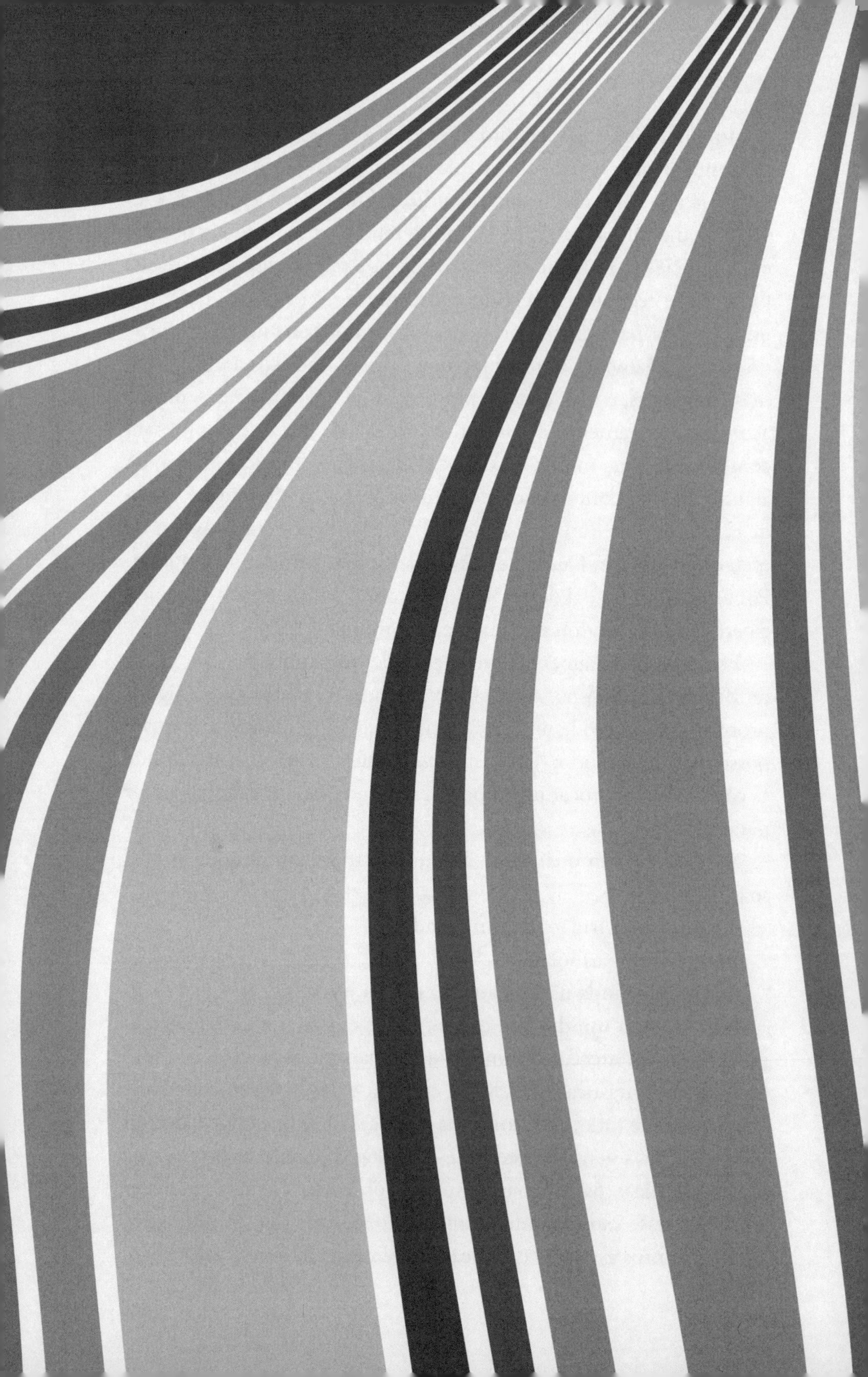

Agradecimentos

Acima de tudo, quero agradecer a nossa mãe, Lucille Jeter Hendrix, por nos trazer, a mim e Jimi, ao mundo. Sua energia vital era mais forte do que a de qualquer pessoa que jamais conheci, e nós dois fomos abençoados por ter você.

Gostaria de agradecer às seguintes pessoas por tudo o que fizeram por mim ao longo da minha vida.

A minha tia Delores (titia), por cuidar de mim e Jimi quando éramos pequenos, mesmo quando assoberbada pela responsabilidade de cuidar de tantas outras crianças. Você me acolheu em seu lar e foi para mim uma segunda mãe. Abençoou nossa alma com amor e sempre terá um lugar em nosso coração.

A minha tia Ernestine Benson – você abriu seu coração para nossa família e nos deu um teto nos tempos difíceis. Sempre apreciaremos a sua bondade e nos lembraremos dos discos de Muddy Waters, Bo Diddley e Robert Johnson – que ouvíamos na sua velha eletrola Dictaphone –, artistas aos quais você nos apresentou quando ainda éramos tão meninos.

A Christine Ann Naransic, mãe dos meus seis filhos: Leontyne, LeAnne, Alexander, Jason, Jimi e Jonelle. Obrigado por me aturar ao longo dos anos e por me dar a felicidade de ter seis filhos maravilhosos. Você me concedeu a oportunidade de entender a alegria de ser pai. Envio-lhe o meu amor e as minhas orações.

Aos meus filhos – espero que todos vocês compreendam quanto significam para mim. Tudo o que faço hoje, faço para honrá-los. Que cada um de vocês continue fazendo a diferença no mundo, mesmo depois que eu já não estiver mais aqui. Amo todos vocês.

A Ray Rae Goldman – ao longo dos anos, você tem sido um dos meus melhores amigos e é o "arquivista ímpar" de Jimi Hendrix. Tem me ajudado em muitos processos e faz um trabalho incrível mantendo contato com todos os meus familiares e agregados. Sou um sortudo de ter tão grande amigo na minha vida.

A Bob Hendrix – ainda que tenhamos tido uma infância difícil, você era muito importante para mim e Jimi quando éramos garotos. Eu venerava vocês dois. Quando crianças, nós nos amávamos, não apenas por sermos da mesma família, mas também porque éramos amigos.

A Janie Hendrix – não importa o que aconteceu ao longo dos anos, eu amo você como a minha irmãzinha. Obrigado por manter a música viva. Envio-lhe as minhas orações.

Aos Wheeler e filhos – obrigado por me abrir seu lar e por terem sido ótimos pais. Buster e eu sempre teremos um lugar em nosso coração reservado para todos vocês.

Aos meus outros pais substitutos ao longo dos anos, que tiveram um enorme impacto positivo na minha vida – tia Mariah Steele, a família Jackson, a família Magwood e a família Dominic. Sem vocês, eu não estaria aqui hoje para contar a história da minha vida. Obrigado por seu amor.

A tia Pat – obrigado por ter me suportado quando meu pai me deixava tantas vezes na sua porta e lhe pedia para cuidar de mim. Você e sua filha Patty são muito especiais. Sempre vou lhes querer profundamente bem.

A Adam Mitchell – por aguentar todos os momentos de dispersão e digressões e trabalhar duro para garantir que a minha história com Jimi fosse enfim contada à minha maneira.

A Andrew Pitsicalis, meu amigo e sócio nos negócios – foi preciso muita coragem para me ajudar na batalha durante anos, dentro e fora dos tribunais. Você lutou por mim para que eu pudesse ter voz na formação do legado Hendrix. Quando não havia mais esperança, sacrificou tudo para permitir que eu e minha família tivéssemos uma vida melhor. Pela primeira vez na vida, sinto orgulho de ter uma empresa minha e dos meus filhos. Longa vida à Rockin Artwork, nossa empresa.

A Alan Nevins – por ter feito toda essa experiência possível. Este livro não teria acontecido sem a sua orientação.

A Rob Kirkpatrick, da Thomas Dunne Books – obrigado por todo o trabalho duro e pela dedicação a este projeto.

A todas as *sexy ladies* que Jimi e eu tivemos o prazer de conhecer, nos tempos bons e nos maus. A todas peço desculpas e agradeço igualmente. Consideramos vocês anjos em nossa vida.

Foi preciso uma vida inteira buscando caminhos diferentes na vida até, finalmente, descobrir o caminho que me levou à companheira definitiva, Jasmin Rogg. Também dedico a história da minha vida a você, por salvá-la. Eu te amo para todo o sempre.

Índice

A
álbuns póstumos, 222, 248
Alcoólicos Anônimos, 244
Allen, Paul, 238–39
amplificador, 75, 79, 81–83, 89–90, 97, 167, 171, 185
"Angel" (música), 222
Animals, The, 122, 174
Are You Experienced (álbum), 126, 129–30, 135, 248
"Are You Experienced?" (música), 126
Axis: Bold as Love (álbum), 145, 185, 248

B
Bakersfield, 188
Band of Gypsys (álbum), 221
Band of Gypsys (banda), 207
Benedict Canyon Drive (casa), 171, 173, 175, 179, 183–84
Ben Paris, 14
Benson (tio), 74
Berry, Chuck, 74
Bethlehem Steel, 49, 51
Beverly Hills, 162–64, 171, 173
Beverly Hills Hotel, 161–63, 169–70, 174, 179
Black and Tan, 89, 139, 153
Black Beauties, 120
Blackburn, Harold, 211
Bloomers, 112
Blue Flames, 118
Bobby Taylor and the Vancouvers, 111
Bodacious (apelido de Leon Hendrix), 58
Boeing, 116–19
"Bold as Love" (música), 185
Borrero, Carmen, 163
Branton, Leo, 225, 227–28, 235–40, 245
Burdon, Eric, 174
Burke, Solomon, 112
"Burning of the Midnight Lamp" (música), 221
Buster (apelido de Jimi Hendrix), 17–19

C
Camp Rucker, 14
"Castles Made of Sand" (música), 145, 221
Center Arena, 138, 140
Center Coliseum, 152
Chandler, Chas, 122, 138
Cheech e Chong, 111–12
Chitlin' Circuit, 107, 111–12, 115
Chong, Tommy, 111–12
Cine Atlas, 28, 50
Civic Auditorium, 188
Clube Cassino, 50
Colégio Ballard, 105–07
Colégio Briscoe, 78
Colégio Cleveland, 107, 112, 115
Colégio Franklin, 115–16, 118
Colégio Garfield, 87–88, 97–98, 145
Conjunto Habitacional Rainier Vista, 13, 16, 21–22, 27
Cooke, Sam, 112
Cornflake, 125–26
Costco, 231–32, 244
Cox, Billy, 105, 107, 207, 221
"Crosstown Traffic" (música), 207
The Cry of Love (álbum), 222
Curran, Bob, 253
Curtis, sr., 116

D

Dan, 131–32, 150–51
Davis, Miles, 211, 225
Delores (tia), 14–15, 22, 69, 244, 255
Denny's, 155
Diane, prima, 156, 254–55
Dieffenbach, Craig, 253
Dominic (família), 72, 78, 266
Douglas, Alan, 225, 227, 238–40
Dunlap (Igreja Batista), 211
Dylan, Bob, 223

E

Eire Apparent, 170
Electric Lady Studios, 184
Electric Ladyland (álbum), 152, 248
Encore Ballroom, 89, 95, 97, 153
Ernestine (tia), 70–71, 73–74, 77, 102, 136–37
Escola Primária Rainier Vista, 17, 23
Escola Técnica Edison, 21–22
Experience Hendrix, LLC, 244, 255, 261

F

Fat Mattress, 170
Fender Stratocaster (guitarra), 137, 262
Flash Gordon (filme), 18
Flash Gordon (seriado), 25, 33
Forte Lewis, 14, 192–93, 196, 205
"Foxy Lady" (música), 123, 129, 135, 157, 167, 187
Frank (tio), 22, 37–38
Fujita, Ayako (June), 121
Fujita, Donna, 137, 141
Fujita, Linda, 137, 141, 254–255
Fujita, Marsha, 137, 141, 144
Fundação James Marshall Hendrix (também conhecida como Fundação Jimi Hendrix), 214, 217, 231–32, 244

G

Garcia, Jerry, 176
Guitarra, 75, 81–83, 85–91, 97, 105, 115, 122–24, 137, 139, 141, 145, 167, 172, 181, 185, 211, 221, 241–42, 259–60, 262–63
Gautier, Freddie Mae, 211, 214, 225
Genesis House, 243
Gracie (prima), 53, 72–73, 170
Grateful Dead, 181
Green (rio), 43
Greenwood Memorial Park, 252

H

Hagood, Ken, 218
Hendrix, Al (pai), 10, 13–24, 27–33, 35, 37, 40–42, 45–46, 49–59, 61–74, 77–78, 80–91, 97–108, 114–16, 118–26, 129–130, 134–38, 140, 146–149, 153–59, 192, 198, 200, 203–04, 206–208, 210–214, 217–20, 223–25, 227–31, 235–36, 238–49, 242, 244–49, 251–56, 262
Hendrix, Alex, 226, 242
Hendrix, Alfred, 21
Hendrix, Bobby, 38–39, 43–45, 73, 156, 231–32, 244–47, 252, 254–255
Hendrix, Christine Ann, 225–27, 229–30, 232
Hendrix, Jason, 228, 242
Hendrix, James Marshall, 15, 17
Hendrix, Janie, 121, 124, 137, 143–44, 155, 158, 198, 200, 211, 217, 229, 236–40, 244–48, 251–56, 260–61
Hendrix, Jimi, jr., 230, 242
Hendrix, John Allen, 14–15
Hendrix, Jonelle, 232, 242l
Hendrix, Joseph Allen (Joe), 16–17, 20, 102–03
Hendrix, Kathy Ira, 16–17, 153
Hendrix, LeAnne, 226, 265
Hendrix Leontyne, 225, 265
Hendrix, Lucille (mãe), 13–17, 19–22, 28–33, 35, 37, 49, 57, 66–69, 73, 85, 95, 104, 145–46, 211–12, 219–221, 227–31, 235–36, 238–240, 244, 246, 254
Hendrix, Nora, 16, 37–39, 64, 72, 100, 111, 156–57
Hendrix, Pamela, 17, 153
Hendrix Productions, 224
"Hey Joe" (música), 123–24, 129, 135
Hightower, detetive, 133
Holly, Buddy, 74
Hollywood Bowl, 158, 164–65, 167
Honeysuckle (salão de sinuca), 14

I

"If 6 Was 9" (música), 10, 207
Impact (centro de tratamento para dependentes de drogas e álcool), 243
Isley Brothers, 115, 118

J

Jackson, major, 205
Jackson, Mama, 66, 72
Jagger, Mick, 176
Jeffrey, Michael, 138, 145, 153–54, 157, 218, 220, 224–25
Jeter, Clarice
Jeter, vovó
Jimi Hendrix Experience, 122, 124–26, 142, 200
Fundação Jimi Hendrix, 214, 217, 244
Joe (tio), 22
Johnson, Robert, 74, 265
Joplin, Janis, 168, 219

K

Kay, John, 176
King, Albert, 111
King, B. B., 111
King Kasuals, 105, 111–12
"*Kiss the Sky*" (trecho de música), 130

L

Lamb, sra., 55, 65–66, 78, 91, 101
Lee, Arthur, 184
"Little Wing" (música), 167, 221–22
Londres, 122, 125, 135, 155, 220
Los Angeles, 158–59, 161–63, 167, 169–71, 173–75, 179–82, 184, 186, 188, 191, 199, 203, 237, 243–44, 251, 257
LSD, 130, 140–43, 181–82, 199, 203–04

M
MacDonald, Pat, 204
"Machine Gun" (música), 221
Magwood, sra., 78–79, 90
"Manic Depression" (música), 129, 221
Marin, Cheech, 111–12
Marshall (amplificador), 185
Maxwell, sra., 62–64, 241, 262
MCA Music Entertainment Group, 238–39
McCartney, Paul, 176
McKay, sra., 61, 65–66, 70–72, 83
Memorial Auditorium, 169–70
Miles, Buddy, 166, 171–72, 181, 207, 211
Mitchell, Mitch, 139, 171–72, 200, 211
Mitchell, sra., 54
Monterey Pop Festival, 135, 259
Morgan, Betty Jean, 88, 100
Morgan, Mattie B., 88, 91, 100–01
Morrison, Jim, 176, 219
Motown, 165
Muddy Waters, 74, 78
Murray, Edna, 23
My Son Jimi (autobiografia de Al Hendrix), 246

N
Nova York, 115–19, 122, 184, 187, 191, 200, 203
Nordstrom, 113

O
Olympic Hotel, 143–44
Osgood, David, 255

P
Pacific Coliseum, 154, 157–58, 197–99, 204
Page, Johnny, 69
Pantages Theatre, 223
Paramount Theatre, 223
Parque Leschi, 33
Pascal, Charles, 214
Pat (tia), 22–23, 46, 55, 170, 266
Pat (tio), 23, 52, 55
Pearl (tia), 22, 37–38, 156–57
Pearl Harbor, 14
Penniman, Richard (Little Richard) 79–81, 115–116, 184
Peter Gunn (seriado), 72
Pickett, Wilson, 165
"Power of Soul" (música), 221
Presley, Elvis, 64, 74
"Purple Haze" (música), 123, 129–30, 135, 187

R
Rainbow Room, 164–65, 168, 175, 182–83
Ramsdell, juiz, 255–56
Redding, Noel, 139, 167, 171–72, 200, 211, 224
Redding, Otis, 112
Reebok, 248
Reformatório Monroe, 9, 11, 205–06, 209, 211, 213–14, 217–19, 260
Rocking Kings, 89, 95, 97–98, 141
Rodeo Drive, 162
Rogg, Jasmin, 244–45, 251, 257

S
Sacramento, 169–70
San Diego, 179, 200
San Francisco, 181–82
Seattle, 10, 13–16, 22–23, 27, 33, 37–38, 51, 62, 72, 77–78, 81, 83, 89–90, 95, 98, 100, 106, 111–12, 116, 118, 120, 123, 129–31, 133, 135, 137–38, 145, 149, 154–55, 157–58, 161, 163–65, 170, 173, 180, 187–88, 191, 193, 197–98, 200, 203–06, 211, 224, 237–38, 240, 242, 245, 251, 253, 255, 257, 261
Silvertone Danelectro (guitarra), 90
Spanish Castle Ballroom, 89, 98, 118
"Spanish Castle Magic" (música), 98
"Star Child of the Universe" (poema), 209, 212
Starr, Ringo, 176
"The Star-Spangled Banner" (música), 152
Steele (família), 90–91, 101
Stickells, Gerry, 143, 161, 169
Sunset Strip, 162, 164, 173, 175
Supremes, The, 165
Supro Ozark (guitarra elétrica), 85–86

T
"Testify" (música), 115
"3rd Stone from the Sun" (música), 130
Thomas, James, 97–98, 212
Thomas and the Tomcats, 98, 100, 141

U
Uhlman, Wes, 211
Upsetters, 115–16
Uquelele, 64–65, 70, 241, 262

V
Vancouver, 22–23, 37, 43, 64, 100, 111–12, 154–56, 169, 232
Vanilla Fudge, 154, 170
Velvetones, 87
Vietnã, 191–93, 195–96
Violão, 70–72, 74–75, 79–84, 240–41

W
Walter, detetive, 133
Wheeler, Arthur, 56–59, 61–62, 65–66
Wheeler, Urville, 56–59, 61–62, 65–66
Whiskey a Go Go, 168, 174–75, 179, 182–83, 192
Williams, Jimmy, 57, 255
Wilson, Devon, 163–69, 174, 182
Wilson, Jackie, 112
"The Wind Cries Mary" (música), 123, 130, 221
Winter, Edgar, 176
Winter, Johnny, 176, 211
Winterland, 181–82
Woodstock, 205

Este livro foi produzido em fonte Adobe Garamond e impresso
pela Prol Editora Gráfica para a Editora Prumo Ltda.